U0446723

职业院校专业文化课程系列教材

# 翻译文化

## TRANSLATION CULTURE

唐克胜 主编
梁志芳 刘建珠 副主编

2018年·北京

## 图书在版编目(CIP)数据

翻译文化 / 唐克胜主编. -- 北京：商务印书馆，2018
职业院校专业文化课程系列教材
ISBN 978-7-100-16011-7

Ⅰ. ①翻… Ⅱ. ①唐… Ⅲ. ①翻译学—高等职业教育—教材 Ⅳ. ① H059

中国版本图书馆 CIP 数据核字 (2018) 第 060919 号

权利保留，侵权必究。

**翻译文化**

唐克胜　主编

梁志芳　刘建珠　副主编

商 务 印 书 馆 出 版
（北京王府井大街 36 号　邮政编码 100710）
商 务 印 书 馆 发 行
艺堂印刷（天津）有限公司
ISBN　978-7-100-16011-7

| | | |
|---|---|---|
| 2018 年 6 月第 1 版 | 开本 787×1092 | 1/16 |
| 2018 年 6 月北京第 1 次印刷 | 印张 13¾ | |
| 定价：36.00 元 | | |

# 《职业院校专业文化课程系列教材》
# 编辑委员会

主　任：陈秋明　贾兴东
副主任：杨　平　唐晓鸣　温希东　马晓明
　　　　董朝君　李　月
成　员：（按姓氏笔画排序）
　　　　王汝志　帅　斌　刘兰平　孙　湧
　　　　李　亮　李建求　李绍峰　吴志敏
　　　　何颂华　林　峰　欧阳亮　赵　杰
　　　　聂　哲　徐　晨　唐克胜　彭远威
　　　　董铸荣　曾凡华　曾向阳　窦志铭
　　　　谭属春

# 序 言

课程和课堂教学是职业院校人才培养的主渠道，也是文化育人的主战场。近年来，伴随着我国职业教育改革的不断深化，各职业院校纷纷开设形式多样的文化育人课程，对于促进职业院校文化育人，提高学生的文化素质和人才培养质量，发挥了积极作用。然而，从整体来看，职业院校文化育人课堂教学的实际效果还很不理想。究其原因，除了课程设置还不够合理和科学之外，缺乏适应职业院校学生特点、契合职业院校文化育人目标需要的教材是其中一个非常重要的原因。

教材是实施教学计划的主要载体。它既不同于学术专著，也不同于一般的科普读物，既是教师教学的重要依据，又是学生学习的重要资料，是"教"与"学"之间的重要桥梁。因此，教材建设是课程建设的重要基础工程，教材建设的好坏，直接影响到课堂教学的效果和学生的学习效果。我们认为，职业院校文化育人课程教材应该具备体现课程本质和精髓、引导学生学习、激发学习兴趣、提高思维能力、提升职业素养等功能和作用。因此，职业院校文化育人课程教材必须贴近生活、贴近实际、贴近学生，融思想性、科学性、新颖性、启发性和可读性于一体，才能发挥教材应有的作用。然而，目前出版的职业院校文化育人相关课程教材，普遍存在内容空洞陈旧、脱离职业院校学生思想实际，结构体例单一呆板、语言枯燥无味、不适应当代职业院校学生阅读特点，知识理论灌输过多、缺乏启发互动环节等弊端，很难引起学生的阅读兴趣和学习兴趣，也大大影响其育人的效果。

作为中国高职教育改革发展的排头兵，近年来，深圳职业技术学院（以下简称学校）以高度的文化自觉，担当起引领职业院校文化育人的重任，出台《文化育人实施纲要》，对学校文化育人进行了全面系统的顶层设计，构建了全方位、多层次的文化育人体系，在全国职业院校率先全面推进文化育人。学校高度重视课堂教学作为文化育人主战场的作用，始终把提高育人的实际效果作为文化育人的重点来抓。为此，学校以"基础性、文化性、非职业、非专业、非工具"为原则，精心甄选并科学构建了必修课和选修课并行的"6+2+1+4"文化育人课程体系。其中"6"是指文化素质必修课程，包括毛泽东思想和中国特色社会主义理论体系概论、思想道德修养与法律基础、形势与政策、大学语文、心理健康教育、体育与健康等课程；"2"是指要求文理交叉选课的校级通识选修课程，每个学生必须选修2个学分；"1"是指各专业作为限选课开设的"专业+行业"文化课程；"4"是指从语言与文学、历史与地理、艺术与美学、科技与社会、哲学与人生、环境与资源、经济与管理、心理与健康、政治与法律等文化素质公共选修课模块中选修至少覆盖四个模块的课程。根据学校文化育人的整体设计和培养目标的需要，我们精心设计了一系列文化育人课程，其中《物理学之美》、《数学文化》、《科技改变世界》等科学素养课程作为全院文科学生的通识选修课；《生活中的经济学》、《中国历史文化》等人文素养课程作为全院理工科学生的通识选修课；《数字艺术概论》、《汽车文化》、《翻译文化》等专业文化课程作为各专业学生的限选课。同时，我们举全院之力，聘请行业企业相关专家，组织全院相关专业和其他协作院校的优秀教师，组成各课程教学团队，开展课程教学研究，编写系列教材。

本套教材是学校倾力打造的专业文化课程系列教材。为了使这套教材能够达到体现专业精髓、引导学生学习、激发学习兴趣、提升职业素养的目标，更好地适应全国各职业院校的教学需要，教材编写过程中，各编写组在坚持科学性、思想性和可读性的前提下，特别注意突出如下特点：

**一是力求用学生能够理解的语言充分体现专业文化的核心与精髓。**什么是文化？什么是素质？著名科学家爱因斯坦说过："当我们把学校里学习的知识都忘掉后，剩下来的就是素质。"我认为，这种在专业知识忘掉之后能保留下来的东西就是蕴含在专业知识之中的文化。因此，从文化育人角度来说，专业文化最核心的就是蕴含在专业相关知识之中的最基本的思想和精髓。专业知识是有门槛的，是进阶式的，没有学会和掌握前面的知识，就不可能学会和掌握后面的知识。但思想是没有门槛的，只要深入发掘和准确表述，只要能够以合适的方式进行传播，人人都可以理解和掌握。而且一旦掌握了专业的思想和精髓，对于学生提高对专业的认识，理解和掌握专业的知识（技能）是大有帮助的。正因为如此，作为专业文化课程教材，必须尽量用公众理解的非专业语言来揭示和讲清楚专业最基本的思想和最核心的精髓。如专业发展演变的过程、原因及其对人类文明发展做出的贡献，专业的核心价值、理想信念，专业的职业伦理、行为准则、独特的思维方式等等。教材的思想性和科学性也就全部体现其中了。

**二是力求最大限度地激发学生的学习兴趣**。兴趣是最好的老师。只有充分激发学生对专业的兴趣，才能充分调动学生学习的积极性和主动性。怎样激发学生的学习兴趣？我认为，最为重要的就是要焕发专业本身的魅力。任何专业都有它自身的魅力，关键在于我们能不能充分发现和展示它的魅力，让学生感受到它的魅力。因此，焕发专业自身的魅力，是专业文化课程教材能不能激发学生兴趣的关键。专业的魅力究竟体现在哪里？首先，体现在专业的历史地位和对人类文明发展做出的贡献上。以印刷出版类专业为例，造纸术、雕版印刷术、活字印刷术、激光照排技术是我国印刷技术和印刷文化发展史上最具标志性的技术革新，不仅在印刷发展史上具有重要地位，而且对人类文明的传播和发展产生了深远影响。因此，《印刷出版文化》课程就要以此为主线展示中国古代印刷术起源、发明、发展和外传的历史，彰显中华民族对人类印刷文明的贡献，激发学生的民族自豪感。其次，体现在专业的核心价值上。以护理类专业为例，护理的核心价值可以概括为"真、善、美"，即严守规范的科学精神、忠于职守的责任意识、一视同仁的平等精神、勇于探索的创新精神、以人为本的人道精神、关爱病人的仁慈精神以及全心全意的奉献精神。《护理文化》课程就要紧扣核心价值编写教材，彰显护理人员从行为举止到心灵对真、善、美的追求，增强学生的责任感与使命感。如果专业文化课程能让学生体会到专业的独特魅力，我相信一定能激发学生对于专业学习的浓厚兴趣。

**三是注重培养学生独立思考的能力**。培养学生独立思考的能力是职业院校文化育人的重要目标，专业文化课程教材也必须充分体现这一培养目标的要求。作为专业文化课程教材，必须让学生了解和掌握专业最基本的思想方法和独特的思维模式，以提高学生的思维能力。如《法律文化》要让学生了解和掌握法律思维模式的严密性和逻辑性。《ICT文化》课程重点培养学生养成创新、创造的思维方式等等。同时，我们力求改变单纯知识灌输教育模式，注重启发式教学，要求各教学单元都要有案例分析、拓展阅读和体验性活动等内容设计，鼓励师生之间开展互动和讨论，调动学生学习的主动性和积极性，培养学生独立思考的能力。

**四是突出职业教育特色**。作为职业院校专业文化课程教材能否体现职业教育特色是教材质量的关键。为此，各专业广泛吸纳行业（企业）人员参与专业文化课程建设和专业文化教学活动，促进了专业与企业、行业、产业文化相互借鉴与融合。在教材编写过程中，各专业积极寻找专业文化和行业文化的切入点，融入了大量行业、企业和职业先进文化元素，突出了职业道德、职业情感、行为准则、行业规范等职业要素，强化学生的职业素养教育。例如，《会计文化》课程重点介绍会计从业人员"不做假账"的职业道德，对学生渗透诚实守信、廉洁自律、客观公正的职业素养。《旅游文化》注重将旅游行业（企业）的服务理念引入课程。这些职业要素的全面渗透有助于学生更好地适应未来职业岗位的素质要求。

**五是力求突出职业院校学生的特点。** 由于种种原因，职业院校学生入学时文化成绩相对较低。因此，职业院校专业文化课程教材，不能一味引经据典，而要适合职业院校学生的消化能力和文化水平，多采用贴近学生生活的案例来说明问题。在编写体例上，力求做到图文并茂、新颖活泼；在文字表述上，尽量少用专业术语，多用公众语言，力求做到深入浅出，简洁明了，适应职业院校学生的阅读特点。

可以说，这套教材的编写是深圳职业技术学院等职业院校在教育部职业院校文化素质教育指导委员会的指导下，根据新形势下职业教育发展的需要，对职业院校文化育人课程改革和教材编写的一次重要探索，是文化育人理念的真正落地，充分体现了有关职业院校高度的使命意识和历史担当。我们衷心祝愿这套具有引领性、示范性的职业院校文化育人教材越编越好，充分满足各职业院校培养出更多具有较高文化素养、职业素养的技术技能型人才的需要，提升职业院校人才培养质量和水平。

陈秋明

2017年7月

# 导　言

　　自语言文字出现并流传伊始，翻译便是随之衍生发展的基础工具，是源远流长的文明产物。翻译是不同文明间互相学习、参照的依靠，是使用不同语言的各民族交往中沟通交流的基础。翻译作为不可或缺的交流工具，对人类社会的推动作用除体现在时常被提及的文学、哲学方面，更体现在政治、经济、科技、宗教等方面。从人类早期文明之间通过口译等翻译的雏形实现与邻邦实用技术的交换，到今天的口译和笔译在互联网等新技术蓬勃发展的大背景下，将全世界的文明联系在一起，翻译都是促进文化交流的桥梁和促进人类文明发展的催化剂。它打破了空间、时间的约束，使得文明可以穿越古今，横跨东西，让全人类共同享有优秀的物质文明和精神文明。

　　翻译不仅仅是传播知识，更承担着释义等多元角色。纵观人类语言史，知识和文化在几个主要文化中心的转移过程均与翻译密不可分，无论是从古希腊的科学家最先系统地寻求自然而非超自然的原因，到中世纪时阿拉伯世界通过翻译保存了古希腊罗马的科学成果并触发其后的文艺复兴运动，之后12世纪时作为信息交换而非知识普及的拉丁文译作，还是13世纪西班牙统治者为将知识推广至学者精英以外更广的人群而大规模翻译知识时使用的西班牙语，到15世纪文艺复兴各国学者使用本国的语言文字书写科学知识、匠人技巧，翻译均发挥着重要作用。在此过程中，翻译家需根据自己的理解，翻译转述以达到易于传承知识的目的，同时还需向非专业人员解释、说明和指导，担当着类似教师的角色。而在当今社会，在所有领域的专业研究中，翻译已成为不可或缺的纽带。由此可见，无论是在历史上的重要时期，还是在现代社会中，翻译家均在推进文明传播的进程中承担着重大的历史使命与责任。

历时三年，深圳职业技术学院应用外国语学院老师集体编写的《翻译文化》终于定稿了。该书的出版凝聚着学院几十位老师的心血和汗水。

本书主编为唐克胜，负责整本书的策划、组织和协调统稿工作。梁志芳承担了本书的框架搭建和前期组稿工作。刘建珠承担了具体的任务协调和文本审校工作，还代表编写团队参与学校和出版社组织的编写进展汇报和研讨交流。各章节由多位教师参与编写，具体分工如下：绪论与第四章由丁欣编写；第一章由肖涌编写；第二章由李延玉和曾洁仪编写；第三章由梁志芳编写；第五章由李琴美编写；第六章由刘建珠和晏容编写；第七章由李珊编写；第八章由陈璇和唐克胜编写。此外，金其斌、肖小军、杨石乔、代天善、梁晴、袁凌燕、高平、张伟、刘娅倩、胡佩沛等老师也参与了该书的前期编写与研讨，在此一并致谢。

由于作者水平有限，书中不妥或错误之处在所难免，恳请读者批评指正。

唐克胜  
2017 年 12 月

# 目 录

绪 论 ································································································· 1

**第一章 人类早期的翻译活动** ·········································································· 1
    第一节 西方早期的翻译活动 ································································· 1
    第二节 中国早期的翻译活动 ································································· 7

**第二章 翻译方式的演变** ············································································ 15
    第一节 口译方式的演变 ····································································· 16
    第二节 笔译方式的演变 ····································································· 23
    第三节 翻译的项目化管理 ··································································· 29

**第三章 人类历史上的翻译高潮** ····································································· 35
    第一节 中国历史上的翻译高潮 ······························································ 36
    第二节 西方历史上的翻译高潮 ······························································ 53

**第四章 译人译事** ··················································································· 62
    第一节 西方历史上的译者与翻译事件 ······················································ 63
    第二节 中国历史上的译者与翻译事件 ······················································ 83

**第五章 经典翻译赏析** ·············································································· 103
    第一节 文学作品翻译赏析 ·································································· 104
    第二节 影视作品翻译赏析 ·································································· 114
    第三节 日本动漫作品翻译赏析 ······························································ 120

## 第六章　翻译专业概况 ··········131
### 第一节　国外翻译专业发展掠影 ··········132
### 第二节　中国香港、澳门、台湾地区翻译专业发展掠影 ··········138
### 第三节　中国大陆翻译专业的发展掠影 ··········143
### 第四节　翻译专业的就业前景 ··········145

## 第七章　翻译行业情况简介 ··········154
### 第一节　国内外翻译产业发展情况 ··········154
### 第二节　国内外翻译行业协会概况 ··········166
### 第三节　翻译职业资格证书 ··········170

## 第八章　如何成为一名合格的译者 ··········176
### 第一节　译者的能力与职业道德 ··········177
### 第二节　联合国译员炼成记 ··········182
### 第三节　领导人身边的翻译 ··········190

# 绪　论

　　翻译是世界上最古老的职业之一。人类文明发展至今，民族、国家之间的交往即意味着不同语言、习俗、文明的碰撞。碰撞带来冲突，冲突又对发展形成刺激。在这些碰撞中，不同地区、不同时代的人类文明得以互相学习、互相参照，从而取得进步甚至取得质的飞跃。各民族的交往中，翻译是不同民族间语言交流的基础。人类发展的每一步的各方面都渗透着翻译的作用，甚至在某些历史的转型期，翻译是开启和促成时代变革的催化剂。但在以往的历史叙述中，翻译一直是"隐身"的，译者的工作及其作用很少被提及——几乎在所有的历史叙述中，都似乎全球各民族说着同一种语言。以往的翻译研究比较偏重笔译的研究，特别是文学、哲学等方面的研究，事实上，翻译对人类社会的推动作用更体现在政治、经济、科技、宗教等方面。本书从翻译职业的角度，重新审视社会生活的各个方面，凸显历史发展中翻译的关键作用，理清翻译这一职业的形成历史和自身的职业特点，介绍当前翻译行业的发展并展望翻译行业未来的前景。

　　在人类文明的早期，各文明之间就相互影响。这些影响并没有很多直接的文字方面的证据，这一方面是因为人类文明的早期交流主要是通过口译，另外也是由于与我们今天所说的"科技"概念相关的文明成就大多是实用技术，主要体现于名不见经传的工匠领域，而这些工匠往往不能将自己的发明以文字形式记录下来，而是靠口授流传下来。例如，古老的美索不达米亚文明和埃及文明中，文字所记载下来的主要是祭司、书吏在执行任务中发展的科学技术：数学是为了算账和丈量土地，天文学是为了制订历法和占星求卜，医学是为了医治疾病和驱除邪魔，但是关于化学、冶金、染色等方面的知识，属于工匠传统的领域，则极少被记载下来。公元前1300年左右，腓尼基人发明了字母文字，成为后来印欧文字和闪族文字的祖先。字母文字的采用使僧侣集团以外的人也能够读书写字，因此工匠才得以在他们制造的器具上留下名字。

在人类的文明史上，自从有了邻邦间的互相交流，对"实用"知识——技术和科学技能——的相互借鉴和学习就是交流的重要内容，相互之间的借鉴使科学技术得以在全球范围内传播，并由此得到进一步发展。而这些相互借鉴无疑是建立在翻译的基础上的。历史上的科技翻译工作者不仅仅承担着输送某一专门知识的任务，他们还是创造者，往往并不会止于获取新知，而是寻求更进一步的探索，有时候还担当着教育者的身份，通过教育来对自己的学生和同时代的人进行科学启蒙。历史中译者也是科学的探索者。正如意大利文艺复兴哲学家乔尔丹诺·布鲁诺（Giordano Bruno）所说："所有的科学中都有翻译的产物。"如果没有翻译，科学就不会取得如今这样高的成就。

科技文献的翻译不仅使科学技术在不同语言文化中传播，刺激了目标文化的科技发展，还使全球知识中心不断增多，打破了知识的垄断。从古至今，西方和中东的科学语言先后是：希腊语、阿拉伯语、拉丁语和英语。知识和文化在几个主要的文化中心的转移过程与翻译密切相关。

首先创立科学的是古希腊的自然哲学家。从公元前600年至前146年的古希腊时期，自然科学研究活动在古希腊开始出现并得到一定的发展，特别是数学、力学和天文学。古希腊文明大量地借用了过去的文明。他们的数学和天文学知识主要受美索不达米亚文明和埃及文明的影响，如度量的单位和规则、简单的算术、年历、对天象的周期性认识以及对日食和月食的认识。古希腊的科学家在这些经验知识的基础上加以理性的思索，探索各部分之间的因果关系，构筑了古希腊宇宙观。这种科学观对西方科学的发展产生了极为深远的影响，最终形成了之后的各学科的学术传统。

古罗马帝国对古希腊进行了军事上的征服，而古希腊文化反过来征服了这些侵略者。有学识的古希腊人成为古罗马人的奴隶，他们实际上从事着秘书、教师、记账员等工作。古罗马文化很长一段时间都是对古希腊文化的模仿。伴随着古罗马普及到整个中东地区，古希腊文化也普及到这些地方。古罗马后期的统治者热心文化事业，在亚历山大里亚建立了科学研究中心，它不仅是欧洲、中东和印度文明的交流地，也是古希腊文化研究中心。亚历山大里亚的气氛活跃，产生了一批思想和科学方面的领路人。由于汇聚了来自各地的学者，在他们的研究中，翻译起到重要作用。这些翻译不仅包括对古希腊文明典籍的拉丁语翻译，也包括对其他语言的翻译和建立在翻译基础上的交流。从某种程度上说，古罗马人的科学著作往往是翻译的综合和变体，即我们现在所说的"编译"。

在现代科学史上，公元476年至1500年的中世纪，曾被赋予一个"黑暗时代"的形象。由于罗马教会的教士只知固守罗马教会的教条，宗教对科学的发展起着窒息的作用，西方科学在这个阶段发展缓慢。但中世纪并非只有神学、女巫、神话、传奇、迷信、愚昧而完全没有"科学"。事实上，中世纪的科学翻译，特别是阿拉伯世界对于文献的翻译被忽略了。阿拉伯世界对古希腊和古罗马科学、哲学著作的翻译，才使得大量古希腊和古罗马文化中的自然科学和人文科学成果得以保存，而中世纪晚期，西方世界对这些译自古希腊和古罗马的典籍的阿拉伯文献的翻译是触发其后改变整个欧洲政治文化状态的文艺复兴运动的重要因素。

科技翻译是一种创作的过程。目标语能从译作中吸收养分，因为翻译者必须创造新词汇来表达他们遇到的新概念和新事物。翻译者通过借用外来语或扩展处于萌芽阶段的本国语言，发展出一套科学用语，一种面对普罗大众的学术语体。翻译文本越是深入渗透到目标文化的语言体系和文化构造之中，就越能得到广泛传播。从此，知识的传播不再局限于那些懂得希伯来语、希腊语、拉丁语和梵语等精英语言的学者和专家手里。

进入15至16世纪后，西方文艺复兴的人文主义者希望不再通过穆斯林和经院哲学家的"变形眼镜"来看古人，而是希望直接接触原始资料，亲自发掘和阅读原文。科学从16世纪开始就与宗教竞争，到18世纪不再是精英的特权，而是已吸引了所有人的兴趣。从文艺复兴开始，尤其是17至19世纪以来，人文主义学者将大量的科学文献和文学文献翻译成各民族国家的语言，知识的民主化和不断扩大的阅读群给科技的翻译增加了一种教育维度。在文艺复兴时期的欧洲，匠人都由自由民担任，这些自由民的社会地位和经济地位都有所提高，这使工匠与学者之间的联系能得到加强。在药理学、化学和物理学领域，学者同时担任着教师的角色，他们为那些受到较低程度教育的学徒介绍和翻译作品，给他们解释、说明并指导。这种联系引起了之后爆发性的"科学革命"。

翻译者使知识得以广泛传播。与此同时，民族语在译者的有力支持下开始兴起，教育也在一定程度上得到推广。翻译者致力于传播知识；他们的贡献包括传播不同的思想和发展科学用语。很多作品被一遍又一遍地翻译，这不仅反映了知识的迁移，也反映了用于表述的语言本身也在不断地变化。

与其他国家/民族一样，我国科学技术的翻译同样始于与外民族的交往。两汉时期丝绸之路的开通，推动了中国与西域各国的贸易和文化交流。中国的丝绸和铁器远销各国，而各国的农作物、文化艺术也不断传入中国。从唐朝开始，中国的版图不断扩张。13世纪元朝时期版图包括现在的朝鲜、中国、整个中亚、俄国和中东大部分地区，是欧亚大陆空前绝后的帝国，辽阔的疆土使横跨欧亚的旅行成为可能，欧亚各地区的直接联系消除了过去地区间的孤立状态，使彼此间的相互影响更为直接。

中国与外国的政治、经济、文化交流的各类交往中，无疑有大量的技术性翻译（特别是口译）活动，只是已难以查考。而我国的科学文献翻译开始时是寄生于宗教文献翻译，古印度的天文、历算以及医药学知识伴随着佛经一起传入中国。隋唐以后，随着伊斯兰教的传播，阿拉伯的天文、数学、医学知识也逐渐传入我国。

不过从总体上说，直到公元14世纪之前，由于中国的科技一直处于世界先进地位，是技术革新的中心，对科技的接收远远少于对外输出。中国"四大发明"在此期间传至西亚与北非的阿拉伯国家，进而传到欧洲。1620年，英国哲学家弗兰西斯·培根在就他的《新工具》中评价了中国的印刷术、火药和磁铁三大发明的历史意义，指出雕版印刷在文学方面、火药在战争方面、磁铁在航海方面改变了整个世界许多事物的面貌和状态，并由此产生巨大变化。

欧洲文艺复兴之后，伴随着欧洲资本主义生产的发展，西方的科学技术也迅速发展起来。16、17世纪是欧洲的科学革命时期。从16世纪后期到17世纪上半叶，即明朝万历到崇祯的60年间，随着天主教耶稣会传教士的入华传教，西方科学技术便开始传入了我国。明末清初（16、17世纪）的西学翻译中，西方传教士以传播科学为手段吸引当时的中国士大夫以达到传教的目的。而清末的科技翻译则是"西学东渐"的第二波。这一时期的科技翻译不再以西方传教士为主，中国当时具有先进思想的知识分子有意识地组织翻译西方科技作品，起到了主导作用。

地理视界的拓展必然会带来文化眼界的拓展，明末清初的一些士大夫就是从认识世界地理开始，才打破了传统的中国与四夷的天下秩序的旧观念，接受万国并存的世界意识，用一种平等的眼光来审视中西文化的短长。他们之中的一些人也许对西学并无太多的认识，但与异域文化的接触使他们建立起了一种健康和开放的心态，进而充分理解到自身的缺陷，产生向西方学习的念头，出现各种变革的观念，引起了延续一个多世纪的思想革命历程。

在西学东渐的过程中，地理学科对于中国起着某种意义上的先行学科的作用。哥伦布横渡大西洋到达美洲和麦哲伦完成环球航行之后，东西航路的开辟拓展了欧洲人的眼界，促进了欧洲地理学的迅速发展。他们对于地球形状、海陆分布、气候差异以及各国地理情况的认识都走在了世界的前列。

明清之际西方科技知识的传入是在比较特殊的历史条件下发生的。它由传教士出于一定的政治目的与宗教目的带入中国，传入后又只在社会上层的一部分学者文人中传播。因此，在传入知识本身和所产生的影响上都有很大的局限性。这种局限性既阻碍了西方最先进的科学理论和完整的科学作品的传入，也使已经传入的科学知识没能得到广泛普及，仅在天文、数学和测绘地图等方面对我国科学发展产生了一定的影响。明末清初耶稣会士虽然给中国士大夫带来了世界最新的科技知识，但是由于中国对传教所采取的严格限制，能够了解到西方地理学成就的中国知识分子并不多，至于一般人更是未受影响地停留在原有的传统观念上。直到19世纪，特别是在到了清末民初时期，西方的科学知识才在中国广为传播，并对中国的知识分子产生普遍影响。

西方自然科学的诸多学科在17世纪末分别脱离自然哲学而另立门户。到19世纪，各人文学科渐渐自成体系。而中国在19世纪社会日趋衰落腐败，晚清道光咸丰之交，中国人与西方人接触时，仅有少数有识之士如林则徐、魏源等人开始注意到西学有其优越之处。但他们基本上仍不把西学看作是与中学对等的学术文化，从魏源的名言"师夷长技以制夷"即可见出，在当时的知识分子看来，西学只能是"夷学"，其中虽有可取之处，但其地位远不及中国的学术思想。

鸦片战争的失败以及一系列不平等条约的签订，激起了一些思想先进的官员认识世界进而获得西方先进的科学技术的强烈欲望，他们希望通过学习以达到"维新"的目的。鸦片战争的失败也促使清朝政府在19世纪60年代开始推行洋务运动，这也促成西方的科学技术再一次传入中国。随着与西方接触的增加，"西学"一词逐渐取代"夷学"，许多官员及知识分子开始正视西学，视之为可与中学对等的学术思想，并开始探讨应当如何融合二者的优缺点来帮助中国富强。张之洞所提出的"中学为体，西学为用"，便成为晚清新式知识分子们最典型的西学观点。但这批知识分子主要关注的是西方的先进武器以及相关的器械运输和制造等技术领域的东西，认为西学在器物、制度上胜过中学，但在基本的思想道德人心等方面仍不如中国，所以他们并不觉得有必要向西方学习他们的学术思想。因此，在此期间学术思想方面的传入主要还是依靠西方传教士创办的媒体以及洋务机构中为军事目的而译介的书籍来完成。

甲午战争以后，由于中国当时面临着国破家亡的命运，许多有识之士开始积极全面地向西方学习，出现了梁启超、康有为、谭嗣同等一批富有世界眼光的思想家。他们向西方学习大量的自然科学和社会科学的知识，政治上也强烈要求改革。这一时期大量的西方知识传入中国，产生了非常广泛的影响。许多人还以转译日本人所著的西学书籍来接受西学。进入民国时期，对当时政治的不满又进一步导致知识分子们提出全盘西化的主张，在五四运动时期这种思想造成了很大的影响。

## 翻译文化

就翻译出版科学书籍的知识内容而言，清末译书的内容都比较浅显，除少量各学科的经典名著外，大多相当于国外中等教学用教材的难度。从数量上说，虽然当时出版的科学译著总量很难精确统计，但据有关学者考证，清末73年间约为2100种，而民国时期的译书保守估计也有10700种左右。五四运动以后所译科技书籍不仅数量上几乎是清末的10倍，而且其中不乏各学科的最新专著，即使是教材也多为高等学校用书。

清末的洋务派人士，如李鸿章、曾国藩、左宗棠、张之洞等，积极推动创设了兼学外语和科技知识的近代学堂与近代军工产业，同时建立了一些翻译出版机构。清末早期来华的基督教教士也创办了一些翻译出版机构，这些机构虽然服务于传教活动，但客观上也翻译了一批西方自然科学书籍。其中创设最早的是1843年设立的墨海书馆。墨海书馆翻译出版的西方近代科学书籍数量虽然不算多，但这些书籍较早地将西方近代微积分学、天文学、植物学、符号代数学、力学与光学等学科知识介绍到我国。

五四新文化运动提倡科学和民主，五四运动以后我国的翻译活动进入新的历史时期。不仅翻译语言用白话文代替了文言文，而且为了把西方科学技术和教科书介绍给国人，很多进步的知识分子和学成归来的留学生怀着"科学救国"的热情，积极投入译介国外新科学、新思想的行列，参与科学翻译。这些既通外语又具备扎实学科专业知识基础的人才翻译的科学书籍，其翻译质量与从前翻译的相关书籍相比有很大的提高。

民国政府虽然也沿袭清廷旧规，于1920年代在北京政府的教育部下设立了国立编译馆，同时设立了政府的图书编译机构。之后南京国民政府还相继在大学院、教育部下重建并扩充了国立编译馆，该馆制定的任务包括翻译出版科学书籍、编译高等与中等教育科教书、科学术语名词译名的编订以及编纂各学科辞典等。但从整体上看，这个政府主持的翻译机构的出版物在出版译书量中所占的比例是很小的。

建国以后的新中国初期，由于政治原因，我国主要依赖前苏联引进各种先进科技资料。在计划经济制度下，不仅大批原西语译者迅速改行为俄语译者，许多科研与高教人员也积极投入了业余翻译者的行列，而且从国家到地方的许多出版社积极从事翻译出版俄文科学资料。大批俄文翻译资料在当时科研、教育、经济建设中发挥了重大作用。当时问世的《翻译通报》《俄语教学与翻译》《俄语教学研究》等刊物成为俄语翻译方法研究的重要发表园地。

从1978年至今，中国进入了全面改革开放时期，与世界各国交流合作日益频繁，我国的科学翻译事业也进入了全面发展的时期。在我国的科研、教育、外交、外贸及经济建设的许多领域中，翻译人员翻译出版了大批翻译成果，对我国的文化、科技、经济发展做出了重要贡献。中国翻译工作者协会科技翻译委员会与中国科学院科技翻译工作者协会相继成立。各种翻译期刊相继创刊，并举办各种科技翻译理论与方法的学术会议，专业与业余的科技翻译人数众多，并广泛地参与国际科技翻译界的学术交流活动，出版了许多关于翻译的研究专著与工具书。除了许多出版社翻译出版大量国外书籍外，还出现了大批翻译公司。中国的翻译事业已进入健康的全面发展时期。

科学技术同样影响着翻译活动。进入21世纪以后，新技术的应用给翻译工作带来了全新的生产工具，不论是口译还是笔译，翻译技术 (Translation Technology) 改变了译员的工作方式，为翻译工作提供了各种便利，提高了翻译行业的生产效率。翻译软件、互联网翻译、云翻译等新的技术已经改变了传统的翻译工作方式，掌握翻译技术已成为现代翻译从业人员的一项必备技能。随着翻译技术在翻译行业的运用，翻译也从原来的个人工作方式转为多人协作的项目管理。成功的翻译项目管理包括掌握客户要求、翻译资源调配、翻译质量控制等环节，参与的工作人员除了具有传统上所认识到的基本翻译素质之外，熟练使用翻译软件、以团队合作精神配合其他工作人员的工作也成为最终完成翻译任务的必要保证。随着机器翻译技术的不断发展，翻译这一古老的行业将在人类新的历史时期产生质的飞跃。

本书以翻译职业为中心，从翻译的历史（第一章、第三章、第四章）、翻译的形式（第二章）、翻译的内容（第五章）以及行业概况与要求（第六章、第七章）等四个方面介绍翻译在社会生活中的作用，并在最后部分介绍这一职业的专业素质要求（第八章）。我们尝试以译者为中心，揭示翻译者在社会生活中的关键作用，并探索翻译这一职业的本质及对从业者的素质要求。

本书的编写是一次探索和尝试，必会存在诸多不成熟、不周全之处，在此恳请相关专家、学者和师生以及广大读者批评指正。

# 第一章 人类早期的翻译活动

> 翻也者，如翻锦绮，背面俱花，但其花有左右不同耳。
>
> ——赞宁

【学习目标】

1. 了解西方早期翻译和西方文明传承之间的关系。
2. 了解中国早期翻译和各民族融合之间的关系。
3. 能够分析中西方早期翻译活动与当时的社会、历史、文化背景之间的关系。

【教学提示】

1. 能解释西方早期翻译在西方文明传承中的作用。
2. 能解释中国早期翻译活动在促进各民族融合中的作用。
3. 熟悉在中西历史上具有代表性的早期翻译活动和相关历史背景。

## 第一节 西方早期的翻译活动

### 一、远去的巴别塔

与《圣经》有关的最著名的翻译史话当属巴别塔（The Tower of Babel）。它是《圣经·旧约·创世记》里的一个故事。根据《圣经·旧约》记载，大洪水之后，天下人都讲一样的语言。人们向东迁移的时候，在示拿地（古巴比伦附近）遇见了一片平原，于是决定定居下来。由于大家语言相通，同心协力，建成的巴别城繁华而美丽，高塔直插云霄，似乎要与天公一比高低。此举很快惊动了上帝，上帝深为人类的虚荣和傲慢而震怒，不能容忍人类冒犯他的尊严，决定惩罚这些狂妄的人们。于是变乱了人类的语言，使他们分散在各处，巴别塔也因此半途而废了。

从这个神话故事可以看出，人类"相通的语言"是关键。"巴别"在巴比伦的意思是"神之门"，但在古希伯来文献里有"变乱"的意思。在上帝看来，如果人类的语言相通，则能取得非凡成就并具有与其一比高低的能力，于是上帝让人们说不同的语言，使得大家无法交流，从而达到其削弱人类强大力量的目的。巴别塔的轰然倒塌宣告了人类翻译历史的开端。巴别塔的话题一直延续至今，不仅在于它是有关翻译的主题，更是一个跨文化的、宗教的、伦理的迷思。

图 1-1 古巴别塔

## 二、亘古的文明

西方文明的源头在埃及和近东。公元前 3400 至前 3200 年间，在西方文明的源头——埃及和美索不达米亚平原完成了复杂的书写体系。埃及的象形文字一部分用简化的图画，一部分用象征，一部分用发音符号，再加上一些单个字母的记号。埃及的象形文字在公元 425 年后开始衰亡。埃及文明通过希腊文明而被继承下去，翻译一定在其中扮演过重要角色。

在近东，公元前 3000 年左右，苏美尔人创造了一种楔形文字。楔形文字和汉字一样，经过了从符号到文字的发展过程。考古发现楔形文字是世界上已知的最早的文字。公元前 18 世纪古代巴比伦王国第六代国王汉谟拉比颁布的法典被当时的人们用楔形文字刻在两米多高的黑色玄武石上，这就是著名的《汉谟拉比法典》。其内容需要用不同的语言解释，翻译给不同民族的人来听，因为巴比伦人征服了苏美尔人和阿卡德人，建立了多民族的巴比伦王国。在巴比伦时期，楔形文字变得更加完善、优美,成为两河流域的主要文字,成为近东一代的"通用语言"(lingua franca),就连与埃及人往来的外交公函、条约的订立都使用楔形文字。

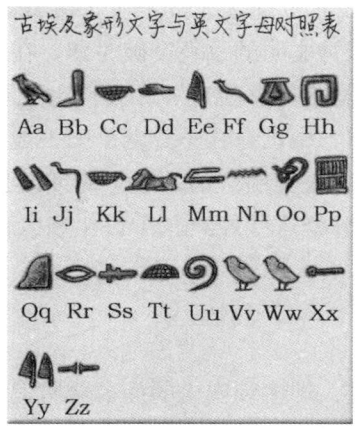 

图 1-2　埃及象形文字　　图 1-3　《汉谟拉比法典》

人类最早的文明之一、起源于两河文明的苏美尔文明的鼎盛时期在公元前 3 世纪中期,后被阿卡德人(今伊拉克人)征服。后来,在伊斯兰文明的冲击下,两河流域的文明就渐渐消逝在世人的视线之外了。诸雄争霸,文化交流摩肩接踵,这样的社会交往活动中不可能没有翻译。

早在公元前 3000 年的古埃及就已经出现最古老的关于翻译活动的雕刻,以翻译作为职业的第一人是名埃及人,他是生活在公元前 14 世纪的突尼斯的大祭司。台湾诗人兼翻译家余光中先生说,译者是介乎人和神之间的巫。公元前 28—前 20 世纪的古埃及文献中记录了不少关于人类最早的翻译活动,即早在古埃及时代就已经有了一群以翻译为职业的人们,这再次证明翻译是人类最早的职业之一。最早的书面翻译纪念碑出现在公元前 15 世纪的埃及,它是一份自古埃及语翻译的、用阿卡德语楔形文字书写的外交信函,它的存在说明了古埃及的翻译活动曾非常活跃。

## 三、轴心时代

中国文字的起源是象形文字,埃及文字的起源也是象形文字,如"日"字在两种文字中竟然非常相似,故西方不少学者鼓吹"中国文化西来说",断言中国古代文字起源于埃及象形文字,并断定在公元前 2000 年先后有两批来自西方或西北方的部落进入黄河流域,前者带来了青铜技术,后者带来了象形文字、天文历法,从而产生了晚期殷代文化。

西方文明和中华文明差不多同时创造出辉煌的文化,也给我们遐想的空间:翻译在其中扮演了什么样的角色呢?

德国哲学家卡尔·雅思贝斯（Karl Jaspers）在 1949 年出版的《历史的起源与目标》[①]中说，公元前 800 年至前 200 年之间，尤其是公元前 600 年至前 300 年间，是人类文明的"轴心时代"。"轴心时代"发生的地区大概是在北纬 30 度上下，就是北纬 25 度至 35 度区间。这段时期是人类精神文明的重大突破时期。在轴心时代里，各个文明都出现了伟大的精神导师，古希腊有苏格拉底、柏拉图、亚里士多德，以色列有犹太教的先知们，古印度有释迦牟尼，中国有孔子、老子……他们提出的思想原则塑造了不同的文化传统，也一直影响着人类的生活。这一时期诞生了大批的哲人和伟大的经典文献，为了翻译、评注和解释这些经典，千百年来人们皓首穷经地翻译，翻译也迎来了有史以来的繁荣时期。

## 四、欧亚文明的交汇

公元前 550 年，希腊文明的一个分支，即多利安人的后裔希腊人，与波斯人之间产生了接触和战争，极大地促进了东西方文化的交流，同时也促进了翻译活动。"苜蓿"从波斯输入到希腊。希腊人把桃子称为"波斯苹果"，实际上桃子是由中国经由波斯输入地中海地区的。《诗经》中就有"桃之夭夭，灼灼其华"的诗句。

黑格尔曾说："东方世界是希腊世界的基础"[②]。古希腊人从东方吸取了拼音文字，吸取了古埃及和古巴比伦的天文学、数学和医学等自然知识，也吸取了他们的农业、手工业和航海、铁器制造技术，从而产生和丰富了自己的文化，并且达到智慧光明的巅峰。

的确如此，在西方还处于原始社会的时期，东方的两河流域、古埃及、古印度等都已经建立了强大的国家。随着东西文化的交流和大规模的移民、贸易、征战，地中海沿岸各族人民在相互交往、融合的过程中，把东方文化通过翻译传入了希腊。

英国人罗素于 1922 年在《中西文明比较》中写道："不同文明之间的交流过去常常被证明是人类文明进步的里程碑。希腊向埃及学习，罗马向希腊学习，阿拉伯向罗马帝国学习，中世纪的欧洲向阿拉伯学习，而文艺复兴的欧洲又向拜占庭帝国学习。许多这样的交流表明，作为落后国家的学生能超过作为先进国家的老师。"[③]在这一系列文化交流中，翻译是不可缺少的媒介。没有翻译，也许就没有了世界历史。

罗塞塔石碑（Rosetta Stone）的发现证明了欧洲与亚洲文明交往的具体情形。罗塞塔石碑于 1799 年被法军上尉皮耶－佛罕索瓦·札维耶·布夏贺（Pierre-François Xavier Bouchar）在埃及港湾城市罗塞塔发现，后历经辗转到英国，最终于 1802 年起保存在大英博物馆中。在这块长宽高为 114×72×28 厘米、重量约 762 公斤的石碑制作于公元前 196 年，上面记载着历代埃及国王的历史和托勒密五世（Ptolemy V）的

---

① ［德］雅斯贝斯（Karl Jaspers）著，魏楚雄、俞新天译：《历史的起源与目标》，北京：华夏出版社，1989 年。
② 陈恒：《失落的文明：古希腊》，上海：华东师范大学出版社，2001 年。
③ 罗素：《中西文明比较》，https : //www.douban.com/group/topic/20604284/，2017-09-12。

丰功伟绩，并刻有一系列皇家颁布的教令。

这块石碑神奇的地方在于，它由上至下共刻有同一段诏书的三种语言版本，最上面是 14 行古埃及象形文（Hieroglyphic，又称为圣书体，代表献给神明的文字），中间是 32 行埃及草书（Demotic，又称为世俗体，是当时埃及平民使用的文字），再下面是 54 行古希腊文（代表统治者的语言，这是因为当时的埃及已臣服于希腊的亚历山大帝国之下，来自希腊的统治者要求统治领地内所有的此类文书都需要添加希腊文的译版）。

公元 4 世纪结束后不久，尼罗河文明式微，不再使用的古埃及象形文之读法与写法彻底失传，虽然之后有许多考古与历史学家倾尽所能，却一直解读不了这些神秘文字的结构与用法。直到 1400 年之后罗塞塔石碑出土，它独特的三语对照写法意外成为解码的关键，因为三种语言中的古希腊文是近代人类可以阅读的，利用这一关键来比对分析碑上其他两种语言的内容，就可以了解这些失传语言的文字与文法结构。就这样，三种文字，希腊文字、古埃文字和当时的通俗体文字镌刻的同样内容，使得近代的考古学家得以有机会对照各语言版本的内容后，解读、分析出已经失传千余年的埃及象形文之意义和结构。罗塞塔石碑也就成了当代研究古埃及历史的重要里程碑，成为了解古埃及语言与文化的关键基础。而对于翻译史来说，它是世界上最古老、最有影响力的古代译作物证之一。

图 1-4　罗塞塔石碑

## 五、《圣经》及其翻译

如果我们把《荷马史诗》、古希伯来的《圣经·旧约》、古埃及和美索不达米亚的史诗放在一起比较的话，就可以看出公元前 1000 年前后地中海地区文化上有一种惊人的内在一致性，如诺亚一家和洪水的故事。这一方面证明公元前 5000 年洪水的确可能淹没这一地区，另一方面也可以说明文化传播、交流乃至翻译在其中所起的重要作用。或者可以大胆推测，《圣经》的形成是不同语言文化之间翻译的结果。

《圣经》是世界上印量最大、发行最广、翻译语种最多的书籍，也是被联合国公认为对人类影响最大、最深的一本书。[①] 希伯来语的《圣经》成书于公元前6世纪左右。最古老的《旧约》经卷是犹太经学家们用古希伯来文抄写在羊皮卷、羊皮纸或纸莎草纸上的。在1947年发现的死海古卷中，最古老的手卷大约是公元前4世纪的抄本。

希伯来文《圣经·旧约》最早的希腊文译本为《七十子希腊文本》（The Septuaginta）。据传其中"律法书"部分是由72位犹太学者应古埃及托勒密二世之请，在亚历山大城翻译的。后来将这一时期翻译的希腊文经卷全部统称为"七十子译本"或"七十贤士译本"。它们约在公元前270年被编译成书，但原书已失，现仅存4、5世纪的一些抄本。《七十子希腊文本》的成书过程留有种种传说。据《阿里斯提阿斯书信》记载，埃及国王托勒密二世菲拉德菲斯（Philadelphus，公元前285—前246年在位）派人写信给耶路撒冷的大祭司以利撒（Eleazar），要他从犹太人的每一个部落挑选"6个深孚众望、精通律法且能翻译的长老"来。这来自犹太12个部落的72位译者到达亚历山大城后受到王室的盛情款待，欢宴游玩长达一星期之久。需要说明的是，《七十子希腊文本》的翻译具有两大特点："首先是多人合作，从而开了翻译史上集体合作的先河；其次，由于72名译者都不是希腊人，而是耶路撒冷的犹太人，从而影响了译文的质量。"[②]

虽然《圣经·旧约》原文是用希伯来文撰写，但它的希腊译文版似乎影响更为重大，后期出现的《旧约》阿拉伯语、斯拉夫语等翻译版本都是以希腊译本为原本。公元前2世纪初，《圣经》第一本拉丁语版《武加大译本》的翻译由圣杰罗姆（Saint Jerome）完成，该译本也是罗马天主教唯一认可的译本。公元前4世纪，《圣经》被译成古叙利亚语、古埃塞俄比亚语和哥特语。

 小贴士

### 两河流域文明

奔腾的幼发拉底河和底格里斯河见证了苏美尔人和巴比伦人跌宕起伏的经历，也见证了两河文明，即美索不达米亚文明的发展。这一片类似新月一般的两河流域的沃土所发展出来的文明是西亚最早的文明，它和中国、古埃及可称古代世界最早兴起的三大文明。它主要由苏美尔、阿卡德、巴比伦、亚述等文明组成。文明的中心大概在现在的伊拉克首都巴格达一带。两河流域是世界上文化发展最早的地区，为世界发明了第一种文字——楔形文字，第一个阐述了创造世界和大洪水的神话。

---

① 谢天振等：《中西翻译简史》，北京：外语教学与研究出版社，2009年，第7页。
② 谭载喜：《西方翻译简史》（第二版），北京：商务印书馆，2004年，第14—15页。

## 第二节　中国早期的翻译活动

### 一、民族的大融合

20世纪的考古学向我们展示了华夏民族的祖先从猿到人，由原始部落到氏族社会的过程。从百万年前的远古文化到万年前的文明前哨，再到五千年前的氏族国家，华夏文明显示出其强大的生命力和活力。可以说，自部落之间的交往、战争、融合开始之际，翻译也就掀开了历史的一页。在这一段历史长流中，各种文明、文化之间因为有了翻译得以逐渐有了交往，从此便没有停止过。

如果把手势语、图形文字算作语言，把符号翻译看成翻译的话，翻译的历史也就是语言的历史。20世纪世界重大考古发现之一是贾湖遗址文化（公元前7000到前5800年，比距今约7000年至5000年的仰韶文化还要早）。在贾湖遗址出土的龟壳上的契刻符号，很可能是迄今为止人类所知的最早的文字雏形。

在史前时代，各部落的初民在与异族的贸易、迁徙、征战、盟会的同时，必须借助翻译。黄帝和炎帝联盟产生了族外婚的婚姻形式，"炎黄子孙"由此而来。黄帝是姬姓部落，其部落与羌、戎等部落联盟，融合成华夏民族。所以现在的汉族至少在远古也是由羌族、夷族、戎族等部落的融合而组成的。这一时期各个部落使用的不是同一种语言或者方言，其文化交流、征战、贸易往来一定依赖翻译活动。《史记·五帝本纪》里说，黄帝通过征战交往使不同的部落臣服于他，当然与臣服者、朝贡者之间的交流离不开翻译。但由于先民的文化翻译发生在结绳记事时代，没有确切的文字记录，今人只能从历史的残垣断片中去做推断。到了尧、舜、禹时代，黄河流域的部落先后发动了无数次征服三苗的战争（苗人是蚩尤的后裔），这两个部族之间的刀光剑影和征服是少不了翻译活动的。

夏朝有少数民族"东夷"融合的史实，商周有与少数民族"羌人"通婚的实例。在民族征服过程中，中华民族吸收他族的语言文化，使不同的文化得以延续。秦汉之后，中华民族与匈奴、鲜卑的融合带来了隋唐的空前繁荣。之后，宋朝时期元、金、女真的进入，清朝时期满汉融合，一次一次将中华民族的发展推向高潮。民族之间的融合，语言的翻译，促进了汉语作为一门语言和汉族作为一个民族的形成。

尽管中国古代方言众多，由卜辞到西周以及战国时期的文言，其文法构造大致遵循相同的原则。由于商代文化的发展到达了非常高的水平，因此商代的语言文字自然成了当时的"雅言"（lingua franca）。在远古的中原，其影响和地位大约相当于现在的英语。许多小的民族部落为了向商朝学习，很可能只能把自己的语言（方言）

翻译成"雅言"。中国古代民族的语言在夏、商、周三代有较大的差异，其衣食住行、风俗习惯、制度信仰都有相当大的区别，三代之间的语内翻译是必不可少的。

中华五千年的文明史是一部民族交往、融合的历史，与异族的交往和交流极大地丰富了华夏文明的内涵，翻译在其中功不可没。根据史书记载，早在夏代我国黄河地区的居民与贝加尔湖地区的居民之间已相互来往，虽没有相关的物证证明当时的翻译活动，但可以推断当时不同民族之间的交流自然需要借助翻译活动才能完成。

## 二、周朝到东汉时期的口译

我国古代的翻译活动可以追溯到春秋战国时代。当时的诸侯国相互之间的交往就出现了翻译，如楚国王子去越国时就求助过翻译，当然这还谈不上语际翻译，且以口译为主。

周代的《周礼·秋官》和《礼记》是迄今发现的最早的对翻译活动进行记载的两本古书。译员的称谓经历了多次演变，如《礼记·王制》上有记载：五方之民，言语不通，嗜欲不同。达其志，通其欲，东方曰寄，南方曰象，西方曰狄鞮，北方曰译。[①] 总称"舌人"，主要从事口译活动。

虽然古代的翻译工作远在商周时期就开始进行了，但精通多种语言的口译人才凤毛麟角。相传周朝有"三象胥重译"的故事，说的是古代越裳国向周公进贡"白雉"，因语言不通，让三个口译人员通过三种语言（方言）的交替传译才得以完成朝贡使命。

这个故事在西汉伏胜《尚书大传》中是这么说的：交趾之南有越裳国，"周公居摄六年，制礼作乐，天下和平；越裳以三象重译而献白雉，曰：'道路悠远，山川阻深，音使不通，故重译而朝'"。"象"是翻译官，"重译"就是多次翻译的意思。越裳国包括今越南大部和柬埔寨部分地区，三个口译官辗转了多次，大约经历了一个类似"越裳语—广东话……河南话—周朝官话"的过程，才完成了口译任务。

寄、象、狄鞮从事的都是翻译工作。所谓的"象胥"，是负责出使蛮夷戎狄之国，掌握这些周边民族事务之人，就是最早见诸文字记载的翻译官，并且按照对外族语熟悉的程度，他们被区分为上士、中士、下士和徒，负责传达王命，也要上传各地情势，以利国王统治与安抚邦国诸侯。据《周礼》记载，每7年，天子就要把翻译官们召集到一起，进行培训（七岁属象胥，谕言语，协辞命）。到后来，秦汉时期有"九译令""译官令""译官丞"。汉朝武帝时期，朝廷设立了掌管少数民族与外国事务的部门——大鸿胪，其下设有九译令及丞。从秦汉以来，北方匈奴地区始终是朝廷的心腹之患，故把周制的"象胥"改以北方的"译"为官名。此外，为了配合中外交往的需要，汉朝在学校还开展了外语教育，培养翻译人才。《汉书·食货志》上记录道：

---

① 陈福康：《中国译学理论史稿》，上海：上海外语教育出版社，2000年，第11页。

"八岁入小学,学六甲五方书计之事",五方之书即相当于当今之外语书。

## 三、东汉到明清时期的口笔译

中国真正称得上语际翻译的应该说是始于西汉哀帝时期的佛经翻译。那个时候有个叫伊存的人到中国来口传一些简单的佛经经句。到了东汉桓帝建和二年(公元148年),佛经翻译开始了。这一阶段也是口笔译共存的阶段。

从东汉末年到西晋,佛经的翻译主要是靠外籍僧人和华籍胡裔僧人。翻译主要靠直译,甚至是"死译""硬译",采取口授形式,因此可信度不高。有代表性的译家有两个。一是安清,字世高,西域安息人,原是安息王国太子,从公元148年到172年(灵帝建宁五年)的这20多年间译出有关止观法门的种种经论。他译了《安般守意经》等35部佛经,开后世禅学之源,其译本"义理明晰,文字允正,辩而不华,质而不野"(梁皎慧,《高僧传》),但其主要偏于直译。二是支娄迦谶,简名支谶,西域月支人。他通晓华语,到灵帝中平年(184—189年)为止,"传译梵文",译经3部(《般若道行经》《般舟三昧经》《首楞严经》),共14卷。其所译经典,译文流畅,但为了力求保全原来面目,"辞质多胡音",即多音译。

古代印度佛经原无写本,所以早期翻译佛经,全凭口授,即由外僧背诵某一经,由一人口译成汉语,这叫做"传言"或"度语",另一人或数人"笔受",即录成汉字,再进行修饰。

东晋到隋朝,从苻秦译场和姚秦译场开始,翻译由私译转为官译;隋朝,上林园里设置了翻经馆。在此期间,支谶突破了以往的直译法,开始追求文字的典雅;道安总结出了"五失本""三不易"的规律。①苻秦时期,佛经的组织者是释道安。由于他本人不懂梵文,就请来了著名的翻译家天竺人鸠摩罗什。鸠摩罗什翻译了300多卷佛经文献,其译文神情并茂,妙趣盎然,堪称当时的上乘之作,至今仍被视为文学翻译的奠基石。

从隋到唐朝,翻译事业进入发达阶段,最有名的译者不能不提玄奘,他也是第一个把汉文著作向国外介绍的中国人。历时近千年的佛经翻译是中国翻译史上的一大特色,本书后面的章节也将再次提及。

明清时期,翻译活动与西方的传教和西方学术的传播分不开,翻译在天文、数学、机械等自然科学著作上取得重要成就,最具代表性的翻译家有利玛窦(Matteo Ricci,意大利)、汤若望(Johann Adam Schall von Bell,德国)、邓玉函(Johann Schreck,瑞士)、南怀仁(Ferdinand Verbiest,比利时)、徐光启、李之藻、杨廷筠等等。

自魏晋南北朝以来,中国历朝政府机构对翻译人才的培养也十分重视的。魏晋南北朝时期,各民族进一步融合,会外族语言的人愈来愈多,到了唐代,与外国关

---

① 见马祖毅:《中国翻译史》(上卷),武汉:湖北教育出版社,第116页。

系更密切，翻译人员也就更多了。从南北朝到唐代，官方的翻译机构和译员主要从事佛经的翻译工作。宋辽金对峙时期，为了知己知彼，在生员考试中增加了翻译女真文、契丹文和西夏文的内容。而西夏、辽和金国，为了吸收中原地区的先进文化，也非常重视翻译工作，设立专门的翻译机构。元朝先后设置了蒙古房等官学，负责翻译蒙文、回文、藏文书籍。元朝在大都（今北京）设立的会同馆，是正式的负责口译的官方机构。明朝朱元璋在南京应天府设会同馆之外，还命人编纂蒙汉对译的辞书《华夷译语》，方便官员对外交涉过程中言语沟通之便。清朝顺治年间，设"四译馆""百译馆"，乾隆年间将"会同馆"和"四译馆"合并，改称"会同四译馆"。但清王朝整体走向闭关自守，不重视翻译人才的培养，到了晚清，官府所需要的翻译人才只能从官派留学生中去找了。①

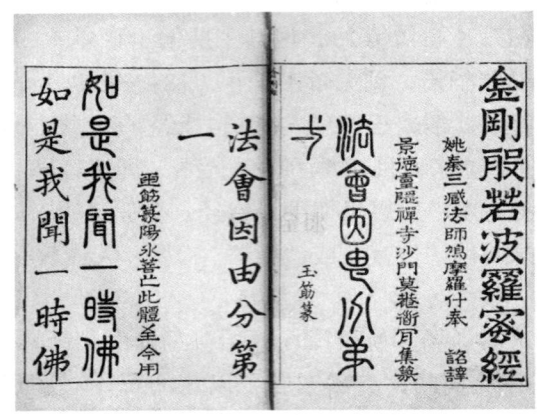

图1-5 三十二篆体金刚经（姚秦）鸠摩罗什译

## 四、东方文明的使者

周秦时期，中国已经开始了同中亚、西亚的文化交流和翻译活动。西晋出土的《穆天子传》就记录了周穆王率官员从河洛之地出发，一直来到新疆，抵达吉尔吉斯斯坦的草原，成了中亚一代西王母的座上宾。西王母献歌谣一曲，周穆王也以歌作答。他们之间的唱和需不需要翻译还有待进一步考证，但它反映了中国早期文化向西交流传播的活动。周穆王西行，使华夏民族得以了解到新疆、西亚包括中亚在内的广阔地区，了解当地的风土人情，可以说是中国文化向西传播的肇始，比张骞出使西域更早。事实上，在周秦甚至更早时期，华夏民族就开始了与中亚、西亚最初的交往。汉代张骞开拓的丝绸之路是中亚、西亚文化交流的必然结果，而且这丝绸路上还有一位特殊的翻译。

---

① 中国古代的翻译人员，http://www.360doc.com/content/13/0813/10/709425_306787229.shtml

在古代，和高居庙堂之上的官方翻译相比，随从外交使节到遥远异乡的翻译官大多由民间招募而来，工作风险系数不是一般的大。大漠戈壁、雪山草地，风餐露宿简直是家常便饭。这样的翻译官不但需要强壮的体魄，还需要武艺高强。

公元前126年，38岁的张骞带着匈奴妻子以及一名随从回到阔别13年的长安城，当年声势浩大的百人探险队凋零成二人生还，后人只记住了张骞，却忽略了那位一路身兼翻译、护卫、向导多重职务的翻译堂邑父（也叫甘夫）。

据史料记载，到张骞奉命出使大月氏的公元前138年，堂邑父已经在堂邑侯服役20多年，早已熟悉了汉朝的生活，成为堂邑侯府一名地位较高的忠诚老奴。因此当张骞招募西域使团的时候，汉武帝立马想到了岳父家的老奴堂邑父。堂邑父精通西域语言，《史记》中还明确记载甘夫"善射"，于是他就成了百人探险队伍里的重要成员。

只是谁都没想到，大部队从陇西出发才到河西走廊，就被匈奴骑兵队俘虏，并遭软禁10年之久。张骞被迫在匈奴王庭娶妻生子，随行人数锐减。当难得剩余的一行人趁着匈奴内乱逃出来，重新踏上西去道路时候，还面临着缺水缺食的困境，不少随从因此途中丧生了，但堂邑父能够在绝境之时射杀禽兽聊以充饥，帮助张骞渡过难关。如果没有堂邑父，张骞极有可能就此命殒高山荒漠之中，玉门关以西的世界对于大汉而言有可能会是一片空白。①

 小贴士

### 《华夷译语》

学者通过研究《华夷译语》，一般认为《华夷译语》有广、狭两义之分。广义的《华夷译语》是四夷馆编纂的诸蕃语言和汉语的对译辞书，按天文、地理、人事、器物分门别类，对诸蕃语词汇进行汉译并列出汉字音译；而狭义的《华夷译语》指的是明洪武十五年（1382）火原洁、马沙亦黑等奉命，按照《元秘史》编纂的一本蒙汉对译的辞书，洪武二十二年（1389）刊印发行。我们之所以说明朝《华夷译语》可分为三种不同版本，是指国内学者分别称为的洪武本、永乐本、会同馆本。这些《华夷译语》是中国近代早期的外文译汉文的官方辞书，附有外语原文原字以及词义，并以汉字拟音的方式为外文词汇注音。此书是研究近代外国文、民族文、汉文语言的重要参考资料。

---

① 中国古代翻译官的多项特长，《西宁晚报》，B07 版，http://www.xnwbw.com/html/2015-07/08/contvvent_45106.htm

翻译文化

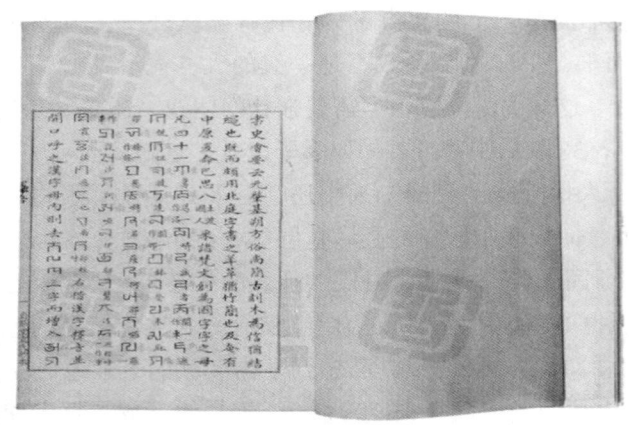

图1-6 《华夷译语》

 **本章小结**

本章讨论了人类历史早期的翻译活动。无论是西方还是中国，翻译活动都与文明的进程和各民族之间的融合有关。从最初的巴别塔传说，到两河流域古埃及、古希腊文明通过翻译的传承，从轴心时代到欧亚文明交汇，翻译活动促成了人类文明的传承。在中国，从史前时代翻译在各部落的初民在与异族的贸易、迁徙、征战、盟会中扮演的角色，到周朝的口译，再到东汉开始的佛经翻译，从春秋时代到清王朝对翻译人才的培养，从周朝"三象胥重译"到西汉时期张骞出使西域，语言的翻译带来民族之间的大融合，不仅促进汉族作为一个民族的形成，还极大地促进了东西方文明的传播和交流。

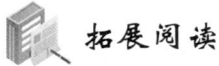 **拓展阅读**

### 最早的中华语内译诗

"山有木兮木有枝，心悦君兮君不知"。还记得《夜宴》中的那首荡气回肠的歌曲吗？没错，就是由冯小刚导演，根据莎翁名著《哈姆雷特》改编，由章子怡、葛优、吴彦祖、周迅等大腕们主演的电影《夜宴》中的插曲——《越人歌》。你可知道这首诗歌是我国翻译史上最早的语内译诗？

故事要从公元前528年说起。那一天，楚国令尹鄂君子皙举行游舟聚会，百官云集。鄂君坐在一条富丽堂皇的刻有青鸟的游船上，听见一位掌管船楫的越国人在拥桨歌唱。歌声委婉动听，鄂君很受感动，但就是听不懂她在唱些什么。于是子皙找来了一位翻译，让他将船夫的歌词翻译成楚国话，这就是后世闻名的《越人歌》：

"今夕何夕兮？搴舟中流；今日何日兮？得与王子同舟。蒙羞被好兮，不訾诟耻。心几烦而不绝兮，知得王子。山有木兮木有枝，心悦君兮君不知。"鄂君子皙被真诚的歌声所打动，按照楚人的礼节，双手扶了扶越人的肩，又庄重地将一幅绣满美丽花纹的绸缎被面披在她身上。

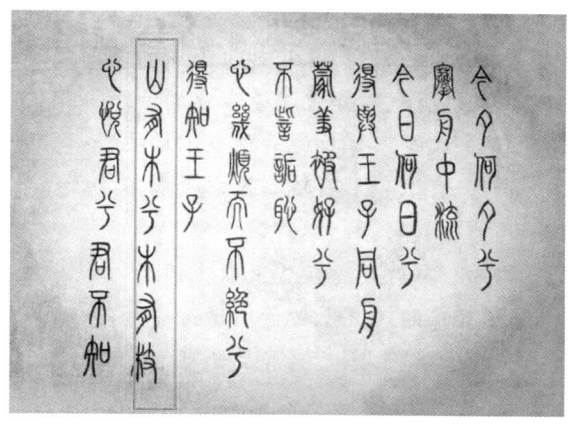

图1-7 西汉刘向的《说苑》卷中的《越人歌》

这个故事最早收录于西汉刘向的《说苑》卷十一《善说》之中。故事本身还说明当时有一批同时能讲楚、越两族语言的口译人才。后来刘向在记存歌词的汉语译意的同时，保留了故事当天人们用汉字录记的越人歌唱的原音，这首壮侗语族古老民歌的《越人歌》也就成了我国历史上现存的第一首文字记载的汉语译诗。

《越人歌》和楚国的其他民间诗歌一起，成为了《楚辞》的艺术源头，体现了不同民族人民和谐共处的状况，表达了对跨越阶级的爱情的抒歌。据说诗人席慕容的现代诗《在黑暗的河流上》就是《越人歌》的现代互文或翻译：

## 在黑暗的河流上

席慕容

灯火灿烂是怎样美丽的夜晚
你微笑前来缓缓指引我渡向彼岸
（今夕何夕兮中搴洲流
今日何日兮得与王子同舟）
……
星群聚集的天空总不如
坐在船首的你光华夺目
我几乎要错认也可以拥有靠近的幸福

翻译文化

从卑微的角落远远仰望
水波荡漾无人能解我的悲伤
（蒙羞被好兮不訾羞耻
心几烦而不绝兮得知王子）
……
在传说里他们喜欢加上美满的结局
只有我才知道隔着雾湿的芦苇
我是怎样目送着你渐渐远去
（山有木兮木有枝心悦君兮君不知）

当灯火逐盏熄灭歌声停歇
在黑暗的河流上被你所遗落了的一切
终于只能成为
星空下被多少人静静传诵着的
你的昔日我的昨夜

 **思考与讨论题**

1. 本章我们学习了人类早期的翻译活动，你能依照自己的逻辑画出一棵翻译文明树吗？

2. 黑格尔曾说过，世界文明的起源是从东方到西方。请列出翻译史上其他例子来支持或者反对黑格尔的观点。

 **拓展与分析题**

1. 请查找有关古代翻译活动的更多精彩故事，把它们带到课堂上来分享。

2.《圣经》中所记载的有关巴别塔的故事至今仍在流传，根据这个神话故事，是上帝让人类语言差异悬殊，翻译也因此应运而生。你觉得这个说法有道理吗？造成人类语言差异的根本原因是什么？

# 第二章　翻译方式的演变

> 译事三难：信、达、雅。
> ——严复

【学习目标】

1. 明确口译及笔译方式的概念。
2. 了解口译发展各阶段的主要方式以及交替传译和同声传译的运作机制和优缺点。
3. 了解现代科技与翻译之间的关系以及当今最常用的计算机辅助翻译工具。
4. 熟悉笔译项目管理的概念。

【教学提示】

1. 通过有趣的历史事件了解口译方式的演变。
2. 通过对比分析交替传译和同声传译的运作原理及优缺点，判断不同的场合适合哪种口译方式，分析理解交替传译和同声传译对译员能力的要求。
3. 培养"计算机辅助翻译"的意识，懂得利用计算机辅助工具及互联网技术协助进行翻译，对比分析常用的主流计算机辅助翻译工具，了解其主要功能以及与译者之间的协作关系。
4. 从项目管理的高度上理解笔译行业的整体运作流程。

无论在中国还是在西方，翻译活动都有着悠长的历史。在中国，早在史前三皇五帝时代就存在翻译活动。从第一章我们已经详细了解到，从春秋的"舌人"，周代的"象胥"，到后来的"译官"，直至后来佛经译者在"译"字前加"翻"，成为"翻译"一词并一直流传至今,我国翻译的称谓经历了多次演变,可见其历史之悠久。

在欧洲,从翻译《圣经》开始,翻译活动在近两千年来从未停止过,并在整个欧洲历史发展进程中起着举足轻重的作用。有人说,假如没有把古希伯来语的《圣经》先译为希腊语和拉丁语,再转译为中世纪和近代诸语言的话,两千年来的犹太基督教文化就不会产生,欧洲文化也无从说起了。有人甚至认为,欧洲文明源于翻译,上至罗马帝国,下至今天的欧盟,无不依靠翻译来进行国际交流和贸易往来。

那么,如此漫长的翻译活动是如何逐步演变发展成为我们现在看到的职业翻译行业的呢?下面就让我们一起掀开历史的神秘面纱,去窥探一下口译和笔译方式的演变过程。

# 第一节 口译方式的演变

## 一、"后巴比塔"时代:早期口译活动

根据巴比塔传说,人类自从建造通天塔失败后,正式进入"后巴比塔"时代:本是一家的天下人,忽觉兄弟姐妹都说不同的语言,相互之间不能沟通,人类自此各散东西……但是生活依然要继续,想要交流,想要共同协作完成一件事,人类就必须自己想办法解决问题,最初的"口译"就这样诞生了。从这个意义上讲,口译员真心要感谢上帝,要是当初没有上帝的一个临时决定,今天的口译员就没有存在的必要了!

上述也许只是一个美丽的传说,假如真的要考究起来,其实我们很难回答类似"口译究竟最早产生于什么时候"这样的问题。与笔译不同,口译活动的载体是转瞬即逝的语音声波,难以留下大量直观史料,因此我们只能根据一些间接记载进行合理推测,口译活动是在人类各个民族的语言逐渐形成后,随着各民族相互交流的需要而产生并发展起来的。据现有的史料分析,口译活动至少有三千多年的历史了。我国早在先秦时期就有专门的口译官员,当时被称为"寄""象""舌人"等,后来又有了"通事"的称谓。而在古埃及的法老陵墓中也有记录宫廷译员工作场景的壁画。当然,最初的口译只是语言不通的部族或民族之间的一种非职业的、粗糙的口头交流。这种"口口相传"的口译活动谈不上任何"技巧",而且交流双方并没有相对固定的"译员",往往是在有需要的时候才临时找来有双语能力的族人帮忙。因此,古代的口译并非是现代意义上的职业化、技能化口译,他们甚至没有自己的一套工作方法体系,工作时仅凭临时"译员"的灵性和经验协助交流双方进行沟通。

## 二、两战之间：职业口译之诞生与发展

这种粗放式的口译工作状况一直持续到20世纪初。虽说随着口译活动的发展，译员的水平总的来说是有所提升的，但是译员群体依然普遍由非职业化译员构成，其水平也良莠不齐。直到第一次世界大战后，口译的工作方式才出现了本质性的变化。

在"一战"以前，法语在很长一段时间内都被誉为"国际语言"，是国际会议和外交谈判等正式场合的通用语言。随着"一战"的结束，其垄断地位逐渐消失，英语的地位迅速提升，国际会议中出现了英语和法语并用的局面，直接刺激了对英法双语口译员的需求，而这一时期的交替传译也迅速得以发展。1919年的巴黎和会给了口译职业一次正式"亮相"的机会，因为在该会上首次借助英、法两种语言的翻译进行谈判，使得现代意义的口译技术（听解记忆、笔记、复述表达等基本技术）第一次正式出现并在此后得到了广泛普及。从此以后，口译译员终于建立起自己特有的一套工作方法，口译活动也慢慢成为一种职业化和技能化的双语交际工作。[①]

### 小贴士

#### 交替传译

就口译的工作方式而言，主要可分为交替传译和同声传译。交替传译，简称"交传"，是指发言人说完一句、一段甚至整篇话之后，由译员即场进行翻译。所谓的"交替"，指的就是发言与翻译交替进行。交传不需要特别的设备支持，译员经常会借助笔记进行口译。像我们经常在电视上看到的国家领导人在新闻发布会上发言，身边的翻译进行的就属于交替传译。这种口译形式使用范围相当广，上至正式场合如正式的会谈、谈判、访谈、新闻发布会、记者招待会、情况介绍会、开闭幕式、宴会祝酒等，下至普通接待、陪同外宾参观、游览、购物等日常会话的翻译。

事实上，在两次大战之间，国际联盟已经开始比较常规地使用交替传译作为成员国之间交流的重要工具，交传技术也日臻完善和成熟。然而，也许人类天性就是不易满足和不断追求完美高效，一方面交替传译正如火如荼地使用，与此同时又有美国人提出了最早的有关同声传译系统的设计。世界上第一套同声传译设备是由IBM公司设计和制造的，当时又称"IBM无线翻译系统"，并于1926年申请了专利。随后，该设备的确在个别国际会议上使用过，这也许就是伟大的现代"同声传译"的雏形了。但这还不是真正意义上的同声传译，而是所谓的"带稿同传"，严格来说，这种形式的口译还是交替传译，只是借用同传设备，节省了发言和翻译交替进行的时间。此外，这种设备在当时其实并没有获得口译界的认同，因为从技术

---

[①] 参见鲍刚：《口译理论概述》，北京：中国对外翻译出版公司，2005年，第3—4页。

上讲，同声传译可以说是违反口译工作常规的一种工作形式，由于必须一边听发言人讲话一边同时进行翻译，译员必须一心二用，同时兼顾原语听辨和译语产出，难度相当大，而且译语的准确性也容易出现问题。[1] 借用我们现在网络流行的说法，如此"逆天"的翻译"神器"其实在第二次世界大战结束之前一直没派上多大的用场。

但世事往往是有心栽花花不开，无心插柳柳成荫。同声传译设备虽然在正式的会议翻译中暂时未得到重用，但是在其他领域却发挥了重要作用。

### 三、同声传译之强势回归——纽伦堡战犯审判

要说同声传译真正闯出名堂来，"二战"结束后的纽伦堡战犯审判当记一功，因为正是直到那个时候人们才首次正式启用了同声传译，而且是在如此重大的军事审判中，在对同声传译的一片质疑声中舍弃了经验更成熟的交替传译而决定采纳同传系统。其实，采用同声传译系统的建议刚提出来就受到四面八方的挑战和质疑。一方面，法、苏、英三国代表团不太相信译员能做到边听边译，因此质疑这种翻译的可靠性。另一方面，就连包括法国代表团首席翻译官在内的部分译员也对此表示反对。他们认为同声传译无法保证翻译的准确性，因而会影响到审判的公正性。[2] 那么同声传译到底有着怎样得天独厚的魅力，能最终顶住压力被大规模运用在纽伦堡审判中呢？

其实同声传译较之交替传译最大的优势在于时间，它可以保证在大量繁杂的听证、辩护、审判工作中能在原语话语结束的"同时"结束译语，从而成倍缩短会议时间。要知道纽伦堡审判虽然采用了同声传译，审判还是持续了将近一年的时间才完成，如果采用交替传译，审判时间将无限期延长。我们甚至可以毫不夸张地说，要是没有同声传译的支持，这种多语言审判几乎是不可能实现的。

然而，由于同声传译在当时是一种全新的"脑洞大开"的翻译形式，没有任何人有相关的实战经验，在审判的实际应用过程中首先遇到的棘手问题就是译员问题。而负责纽伦堡审判的这批译员可以说是世界上第一批的同传译员了，可能大家都会感兴趣，这批译员是如何诞生的呢？当时负责招募译员的美国国务院翻译处决定通过考试来选取同传译员，有200多名应试者报名，其背景相当复杂，有政府职员、现役军官，也有普通民众。经过第一轮筛选，有69人入选，再加上欧洲各国推荐的本国译员，所有候选人在纽伦堡再进行第二轮测试。如果说第一轮测试注重的只是译员的语言能力和水平，这第二轮测试则是要确认他们具有边听边译的翻译能力，选择的标准也更为苛刻。达标译员首先要熟练掌握两种语言并熟悉两种语言的文化背景，同时具有良好的抗压能力，能够在重压之下迅速自我调整、保持注意力集中，

---

[1] 参见姚斌：《关于同声传译的起源——从纽伦堡审判说起》。
[2] 同上。

还必须拥有灵敏的听力、流畅的表达、快速的反应以及优美的嗓音等特质。经过如此严格的甄选，最终有 36 名应试者脱颖而出。在这个漫长的甄选过程中，考官们也发现了一些有趣的规律，例如最优秀的译员往往年龄在 35—45 岁之间；男译员的嗓音往往优于女译员；双语人士的语言能力强于多语者。[①]

译员人选后还需要接受专门的训练，训练主要以模拟法庭的形式进行，到审判正式开始前，则组织法官、公诉人、辩护方、译员和记者一起参与正式彩排，以便真实模拟法庭现场。直到审判正式开始前一天，译员的培训才算告一段落。同声传译的"首秀"就这样正式登场了！

首秀的过程相当繁杂。总而言之，在克服了种种困难，应对了无数突发状况，并且在一片质疑声中，首秀圆满落幕了。尽管审判过程中，大家对同声传译的评价褒贬不一，但无可否认，同声传译确实是纽伦堡审判成功的最大助力之一，并且借此契机迅速登上国际舞台，诸如联合国、世卫组织这些重要国际组织随即开始采用同声传译。我们今天所膜拜的联合国、欧盟职业同传正是由这里开始生根发芽的。

图 2-1　纽伦堡审判现场　　　　图 2-2　纳粹战犯坐在被告席上

### 小贴士

**同声传译**

同声传译，简称"同传"，是指发言人一边讲，译员一边译。所谓的"同声"，指的是发言和翻译几乎是同时进行的。而正因为"同时"，翻译基本上不需要占用会议的时间，因此非常适合在大型国际会议中使用。此外，除了"耳语传译"（whispering），正式的同声传译都需要借助专门的同传设备才能完成，而利用这些电子设备，可以实现在同一时间内对多种语言同时进行翻译，正好符合国际会议的需

---

① 参见姚斌：《关于同声传译的起源——从纽伦堡审判说起》。

翻译文化

求。因此，同声传译大量应用于国际会议，如联合国、欧盟等国际组织的会议以及各种大型的学术会议等。

同声传译在许多人心中的印象往往是比较神秘的。不少人一听到译员必须一边听发言人讲话，一边同时翻译的时候，可能会惊呼："这太难了，怎么可能？"诚然，同声传译代表着口译界的最高水平，由于其高强度和高难度的特性，最终能真正进入行业的人可以说是凤毛麟角，加上媒体时常用"金领"来形容其昂贵的身价，外界常常会觉得这个行业有点高不可攀，但又跃跃欲试。各位有志于从事口译的外语学子不妨一起朝着这个终极目标努力进发吧！

## 四、开花结果 70 年——现代职业同传

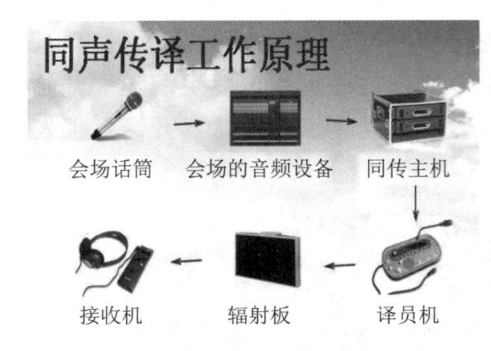

图 2-3 同声传译工作原理示意图

同声传译蓬勃发展到今天，和当年的纽伦堡审判已经有天壤之别了。当年从各行各业临时招募译员到现在由专业的翻译学院和培训机构培养译员，从当年翻译现场最原始的桌面加装玻璃的非隔音译员座位到现在译员专享的"同传间"，今天的同声传译已经成为一项完全职业化的工作了。在普通人心中，同传成为"高端""金领"的代名词，而在无数外语学子心中，同传则是那个令人跃跃欲试而又感觉有点遥不可及的口译最高境界。或许大家都想知道如今像联合国、欧盟这种国际机构组织的高端会议上，所谓的同声传译到底是如何操作的？怎么能把一位发言人的讲话同时译成不同国家的语言传到各国与会代表的耳朵里？

其实，所有的谜团都可以在小小的"同传箱"里找到答案。现在的同声传译译员都是在同传室（booth）工作，同传室看起来像是一个密闭的"小箱子"，具有良好的隔音效果。不同语种的译员分别安排在不同的箱子里，因此行内人会称之为"英文箱""中文箱""法文箱"。同传箱一般设置在会场的一边或者楼上一层，通常是有透明玻璃窗的小房间，箱内设有同传专用的接听和调频设备，配有耳机和麦克风。会议进行时，译员通过耳机接听到发言人的讲话，同步翻译成目标语，并通过麦克风把目标语传送出去。而会场内的座位都事先配有接收机，需要同传服务的与会者可以通过接收机

图 2-4 世界知识产权组织某会议上的联合国同传队伍

调整自己所需的语言频道,从耳机里接收到翻译的信息。

由于同传工作强度大,一般每个语种都需要安排 2 到 3 名译员,20 到 30 分钟轮换一次。以联合国为例,有 6 种官方语言,因此其会议都要安排 6 个不同语种的同声传译。按照联合国规定,同传译员不能连续工作 5 个半天,因此到第 5 个半天的时候就会休息半天。每次会议 3 个人一组,每人 20 分钟轮换一次。

图 2-5　联合国总部大会堂

经过前文的介绍,我们不难发现,从最初的"口口相传"到职业化的交替传译,再到挑战大脑极限的同声传译,口译活动的发展是经过漫长的积累和不断的提高和完善才得以开花结果,建立独立的职业体系和行业标准的。接下来就让我们一起把目光转移到笔译活动,关注一下笔译方式的演变和发展。

## 拓展阅读

### 上海影坛"译意风"

自 20 世纪 20 年代起,我国的电影翻译大多是投放中文字幕,直到 1939 年,上海的大光明戏院开始使用"译意风"。译意风原名 Earphone,最初译为"夷耳风",后来才确定译为"译意风"(个人大赞"译意风"这个译法,完美兼顾读音和含义!)。据说这套设备是美国生产商专门为上海最豪华的影院"大光明"特制的,当时戏院曾宣称自己是全世界第一家采用"译意风"的电影院,并向观众广泛宣传,顾客除了购买电影券之外,只要花一角钱购买一张特别票,就可以通过"译意风"

图 2-6　当时媒体对"译意风"的报道图　　图 2-7　当时的大光明戏院

翻译文化

听到与电影同步的中文剧情解释。虽然要额外付费用，但观众反响十分踊跃，成为当时影坛的一件盛事。而这神奇的"译意风"，其实就是美国人发明的同声传译设备，早期同声传译的工作原理通过"译意风"就能窥见一斑。

"译意风"的工作原理大致是这样的：影院座椅背后装有小匣子一只，里面的电线连接着发音机。观众入场时出示"译意风券"，就会拿到一副听筒。只要把听筒插头插进小匣子，等电影开场时，你耳中听见的便不是完全听不懂的英语对白，而是"译意风小姐"动听的国语了。

图2-8　当时某剧院的"译意风"门票　　图2-9　当时的"译意风"设备

"译意风小姐"是影迷对担任电影翻译女士的昵称。一听到这个颇具"高大上"感觉的称呼就能猜到她们在当时是相当受追捧的。据说当时招考"译意风小姐"的要求非常严格：英文基础扎实，能完全明白电影对白；伶牙俐齿，反应迅速，操一口标准流利的国语；嗓音优美动听，说起话来声情并茂。不过由于这份工作的待遇和条件相当诱人，一般每天只要承担一场电影的翻译，工作两个小时。这比起一般妇女从事的职业更为轻松，且工作环境舒适优越，其报酬也足以满足一个大学工读生的日常开支，因此吸引了不少女大学生前来应考。在当时来看，她们可以说是"天之骄女"，"译意风小姐"这份"差事"自然也属于很高的层次了。

最初观众对"译意风小姐"的翻译要求较低，只求译个大概，让观众明了剧情即可。后来观众逐渐对"译意风"的要求也有所提高，从最初的"概译"、平白表述，发展到了视剧情和角色需要演绎剧中人物的七情六欲，甚至讲解片中特有的电影语言。美国著名华裔演员卢燕女士年轻时曾在"大光明"担任过"译意风小姐"。她在回忆自己当年工作情形时表示，她翻译时会尽可能地融入角色，有感情地说话。男角模仿男声说话，女角模仿女声，该生气时生气，该甜蜜时甜蜜，好比是她一个人的独角戏。慢慢地，观众对她的翻译自然而然留下了比较深刻的印象，称赞她翻译得好，看电影时也会点名要看卢小姐翻译的那一场。由此可见，当时"译意风小姐"之间的竞争其实还是相当激烈的，而从另一个侧面也反映出观众的观赏水平也在提高。

## 第二节　笔译方式的演变

笔译活动是人类有了文字以后相互交流的产物。传统的笔译活动通过人们使用笔、纸等写书工具将其思考过程成结果记录下来这一方式来实现。传统的翻译工具不外乎是笔墨纸砚和一些工具书，比如各类词典。我国著名作家、翻译家杨绛先生的遗照阐释了传统翻译人员工作的情形。

随着书写工具的改进，尤其是打字机、计算机的出现，翻译活动发生了改变。而如今，蓬勃发展的计算机科学和技术为我们带来了日新月异的人工智能工具，昭示着高智能的翻译工具正向我们走来。2012年6月，谷歌公司在第五届谷歌开发者年会

图 2-10　杨绛先生

（Google I/O 2012）上发布了一款硬件产品 Google Glass（谷歌眼镜）。谷歌眼镜通过应用程序 Word Lens（镜像翻译机）可以把看到的外语翻译成用户的母语，并显示在谷歌眼镜屏幕上。例如，当用户出国旅游时，看到指示牌或路标，只需对自己佩戴的谷歌眼镜说"Okay Glass, translate this"，谷歌眼镜就会把指示牌上的外语翻译成用户的母语。有人认为类似谷歌眼镜的即时翻译工具会成为出国经商或旅游人员的必备品。这些翻译工具也许会在不久的将来构筑人类新的巴别塔，让世界各地人们跨越语言的障碍。本节跟随着翻译技术发展的踪迹，讲述笔译方式的演变。

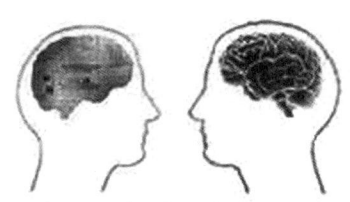

### 一、科技改变笔译方式

图 2-11　机器翻译与人工翻译

科学技术作为社会生产力中的智能性因素引发了生产工具和生产方式的重大变革，是先进生产力的集中体现和主要标志。科技进步同样影响着翻译活动。新技术的应用给翻译工作带来了全新的生产工具，改变了译员的作业方式，为翻译工作提供了各种便利，提高了翻译行业的生产效率。翻译技术（Translation Technology）正从翻译实务、翻译研究和翻译教学的边缘走向中心。[1] 翻译工作者在翻译实务中越来越多地使

---

① 引自王涛、鹿鹏：《翻译技术的理念与分类》，载《中国科技翻译》，2008年第1期，第21—23页。

用翻译技术，翻译研究者在翻译研究中越来越重视翻译技术，翻译技术正成为翻译教学中越来越重要的一部分内容。从翻译实务来看，虽然对原语、目的语两者语言和翻译技巧的掌握程度仍然处于最核心的地位，但是翻译工作者正越来越依赖翻译技术也是一个不争的事实。文字处理软件如 Word 自然不可或缺，而且翻译记忆软件在翻译实务中也得到了广泛的应用。从翻译研究来看，翻译技术日益受到翻译研究者的重视。翻译服务和翻译技术、多媒体翻译等议题成为各个层次翻译会议的重要议题，诸多其他议题如翻译和文化、翻译教学与培训、术语研究和词典研究、翻译专业组织及其管理、翻译与出版等也可以从翻译技术的角度加以研究。近年来，一些大学的翻译专业对翻译技术也越来越重视，开始培养翻译技术方向的博士。在口笔译教学和培训中，人们也逐渐注重与现代翻译技术结合，以达到更好的效果。掌握翻译技术已成为现代翻译从业人员的一项必备技能。

一般来说，翻译技术是翻译实务、翻译研究、翻译教学中使用的和可能使用的各种技术的统称，通常以翻译软件、电子翻译词典、在线翻译程序等工具的形式呈现。从广义上来讲，翻译工具是指所有能够辅助译员进行翻译的计算机工具；从狭义上来说，则指专为提高翻译效率，优化翻译流程而设计的专门的计算机辅助翻译软件。[①] 人们经常见到的"计算机翻译""电脑翻译""机械翻译""自动翻译""机器翻译""机器辅助翻译""电脑辅助翻译""人工辅助翻译"等都在翻译技术的范畴内，只是有着不同的侧重内涵。在翻译实务中，人们通常使用"计算机辅助翻译"泛指上述翻译技术或翻译工具。

机器翻译就是用计算机来进行不同自然语言之间的翻译，它是自然语言计算机处理的一个历史悠久的部门，是横跨语言学、数学、计算机科学的综合性学科，也是信息时代语言应用的一个重要领域。关于用机器来进行语言翻译的想法，远在古希腊时代就有人提出过。当时人们曾经试图设计出一种理想化的语言来代替种类繁多形式各异的自然语言，以利于在不同民族的人们之间进行思想交流。在 17 世纪，一些有识之士提出了采用机器词典来克服语言障碍的想法。笛卡儿和莱布尼兹都试图在统一的数字代码的基础上来编写词典。在 17 世纪中叶，贝克（Cave Beck）、基尔施（Athanasius Kircher）和贝希尔（Johann Joachim Becher）等人都出版过这类的词典。1903 年，古图拉特（Couturat）和洛（Leau）在《通用语言的历史》一书中指出，德国学者里格（W. Rieger）曾经提出过一种数字语法。这种语法加上词典的辅助，可以利用机械将一种语言翻译成其他多种语言，这里首次使用了"机器翻译"（德文是 Mechanisches Uebersetzen）这个术语。

1946 年，世界上第一台计算机 ENIAC 在美国诞生，几乎与此同时，有识之士就

---

[①] 引自徐彬、郭红梅、国晓立：《21 世纪的计算机辅助翻译工具》，载《山东外语教学》，2007 年第 4 期，第 79—86 页。

指出翻译与密码解析的共同之处，并认为计算机强大的存储和计算能力必能应用于翻译中。1964 年，美国科学院成立语言自动处理咨询委员会（ALPAC），调查机器翻译的研究情况，并于 1966 年 11 月公布了一个题为《语言与机器》的报告。报告宣称"在目前给机器翻译以大力支持还没有多少理由"。报告还指出机器翻译研究遇到了难以克服的"语义障碍"（semantic barrier），对机器翻译采取否定的态度。[①]

图 2-12　世界上的第一台计算机

但是，1976 年加拿大蒙特利尔大学与加拿大联邦政府翻译局联合开发的实用性机器翻译系统 TAUMMETEO 正式提供天气预报服务。这个机器翻译系统投入使用之后，每小时可以翻译约 30 万个词，每天可以翻译 2000 篇左右的天气预报资料。该系统是机器翻译发展史上的一个里程碑，它标志着机器翻译由复苏走向了繁荣。机器翻译已经不再是学者们的梦想，它已经变成了活生生的现实。

机器翻译的目标是要用计算机进行不同自然语言之间的自动翻译，以解决人类社会的语言障碍问题。自然语言是丰富多彩的，而计算机的程序则是刻板单调的，在当时的科学水平下，计算机难以把丰富多彩的自然语言描写得淋漓尽致，机器翻译不可能达到人的翻译那样的水平，我们对机器翻译的质量也不可苛求。然而随着语言学研究的进步和计算机科技的高速发展，机器翻译的质量也越来越好。到了今天，大部分职业翻译工作者都会或多或少借助计算机来辅助完成翻译任务。

## 二、计算机辅助翻译主宰当今笔译

计算机辅助翻译有广义与狭义之分，广义的计算机辅助翻译指"对各种计算机操作系统和应用软件的整合应用"，如"文字处理软件、文本格式转换软件、电子辞典、在线辞典和包括计算机、扫描仪、传真机等在内的硬件设备等"；而狭义的则指"专门为提高翻译效率、优化翻译流程而开发的专用软件和专门技术"。计算机辅助翻译是以人为主体进行的翻译活动，区别于全自动化的机器翻译，前者可以称为"机助人译"，后者可以称为"人助机译"。

计算机辅助翻译工具通常包括翻译记忆系统（translation memory systems）、术语管理系统（terminology management systems）、对齐工具（alignment tools）、网页本地化辅助工具（web localization support tools）、字幕辅助工具（subtitling support

---

① 引自冯志伟：《机器翻译与语言研究（上）》，载《术语标准化与信息技术》，2007 年第 3 期，第 39—43 页。

tools）、翻译工作站（translator workstation）。[①] 通过这些系统和工具，计算机辅助翻译工具可以实现如下功能：

  1. 复用语言资产：在计算机辅助翻译环境下，对于翻译过程中重复出现的内容，翻译记忆系统会自动识别并插入译文区，节省了重复输入和语言组织的时间。在实际使用过程中，翻译记忆库从原有的翻译数据库中提供完全匹配内容或模糊匹配内容来帮助译者进行翻译。对于同一个的项目来说，在翻译记忆库中存储的内容越多，翻译后续内容的速度将越快。同时，对齐技术能够批量回收双语语料，将配对后的平行语料导入翻译记忆库中，在遇到相关文本时，可调用原有的翻译，重复利用语言资产节省翻译的时间和成本。

  2. 提高翻译质量：借助计算机辅助翻译可在很大程度上实现翻译质量检查的自动化。在翻译过程中，系统会自动进行拼写检查、语法检查、数字、单位、日期、缩略语、标签、以及多种格式检查等。影响译文质量的一个关键因素是术语统一的问题。如果术语表中总词条在几十个之内，由人工来校对，还是可以保证术语统一的。但是如果术语表高达数千条，很难依靠人工进行术语校对。加载术语库之后，可以在翻译过程中保持术语在同一个项目中的一致性。

  3. 规范翻译格式：在传统翻译模式下，对于文档中的分栏、文本框、页眉、页脚、脚注等复杂格式编辑，以及各种文本格式转换等方面，耗去译者大量的时间。借助计算机辅助翻译，译者主要关注文字内容，基本上不涉及太多格式。例如，利用 SDL Trados 处理 PPT 文件，原文中的文字被自动提取出来，大段文字被分割成一目了然的短句，以一个一个翻译单元的形式井然有序地排列在原文区。在译文区输入对应的翻译时，SDL Trados 会自动保持与原文相同的字体和字号，减少了译者非生产性的工作时间。

  4. 促进翻译协作：许多翻译记忆系统不仅能帮助单个的译者保持术语一致，还能帮助翻译机构保持大型翻译团队术语一致，即便这个团队成员之间的地理距离十分遥远，借助网络技术，也可以共享同一份术语表。在诸如 Wordfast 等在线计算机辅助翻译系统中，不同译员分配到不同的任务，但是任务之间有着紧密的联系。第一个译员翻译某个在下文复现的句子之后，并添加到在线记忆库中，那么其他译员在下文遇到此句话的时候，翻译记忆窗口就会提供已有译文，可直接采用。翻译记忆库和术语库可以存储在网络服务器上，系统对断句规则、翻译记忆术语库以及双语文档进行协同处理，可实现实时共享和更新。大型项目周期短，工作量大，为了按时保质完成任务，通常需要翻译和审校同步，借助上述系统，译员翻译完一个片段之后，审校可在后台进行校对，或者译者和审校及时沟通，极大地提升了翻译效率。

---

[①] 引自 http：//mti.sfl.pku.edu.cn/show.php？contentid=98

5. 辅助翻译管理：在现代语言服务行业中，翻译管理能力是翻译从业人员必备的核心能力，能力的高低直接影响翻译项目的成败。在非计算机辅助翻译环境中，要处理字数分析和报价、重复率计算、工作量统计、文档合并拆分、流程管理与进度控制等多项任务，需要耗费大量的时间。借助计算机辅助翻译工具，可快速完成上述任务，提高译者的翻译管理效率。在翻译实践中，配合其他文本处理技术、翻译管理系统以及内容管理系统等，计算机辅助翻译工具可发挥更大的作用。

早在 20 世纪 70 年代，翻译记忆系统就已经出现，但直到 20 世纪 90 年代中期才开始进行商业开发。随后大量的计算机辅助翻译软件如雨后春笋般地涌入市场，为越来越多的译员所认识并使用。现在国际上，除了领头羊 SDL Trados 外，知名的计算机辅助翻译软件还有 Déjà Vu、Wordfast、Catalyst 等；在国内，1999 年国产雅信 CAT 软件投入市场，接着传神、永利、赛迪、雪人等公司也相继研发并推出了自己的软件。翻译工具研发近年来进展很快，有用于计算机的，也有手机版的；有在线的，也有脱机使用的；有外文版的，也有汉化版的。不同的辅助翻译工具使用起来有其各自的特点和亮点，但大致功能和用途是相通的。

## 小贴士

### 使用率最高的四款计算机辅助翻译软件

1. SDL Trados Studio

这是一款由 1984 年成立于德国斯图加特的塔多思公司（Trados GmbH）开发的辅助翻译工具。该公司在 80 年代晚期开始研发翻译软件，并于 90 年代早期发布了自己的第一批 windows 版本软件，90 年代末期已成为桌面翻译记忆软件行业领头羊。塔多思公司在 2005 年 6 月被 SDL 收购。2015 年，公司官网上发布了 SDL Trados Studio 2015 Professional。SDL Trados Studio 的界面清晰，无论文件类型如何，原文和译文都清楚地显示在两侧。此外，键盘快捷方式、布局、颜色和文本大小等都可自定义，从而最大程度地增加舒适度和工作效率。输入时提供智能建议，使译员从键入时的子翻译单元匹配建议中受益，提高翻译速度。独有技术使得经过审核的翻译自动生成译文。所有格式、标记、非译元素和数字都触手可及。连接自动化翻译功能可翻译更多内容。

2. Déjà Vu X

该款翻译工具由法国艾特尔公司（ATRIL）研发，被许多职业译者誉为计算机辅助翻译工具中的后起之秀。它可以在自己的独立界面中完成"创建术语库和翻译记忆库""创建项目文件""预翻译""校对和质量控制"以及"导出翻译结果"。2009 年 3 月帕沃林公司（Powerling）成为艾特尔公司的独家分销商，2011 年成为艾特尔公司的大股东，全面接管软件研发和全球商业推广。

3. Wordfast

该款翻译工具是由法国职业译者伊夫·商博良（Yves Champollion）于1999年开发。这个基于 Word 软件的插件在 4.0 版之前一直都是一款免费软件，只需用电子邮件注册便可使用其全部功能。后来，该软件由 2001 年成立的 Champollion Wordfast 公司负责商业开发和销售，已经研制出经典、专业和在线三种版本。2009 年 1 月，Wordfast 发布了翻译工作室版，它包括经典版和专业版。

4. 雅信 CAT

该款翻译工具由北京东方雅信软件技术有限公司负责销售的。其先进的项目管理工具能够高效地组织多人参与的大型翻译项目，有效控制和提高项目质量。对于定义好的单词或词组，只需用快捷键或鼠标选用即可。"系统审校"提供了非常方便的校改界面，原文和译文逐句对照的形式免除了在原文中查找对应部分的枯燥劳动。该软件可以在校改完成之后，生成审校评价报告，便于对译员进行质量评价和反馈。

## 三、互联网促进笔译互联

互联网始于 1969 年美国的阿帕网（ARPANET），是网络与网络之间所串连成的庞大网络，形成逻辑上的单一巨大国际网络。随着互联网技术的发展，翻译这一古老的行业正在向互联网翻译和云翻译模式转变。狭义互联网翻译亦称在线翻译，指借助互联网资源，利用实用性极强、内容动态更新的经典翻译语料库，将网络技术和翻译语料完美结合，为译者提供即时响应的在线翻译或者人工翻译服务。广义的互联网辅助翻译不仅包括在线翻译，而且还包括各种在线词典、在线百科全书、搜索引擎、移动客户端翻译工具等。

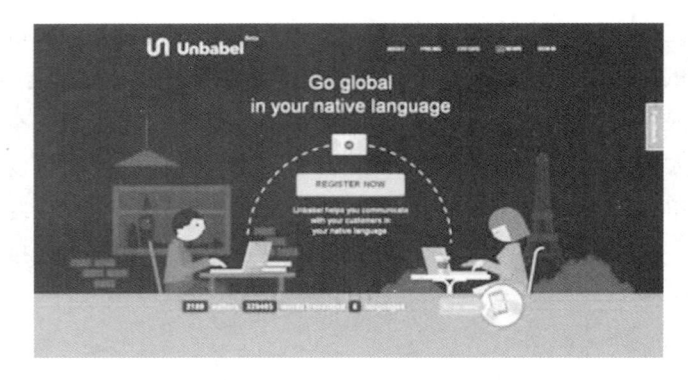

图 2-13 互联网翻译

Google 翻译是自动翻译软件领域的佼佼者，其提供的免费翻译服务可以保证人们在 80 种语言间实现即时互译。它支持上述任意两种语言之间的字、词、句子和网页的翻译。微软 Bing 翻译与 Google 翻译类似，同样采用统计机器翻译技术。Bing 翻译是微软公司提供的能够完成一段文字或网页全文翻译的功能网站，目前提供 53 种不同语言间的在线互译。Bing 翻译准确率较高，尤其是技术方面的翻译，相当给力，速度也很快。

云翻译是基于云平台的协同翻译。平台不仅融合了先进的计算技术、语言处理技术，并且能够实现协同翻译，即将多名空间上分散的翻译人员组织起来共同完成一项翻译任务，以提高整个翻译行业的效率。云翻译平台在协同翻译工具中加入项目组管理，从而更好地协调不同译员和翻译项目之间的关系，并将辅助翻译输入法作为翻译人员和协同翻译平台之间的桥梁，在不同翻译人员之间即时共享翻译信息，有效提高译员的翻译效率。通过协同翻译中的术语检测与识别，以及翻译记忆的实现，在提高译员的翻译效率的同时，还可以有效解决翻译内容重复、翻译成员之间各自为战、对专业术语翻译不统一的问题。云翻译将计算机信息技术、网络、语料库、术语库、机器翻译等引入翻译行业中，极大地提高了翻译效率，使短时间处理大量文字成为可能。

## 第三节 翻译的项目化管理

项目是为创造独特的产品、服务或成果而进行的阶段性工作。翻译工作是在约定期限内，为满足客户需求而创造出的独特的知识产品，属于项目范畴。当遇到大批量、跨专业、多语种翻译任务时，保证较高的工作效率和工作质量成为当务之急。事实上，无论是笔译还是口译，一个翻译项目往往需要由多人配合方能顺利完成并交付。翻译项目管理指项目经理按照客户的要求，利用各种技术、工具和现代管理方法，进行资源规划和管理，并对预算、进度和质量进行监控，合理安排整个翻译流程中的各个工作环节，确保项目能够按客户与服务提供方约定的时间表和质量标准完成。如果一个翻译项目能够按照原定进度、不超过预算且达到质量要求而顺利交付，该翻译项目管理就可以视为成功。

翻译工作忌讳后期补救，译前准备至关重要。项目经理必须做到设计在先，全程跟进，进行有效的项目管理。合同签订后，项目经理首先需要了解项目类型、项目用途、产品提交时间、涉及的专业领域和工作难度、成本和利润预算、源文本特征、客户对质量和稿件的具体要求等。根据这些因素，制定一份计划书，严格按照计划书进行项目跟踪管理。

以笔译为例，翻译质量的控制涉及项目执行中的各个环节，如任务分配、过程追踪、审校、排版、编辑和语料库采编和建设。在这些环节中，项目经理是整个团队的负责人，负责项目的组织、协调和控制。项目经理需要干预翻译作业过程，将

翻译文化

问题在过程控制中解决，而不是等到出了问题再去解决。项目经理可以通过工作进度计划、定期抽样检查等方法随时掌握项目的实际进展情况，对一些不符合计划的行为采取及时的纠偏措施，比如：项目经理以定期返还中途稿件的方式，对翻译质量进行跟踪监控；及时追踪审查译员的稿件；撤换不合格译员。最后进行质检验收时，所有的译稿均须经过严格的语言文字和专业技术双重校对。比如：从语言角度审阅译稿语言是否流畅、表达是否清晰、整体语言风格是否一致；从校对角度审阅译稿的格式、样式、标记、用语是否准确，内容是否有漏译、误译，术语是否统一；从专业技术角度审阅译稿技术术语表达是否专业；从排版角度确认译稿图表制作、格式转换是否符合标准。如果是大中型项目，客户可能会提供参考语料供翻译使用，否则，项目经理应提取并统一专业词汇术语表以确保项目翻译术语的一致性。此外，还需注意项目组内译员能力的强弱配合，让翻译能力略强与略弱的人组合，这样相互校对的过程中，弱的可以不断学习提高，强的可帮助弱的，修正相当一部分翻译问题，这样也减轻了项目经理最后校对的压力。

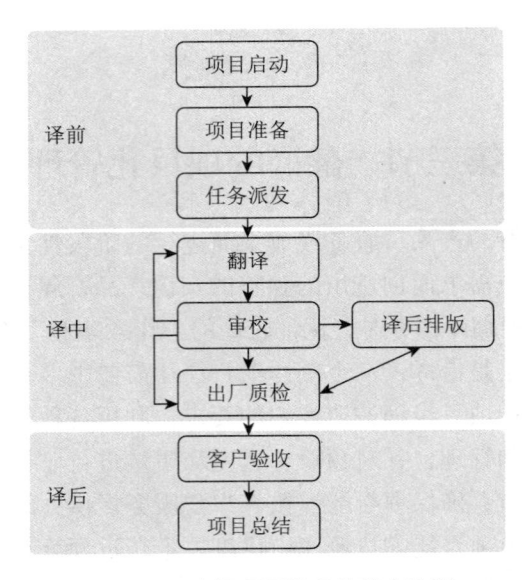

图 2-14 翻译项目管理的基本流程

在多人合作的翻译项目中，时间管理对于项目的顺利完成具有决定性的意义。项目经理根据项目难易程度对工作进度进行规划，将工作任务分解，制定出详细的工作分配和时间进度表，确定稿子交付时间节点，并及时向项目成员发出提醒信息。当遇到比较重要或比较复杂的项目时，适度留出较为宽裕的时间以应对意外情况，如客户要求发生改变等，是非常有必要的。此外，了解并熟悉使用各种翻译及排版软件也可以提高效率，节省时间。

除质量和时间外，翻译项目的成本管理也非常关键。成本管理是保证项目在批准的预算范围内完成项目的过程，包括资源计划的编制、成本估算、成本预算与成本控制。因此在严格控制产品质量和时间投入的同时，如何用更少的成本获得更高的利润是项目经理在工作中必须面对的问题。项目经理在接到翻译任务后，首先要对翻译项目进行整体分析，并考虑如何利用现有资源选择专业背景和翻译能力相当的翻译人员组建项目团队。当遇到内容大量重复或模式完全形同的项目时，可以在翻译记忆库中寻找类似文件进行比对，这样既可以避免翻译重复劳动，节省时间，同时还可以降低翻译成本。

成功的翻译项目管理要求管理者必须掌握客户要求、翻译资源调配、翻译质量控制等环节，严格执行项目计划，理论结合实际地进行工作分配，确保翻译项目顺利完成。对译员而言，其综合素质，尤其是源语和目标语水平、百科知识水平等，对翻译能否成功有着重大的影响。除了传统上所认识到的基本的翻译素质之外，项目分析、文档处理技术、信息技术、翻译工具、术语工作、网络工具、出版用字以及其他相关规范等要素，对于项目的顺利实施极为重要。翻译项目的成功是项目管理者与译员追求项目目标，控制好时间、质量和成本等因素，共同努力的结果。

## 拓展阅读

### 谷歌神经元翻译系统（GNMT）

2016年9月，Google发布谷歌神经元翻译系统（Google Neural Machine Translation，GNMT），称该系统使用了当前最先进的训练技术，能够实现当下机器翻译质量上最大的提升。Google计划在随后的几个月中把GNMT应用到谷歌翻译的10000种语言在线翻译服务中，当然也包括比较难的汉英互译。这在业内引起了极大的关注，甚至有翻译从业人员惊呼："作为翻译，看到这个新闻的时候，我理解了18世纪纺织工人看到蒸汽机时的忧虑与恐惧。"

简单地说，这项新技术能让翻译系统不再像以往那样"基于短语"地逐字逐句翻译，而是根据整篇文章的大意来对句子进行分析。因此，在新技术下，翻译的错误可减少60%以上！通过实例翻译对比以及维基百科和新闻网站的例句测定，就可以发现GNMT系统较之传统的短语比对翻译系统（Google Phrase-Based Translation，GPBT）可降低55%—85%的翻译错误。据Google Brain研究团队成员表示，使用该技术实现的翻译质量，已经能够接近普通的人类译员了。然而该系统并非完美无缺，其翻译的准确性目前仅限于同一语系的不同语言，在英汉互译的情况下，其准确性会大打折扣。此外，和人工翻译（Human Translation）相比，GNMT仍然会犯一些人类译员不会犯的明显错误，如漏译、专有名词或短语翻译错误，以及不考虑上下文而孤立翻译句段等等。

虽然GNMT技术目前还处于刚刚起步的阶段，但是对整个翻译行业来说它代表着一个重要的里程碑。GNMT的目标是大规模进行完美的翻译，谷歌内部人士认为他们可以在5到10年时间内接近实现这一目标。不久的将来我们是否会迎来翻译行业的大洗牌甚至是职业译员的消亡？也许只有时间能告诉我们答案。

## 本章小结

  本章探讨了翻译方式的演变和发展。从发展时间的角度来看，口译的历史要比笔译的历史久远得多。口译从最初的不同部族或民族之间的言语互通，到现在系统成熟的交替传译，乃至挑战人脑极限的职业同声传译，从工作方法和技巧上来讲可以说实现了质的飞跃。交传和同传相辅相成，满足了各国各地区人民之间的各种口头交际需求。笔者认为，代表着口译界最高水平的同声传译在相当一段时间内难以被机器翻译所取代。笔译在其漫长的发展过程当中，其实翻译的基本方式并没有本质上的改变，但是现代科技的发展为笔译工作提供了极大的便利，译者在各种计算机辅助工具、互联网技术和现代管理方法的协助下，实现了翻译信息的即时共享，从而能够省时高效地复用语言资产、规范翻译格式、提高翻译质量和促进翻译协作，极大地提高了翻译效率。而且随着新科技的开发，笔者相信一些非文学或艺术类的笔译在未来是有望部分甚至全部被机器翻译取代的。但无论是口译还是笔译，"人"始终是贯穿其中的关键，因为翻译的根本目的依然是人与人的交流，"机器翻译"和"人工翻译"应该是"相辅相成"而不是"非此即彼"的关系，相信人类未来必定能在两者之间找到一个最佳平衡点。

【思考题】

  1. 在纽伦堡战犯审判所甄选出来的同传译员中，为什么最优秀的译员通常介于35—45岁之间？为什么双语人士的语言能力会强于多语人士？

  2. 在纽伦堡战犯审判过程中，纳粹战犯戈林（Hermann Wilhelm Göring）曾责备同声传译缩短了他的寿命。你如何看待戈林对同传的这一评价？

【案例分析题】

  假设你是深圳某翻译公司负责人，现接到一个口译项目，项目详情如下：

**项目内容**：关于城市规划的国际研讨会

**主办方（客户）**：深圳市规划局

**会议安排**：

**第一天**：上午——开幕式

     下午——国内外专家实地参观了解深圳市城市规划发展现状

第二天：全天——研讨会

第三天：上午——研讨会

　　　　下午——新闻发布会+闭幕式

**涉及语种**：中、英、法、德

**特别说明及要求**：

——研讨会上有多位国内外顶尖专家参与发言和讨论，但会议安排非常紧凑，必须控制在一天半之内完成。

——由于客户方预算有限制，若前后三天会议全程使用同声传译，会超出预算范围。

结合交替传译和同声传译各自的优缺点，以及翻译项目管理原则，试分析该项目应如何设计相关的翻译工作安排，选择何种翻译方式进行？

【阅读分析题】

阅读以下一篇微信上流传的文章[①]，并结合前文拓展阅读中关于谷歌GNMT系统的介绍，试分析人工智能技术的发展对翻译行业的影响。你认为未来人工翻译真的会被机器翻译取代吗？

**刚刚宣告：同声传译即将消亡！**

《圣经》故事中的"巴别塔"由于上帝的介入使人类语言不通而最终不了了之。自古以来，语言的力量都是巨大的，语言互通则事半功倍，语言不通则举步维艰，甚至会造成误会从而引发各种争端。然而今天，随着科技的进步，巴别塔即将被重建了。重建巴别塔的，是一家中国公司：科大讯飞！

近日，科大讯飞发布了全球首款实时中英互译神器："晓译翻译机"。这款神器的亮相，赢得了现场观众的一致好评。该产品基于科大讯飞中英口语翻译技术，能够快速、准确地实现中英口语的即时互译。简单一句话：中文进，英文出，瞬间实时翻译！目前，在日常生活的各个领域，晓译翻译机已经达到了大学英语六级水平，不论是学习、工作、出国旅行，它都能做你的便携翻译官！不仅如此，在未来，晓译翻译机还将不断拓展和学习，覆盖包括日语、韩语、俄语、法语、德语等语种，为不同语言的人之间的沟通扫除障碍。

科大讯飞这一超级翻译机的抛出，一定意义上等于宣告了同声传译这个职业的消亡！我们还在评价台上的女翻译漂亮不漂亮的时候，同声传译这个职业说不在就不在了……

不是我们不明白，而是这世界变化太快。

一日千里的科技正使一切坚固的变成脆弱的；使一切岿然不动的变成变动不居的。在你看不到的地方，你处身的行业会正如大地坍塌，最终只剩下熔岩中的寥寥

---

① 资料整理节选自微信公众号"财经内参"（2017年6月25日）。

孤岛。在越来越多的领域,人工智能正在快速超越人类。这也意味着大批的翻译、记者、收银员、助理、保安、司机、交易员、客服……都可能在不远的未来失去自己原来的工作。

对此,斯坦福教授卡普兰做了一项统计,美国注册在案的720个职业中,将有47%被人工智能取代。在中国,这个比例可能超过70%。

这也就是说,不仅仅是同声传译,今天我们赖以生存的职业,或在不远的将来,就可能被机器取代!

# 第三章　人类历史上的翻译高潮

> 所有科学都是翻译的子孙。
> ——乔尔丹诺·布鲁诺

【学习目标】

1. 建立翻译高潮的概念，了解中国历史上出现的四次翻译高潮以及西方历史上出现的五次翻译高潮。
2. 能够分析中国以及西方历史上出现的翻译高潮与当时的社会、历史、文化背景之间的关系。
3. 熟悉翻译对中国以及西方社会文化发展的贡献。

【教学提示】

1. 能解释世界四大古代文明中只有中华文明能够幸运地保留下来的原因。
2. 熟悉中国以及西方历史上的各翻译高潮中涌现出的代表性译者和重要翻译事件。
3. 了解中国以及西方历史上出现的翻译高潮分别取得了哪些方面的翻译成就。
4. 能够对当前世界语言服务行业的发展趋势进行一定的预测。

人类漫长的发展历程中，在北半球的两河流域（幼发拉底河和底格里斯河）、尼罗河、黄河流域与长江流域，以及印度河与恒河流域相继产生了世界四大文明，即古巴比伦、古埃及、中国和古印度这四大被世界公认的文明古国。四大文明古国都建立在容易生存的河川台地附近，基本上都在距今 7000 至 4000 年前，相继由新石器时代进入青铜时代，进而步入铁器时代。

四大文明古国是古代文化的发源地，可以说全世界的文明都是从这四个地方延伸出去的。但是，四大文明除了中华文明以外，其余三大文明古国全部都在历史的长河之中销声匿迹了。曾经盛极一时的古巴比伦王国，早已经消失在沙漠中了。现在建立在当初那个古巴比伦文明发源地上的国家被称为伊拉克共和国，与之没有半点关系。曾经无比繁华的空中花园，如今只剩下空荡荡的遗址。古埃及除了留给后人几座谜一样的金字塔和解不开的文字之外，再无任何曾经辉煌的文明的迹象了。今之印度也非古之印度。古印度的代表"哈拉巴文化"经过异族的侵略和摧残之后已经灭绝。古印度的文明在现今几乎没有得到保留，连考古发现的文字都无法解读。这说明现今的印度语言和古印度语言相比已经不能同日而语了，印度的原生文明已经彻底消失。

中华文明何以能够如此幸运地保留下来呢？尽管有许多证据可以解释中华文明长寿的原因，但其中一个非常重要的原因，就是以翻译为媒介的中华文明与世界其他文明之间的不断交流。正如季羡林先生所说："倘若拿河流来作比，中华文化这一条长河，有水满的时候，也有水少的时候，但却从未枯竭。原因就是有新水注入。注入的次数大大小小是颇多的。最大的有两次，一次是从印度来的水，一次是从西方来的水。而这两次的大注入依靠的都是翻译。中华文化之所以能常葆青春，万应灵药就是翻译。翻译之为用大矣哉！"

# 第一节 中国历史上的翻译高潮

中国翻译传统源远流长，共历经四次翻译高潮，即东汉至唐宋的佛经翻译、明末清初的科技翻译、鸦片战争至五四运动时期的西学翻译和20世纪80年代的社会科学翻译。每一次翻译高潮都引进了大量的外来知识，犹如一股清新之风，其影响泽被中华文化的每一个层面，使中华文化为之面目一新。

## 一、"西天取经"：东汉至唐宋的佛经翻译

东汉初年，随着中国封建制度的不断发展，赋税徭役加重，人民的生活痛苦不堪。这时佛教所宣扬的"普渡众生""因果报应""生死轮回"既满足了当时统治阶级想利用佛教麻醉、迷惑老百姓以巩固自身的统治地位的政治需求，也满足了老百姓想借助宗教得到精神慰藉的心理需求。在这样的社会和文化背景下，佛教作为一种外来宗教，自然受到欢迎，佛经的翻译也因此受到广泛重视，掀起了中国翻译的首次高潮。我国的佛经翻译历时1000余年，从东汉末年安世高开始，在魏晋南北朝时得到进一步的发展，于唐代达到鼎盛，从而形成了我国历史上的第一次翻译高潮。佛经翻译，又称"千年译经运动"，在中国翻译史上的影响可谓是深刻而久远的。

翻译佛经的力量主要是两部分人。一部分是从西方来中国的僧侣，据统计，公元147—453年的大约300年间，来中国的西方僧侣就有60人之多。另一部分翻译力量是西行求法取经的中国僧侣，公元260—751年间约有105人，此外不知名的也有百余人。① 这些人中，有的中途死亡，有的未曾归国，就知名者而言，回国的约有四分之一，一般都从事翻译工作。

我国现有佛经中，大部分是直接译自梵文②，一部分则是从巴利语或"胡语"（西域语言）转译过来的。据季羡林先生的研究我们可知，后汉至南北朝译成中文的佛经，原文大半不是梵文，而是俗语及西域古代文字。③ 南北朝所译佛经，其原本有梵本（如图3-1），也有胡本。所谓"胡本"，就是转译的西域文本。隋朝以后所译佛经的原本，则统属梵本。这大概是因为到了隋代，传入中国的梵本佛经日益增多，译经的人对从胡本转译佛经失去了兴趣。

图 3-1　梵文佛经板

**（一）安世高：不当太子却做佛经汉译的创始人**

安世高是东汉末僧人，他是有史记载以来最早以汉文系统翻译佛经的著名译经家。据记载，安世高名叫安清，本为安息国太子，故号"安候"。轮到他继承王位时，他将王位让给了叔叔，出家为僧。汉桓帝（132—167）初年，安世高来汉译经，先后译出35部41卷佛经，其中最著名的是《大安般守意经》。他所译的经文质朴而不粗俗，因而被称为直译的鼻祖。

安世高幼年以孝行见称，并且勤奋好学，对于

图 3-2　安世高

---

① 马祖毅：《中国翻译史》（上卷），武汉：湖北教育出版社，1999年，第95页。
② 梵文即梵语（英文：Sanskrit language），汉传佛教称此语为佛教守护神梵天所造，因此称其为梵语/梵文。现代语言学研究表明，梵语是印欧语系的印度—伊朗语族的印度—雅利安语支的一种语言，是印欧语系最古老的语言之一，同时对汉藏语系有很大的影响。
③ 转引自马祖毅：《中国翻译史》（上卷），武汉：湖北教育出版社，1999年，第97页。

翻译文化

图3-3 安世高译《大安般守意经》

当时的经典知识和五行医方异术都非常精通。尤其令人惊讶的是，他居然精通鸟兽之声。据说有一次在路上，当一群燕子飞过时，安世高听懂了燕子的叽叽喳喳是在告诉他与其同行者，前面有人来迎接他们。果然不久就见到了前来迎接他们的人。这让世人惊叹不已，当然这只是传说。

安世高舍弃王位出家修道，四处游方弘化，遍历西域诸国。公元147年左右到达洛阳后，用了不长时间，便学会了汉语，开始佛经的翻译。安世高所译佛经主要内容是传播小乘佛教的基本教义与修行方法。由于他通晓华语，他能将佛经原本的意义比较正确地传达出来，说理明白，措辞恰当，不铺张，不粗俗，恰到好处。但总的说来，他的翻译还是偏于直译。有些地方顺从原本结构，不免重复、颠倒；而术语的创作也有些意义不够清楚。

（二）后秦国主姚兴与一代名僧鸠摩罗什译场的建立

在我国佛教发展史上，后秦国主姚兴所发挥的作用可以说是转折性的。因为他倾举国之力支持佛教，才使得鸠摩罗什在长安建立了规模庞大的译经场，聚集大量的佛学人才，使得佛经翻译能顺利进行下去，为大乘佛教的发扬光大奠定了稳固的文献基础和人才条件。

鸠摩罗什具有丰厚的佛学修养，名满西域，连释道安[1]也对他非常仰慕，并多次敦促前秦王苻坚求取鸠摩罗什为中原所用。由于鸠摩罗什曾在凉州潜心学习汉语17年，因此无论是对于佛经原典的理解，还是在梵汉、胡汉语言的翻译表达方面，他都达到了前人难以企及的高度。其译经文字优美、畅达，忠实地再现了原典的道理，具有天然西域之情趣。鸠摩罗什开创了意译的先锋，译文妙趣盎然，为我国翻译文学奠定了基础。他还进一步完善了译场，原来的译场只有口授、传言、笔授三个环节，他增加了校对这一环节。译完作品之后写上译者的名字也是从他开始的。

后秦弘始三年（401），姚兴出兵大败吕凉，58岁的龟兹[2]名僧鸠摩罗什被邀从凉州抵达长安，受到国师般的礼遇，开始在后秦王朝的支持下翻译佛经。长安僧团由此迎来了一个不仅在长安佛教史上，而

图3-4 鸠摩罗什

---

[1] 释道安为东晋时高僧，著名佛经翻译家。
[2] 龟兹（qiū' cí）国，又称丘慈、邱兹、丘兹，是中国古代西域大国之一。中国唐代安西四镇之一。为古来西域出产铁器之地。

且在中国佛教史上重要的跨越式发展时期。可以说，鸠摩罗什译经时期的长安僧团，是中国佛教发展史上几乎空前绝后的一个僧团发展高峰。

鸠摩罗什一抵达长安，姚兴随即敕令僧睿、僧楷、道生、道标等800余僧人领受他的教导，协助他翻译佛经。其中数十人在鸠摩罗什到长安之前，便已经是各有所长、声名显赫的高僧了。鸠摩罗什的深厚学识和远播声名为长安僧团的发展提供了一个权威核心，而800多僧人中的这些著名学问僧又为译经与研讨经文储备了人才。有了姚兴以国家之力量为翻译、讲说佛经提供财力方面的支持，长安周边及全国各地的僧人闻讯纷纷前来长安受学，长安僧团迅速扩大，由最初的

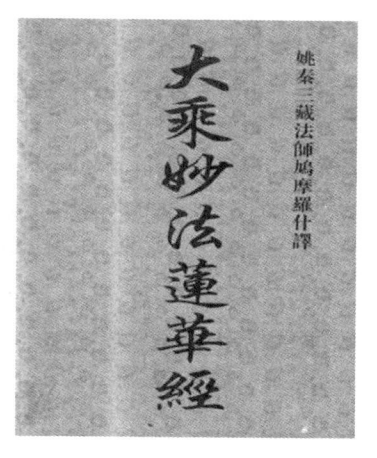

图 3-5　鸠摩罗什译《法华经》

800多人增加至3000多人。这些僧人聚集在后秦的都城长安，在草堂大寺和逍遥园翻译佛经，先后12年时间，共翻译佛经300余卷。在这一过程中，大批具有佛教经典素养的僧人成长起来，迅速成为佛经翻译和构筑佛教知识体系的主要力量。

在跟随鸠摩罗什翻译佛经的岁月里，经过长时间的经义探讨和研习，在这3000多弟子中涌现了著名的"十哲"：僧契、僧肇、僧睿、道融、道生、昙影、慧严、慧观、道恒、道标。其中的僧契、僧肇、僧睿、道融、道生、昙影、慧严、慧观又被称为"八俊"；而僧睿、道融、道生、僧肇这四位最出色的弟子被称为"关中四子"，他们都是当时以学问、禅修著称的杰出佛学精英。

鸠摩罗什的译作，《出三藏记集》载为35部294卷，《开元释教录》列为74部384卷，实际现存39部313卷。[①] 鸠摩罗什的译作大多为般若类经，他最早译出的是《阿弥陀经》，接着开始翻译《大智度论》《百论》等大乘经典，后来又译出了《法华经》《维摩诘经》等重要的大乘经典。

（三）实叉难陀：深受一代女皇武则天器重的译经家

唐朝的外来译经家中，来自于阗国[②]的僧人比较多，最著名的当属实叉难陀，汉语法号"学喜"。实叉难陀不但精通大小乘经典，其他杂学知识也较为广博。他主要是在武则天统治后期和唐睿宗初年在长安活动，武则

图 3-6　实叉难陀

---

① 转引自尚永琪：《胡僧东来——汉唐时期的佛经翻译家和传播人》，兰州：兰州大学出版社，2012年，第126页。
② 于阗（tián）国（公元前232—公元1006年），是古代西域王国，中国唐代安西都护府安西四镇之一。古代居民属于操印欧语系的吐火罗人。1006年被喀喇汗国吞并，逐渐伊斯兰化。于阗地处塔里木盆地南沿，东通且末、鄯善，西通莎车、疏勒，盛时领地包括今和田、皮山、墨玉、洛浦、策勒、于田、民丰等县市，都西城（今和田约特干遗址）。

# 翻译文化

天与唐睿宗对他均器重有加,给他的待遇颇为优厚。

武则天登基后,大兴佛教,尤其推崇大乘。因《华严经》旧经不完整,听闻于阗有梵文全本,于是派使者求访,并邀请精通梵语的僧人来中原。这样,实叉难陀便作为大唐邀请的高僧,同全本的《华严经》一同被送到了洛阳。

证圣元年(695),实叉难陀在洛阳皇宫内的大遍空寺翻译《华严经》,武则天不但亲临法座,还为此经的汉语译本作序,并为每品[①]经文挥笔题写品题名。久视元年(700),武则天再次召见实叉难陀,命其翻译《大乘入楞伽经》。此后,他又在长安的清禅寺和洛阳的佛授记寺,译出《文殊授记》等经。据记载,实叉难陀前后译出的佛经达19部之多。

图3-7 《大方广佛华严经》(简称《华严经》)

实叉难陀后来曾一度返回于阗国,唐中宗李显即位后,下诏征其来朝。于是,景龙二年(708),实叉难陀从于阗再次抵达长安。李显屈万乘之尊,亲自到开远门外迎接,长安城内僧侣信众纷纷出动,经幡重重,香火袅袅,其华丽尊贵的庞大阵势,非旁人所能企及。实叉难陀进城的时候,乘坐的是全身布满花朵珠宝装饰的大象,万人称颂,迎接到大荐福寺安置。

## 小贴士

### 玄奘西天取经

唐朝经济发达,文化繁荣,出现了我国古代翻译界的巨星玄奘(玄奘本姓陈,法号三藏法师,河南人,因出身贫苦,13岁出家)。玄奘在唐太宗贞观二年(628)从长安出发去印度取经,经16国、历时4年到达印度。留学印度17年,成为当地最著名的外籍高僧。他曾在印度连续做了18天的道场,从而名震印度。玄奘后返回长安,取回佛经600多部,于是便在大慈恩寺内领导几千弟子从事佛经翻译,共译出75部1335卷经文。他不但把佛经从梵文译成汉文,而且把老子的部分著作译成梵文,成为第一个把

---

① "品"即章节的意思。

汉文著作介绍到国外的中国人。玄奘翻译的特点是直译和意译相结合，他明确地提出翻译的标准既需求真，又需喻俗，意思就是译文要忠实准确，通俗易懂。20 世纪 50 年代有人对照了原文，发现玄奘那时就运用了补充法、省略法和假借法等翻译技巧，故玄奘被称为"空前绝后之伟人"。同时玄奘还完善了译场，翻译的职司多至 11 种：译主（为全场主脑）；证义（译主的助手）；证文（看是否读错）；度语（口译）；笔授（记录下梵文译成汉文）；缀文（整理）；参译（校对）；刊定（去掉重复）；润文（从修辞上加以润饰）；梵呗（对照原文音调，看译文是否朗朗上口）；监护大使（最后审定）。

图 3-8 玄奘

玄奘西行路线：

长安（今陕西西安）→ 秦州（今甘肃天水）→ 兰州 → 凉州（今甘肃武威）→ 瓜州（今甘肃安西县东南）→ 玉门关 → 伊吾（今新疆哈密）→ 高昌（今新疆吐鲁番）→ 阿耆尼国（今新疆焉耆）→ 屈支国（今新疆库车）→ 跋逯迦国（今新疆阿克苏）→ 凌山（今天山穆苏尔岭）→ 大清池（今吉尔吉斯斯坦伊塞克湖）→ 素叶城（即碎叶城，今吉尔吉斯斯坦托克马克西南）→ 昭武九姓七国（都在今乌兹别克斯坦境内）→ 铁门（乌兹别克斯坦南部兹嘎拉山口）→ 今阿富汗北境 → 大雪山（今兴都库什山）→ 今阿富汗贝格拉姆 → 巴基斯坦白沙瓦城 → 印度

玄奘回程路线：

今巴基斯坦 → 阿富汗 → 葱岭（帕米尔高原）→ 大流沙（塔克拉玛干沙漠）→ 敦煌 → 瓜州（今甘肃安西县东南）→ 长安

途经国家：

中国 → 吉尔吉斯斯坦 → 乌兹别克斯坦 → 阿富汗 → 巴基斯坦 → 印度 → 尼泊尔

重点路段：

长安（今陕西西安）：玄奘出发及译经之地；

凉州（今甘肃武威）：古丝路重镇，玄奘出发时三分之二的人口为外国商人，玄奘在这里讲经首次获得了国际声誉；

唐玉门关（今甘肃安西县）：初唐的边关，玄奘偷渡玉门五关的神奇历险故事；孙悟空的原型人物——石盘陀；

高昌故城（今新疆吐鲁番）：玄奘取经的转折点；

罗布泊：著名的楼兰古国，玄奘回程途经楼兰；

凌山（今天山穆苏尔岭）：天山历险；

碎叶城（今吉尔吉斯斯坦境内）：著名的古西域城市；

飒秣建国（今撒马尔罕）：丝路重镇，唐朝有"中华门"；

大雪山（今兴都库什山）：玄奘称之为"大头痛"；
　　梵衍那国（今巴米扬）：著名的巴米扬大佛及卧佛；
　　巴基斯坦白沙瓦城：佛教初期的兴盛之地；
　　印度（新德里——蓝毗尼——那烂陀一线）：印度的佛教圣地，玄奘在这里获得了印度举国的敬仰。

## 二、"师夷长技以制夷"：明末清初的科技翻译

　　明末科技翻译活动启动了中国文化与外国文化的第二次大接触。明末科技翻译是中国少数有识之士企图冲破长期封建保守与夜郎自大的氛围，自觉睁眼看世界之始。明代以前，中国一直以"天朝上国"自居，实行闭关锁国的政策，并且"重文轻理"。到了明代，中国的自然科学已大大落后于世界其他资本主义强国。当时的统治者慢慢接触到西方先进的科学技术，并企图通过翻译西方书籍学习西方的先进技术，这在当时的封建闭关锁国的情形下，是不能完全实现"强国"的，但这在某种程度上还是促进了一些中国士大夫的觉醒，有利于中国科技水平的提高。

　　明代万历年间，以崇祯皇帝为代表的朝廷主要是出于修历的目的，对翻译西方历算书籍感兴趣。1629年朝廷设立了历局，组织传教士与我国历算知晓人士系统编译数学和天文书籍。徐光启、李之藻和王征等有识之士，一方面自身喜爱科学技术，另一方面则力图以科学技术改变我国的经济状况。他们除了奉旨参与历局译书之外，还翻译了西方几何、测量、算学、农业、水利、机械及哲学等有关书籍。

　　明末清初进行的科学文化翻译不仅传播了西方科学文化，促进了社会生产力的发展，而且西方的科学思想方法也从逻辑推理和考察实证两方面对清代学者产生了影响，在他们中产生了学以致用、求真务实的学术氛围，为鸦片战争后大规模的西学东渐的翻译活动奠定了思想基础。

### （一）"中西合璧"：西方传教士和中国士大夫相结合的翻译主体

　　中国近代翻译活动是随着西方传教士在华传教和近代早期知识分子的出现而兴起的。以王韬、徐寿、李善兰为代表的近代早期知识分子的产生与觉醒，催生了明末清初的翻译活动。与梁启超、严复等近代知识分子相比，中国近代早期知识分子一般没有留学国外的经历，既没有系统学习西方近代科技知识，也一般没有在国内京师同文馆之类的学校学习外语的经历。因此他们的翻译活动大都与西方传教士一起合作，通过外国传教士口译、他们笔述完成的，单独一方几乎难以完成翻译活动。"外国传教士口译中国人笔述"是中国近代早期翻译活动的重要特征。明末清初翻译活动兴起时，其翻译主体既有西方传教士，又有中国士大夫，两者相结合共同构成了这一时期的翻译主体。

　　这使得这一阶段的翻译主体处于极度不平衡的状态。由于传教士精通西语，很多也粗通汉语，而与之合作的士大夫们则大多不通西文，主要作用仅润色文字而

已。这种情况导致无论是翻译文本的选择，还是翻译的技巧与策略的决定，传教士们都占了绝对的主导地位。如欧几里得的《几何原本》(*The Thirteen Books of Euclid's Elements*)一书，原书13卷，但传教士利玛窦认为翻译前6卷已达到其利用翻译传教的目的，坚持不肯继续翻译下去，合作者徐光启心虽有余但因不通外文只好作罢。

西方传教士与中国士大夫之间的翻译协作主要体现在以下两方面。首先，是中国士大夫对传教士汉语学习的帮助。例如，徐光启就曾经花大力气帮助传教士学习汉语，并为他们聘请有名教授。其次，中国士大夫对传教士的译稿进行笔录、润色、作序介绍，还为之刻印流传。中国士大夫与西方传教士之间的合作典范，当属徐光启与利玛窦、徐光启与熊三拔（Sabatino de Ursis）以及李祖白与汤若望。

## （二）徐光启与利玛窦合译数学经典：《几何原本》

明代初年以后，占统治地位的思想主要是客观唯心主义的程朱理学与主观唯心主义的陆王理学，蔑视自然科学的风气盛行。在数学方面，宋元时期的有关著作几乎已遗失殆尽。正是在这样的背景下，徐光启与利玛窦合作翻译的《几何原本》一书，一经问世，便受到不少人的推崇。

《几何原本》是古希腊数学家欧几里得所著的一部数学著作。它是欧洲数学的基础，总结了平面几何五大公设，被广泛地认为是历史上最成功的教科书。这本著作是欧几里得几何的基础，在西方是仅次于《圣经》而流传最广的书籍，被罗素视为古往今来最伟大的著作之一，也是希腊理智最完善的纪念碑之一。歌德则将之视为哲学的最完善的引言和入门，因为它可以说是人类历史上第一部代表科学理论结构的教科书。英国诗人华兹华斯则称，如洪水骤至，有两本书必须抢救，一为基督教《圣经》，一为欧几里得的《几何原本》。

欧几里得所著的《几何原本》大约成书于公元前300年，原书早已失传。全书共分13卷，书中包含了5个假设（Postulates）、5条公设（Common Notions）、23个定义（Definitions）和48个命题（Propositions）。在每一卷内容当中，欧几里得都采用了与前人完全不同的叙述方式，即先提出公理、公设和定义，然后再由简到繁地证明它们。这使得全书的论述更加紧凑和明快。

图 3-9 1573 年版《几何原本》原著

翻译文化

  1582年，利玛窦到中国传教，带来了15卷本的《几何原本》，其中1—6卷为平面几何，7—10卷为数论，11—15卷为立体几何。1600年，徐光启与利玛窦相识后，便经常来往。两人大约从1606年开始着手翻译此书，夜以继日，刻苦钻研，翻译进度很快，终于在一年之内（大约1607年春）将《几何原本》第一版（6卷）翻译完成。徐光启原本想将其全部译出，利玛窦则坚持先译出前6卷。究其原因，利玛窦毕竟是传教士，其译书始终是为其传教服务的。他在1605年5月10日向罗马教廷的报告中曾明确表示："现在只好用数学来笼络中国的人心。"[①] 前6卷《几何原本》翻译的成功，足以达到笼络中国人心的目的，他自然不会再愿意花大力气完成剩余部分。至于后9卷的翻译，则是在两百多年后的1857年，由清代数学家李善兰（1811—1882）和英国人伟烈亚力（Alexander Wylie）合作译完的。

图3-10 徐光启与利玛窦

图3-11 李善兰和伟烈亚力

  《几何原本》的翻译凝聚了徐光启大量心血。该书是西方科学技术的基础，但对中国人来说，却是一门完全陌生的学问。在与徐光启合作翻译之前，利玛窦曾发动其学生、才智超人的常熟人瞿太素翻译此书，结果未能成功。17世纪几乎没有中国人懂得拉丁文，仅凭利玛窦的讲授，能理解《几何原本》已属不易，遑论翻译；而利玛窦虽然汉语流利，也能书写，但终究不是他的母语，不知哪些字词可以与原著

---

[①] 转引自马祖毅：《中国翻译史》（上卷），武汉：湖北教育出版社，1999年，第466页。

中的术语对译。因此，他一度怀疑翻译《几何原本》是否可行。利玛窦曾警告徐光启，若非天分突出、勤学苦读，恐怕很难将译事进行到底。可徐光启却平静地回答他："我怕困难，困难更大；我不怕它，它自然就怕我。"这种坚持最终获得回报。

　　一年多后，利玛窦在日记中感动地回忆到，徐光启用清晰而优美的中文翻译出了《几何原本》的前 6 卷，创造性地解决了翻译中的术语问题。简练的中文对译，从"点""线""面"到"平行线""对角线"，再到"三角形""四边形""多边形"以至"相似""外切"等等，一直沿用到数百年之后。利玛窦和徐光启为当年刊刻的译本写了长篇序言。《几何原本》原名为 *Euclid's Elements of Geometry*，如果直译成中文，不像一部数学著作。徐光启查考了很多词组，均不理想。后来他想到"几何"一词，觉得它与拉丁化的希腊语"Geo"音近意切，建议把书名译成《几何原本》，利玛窦也感到很满意。

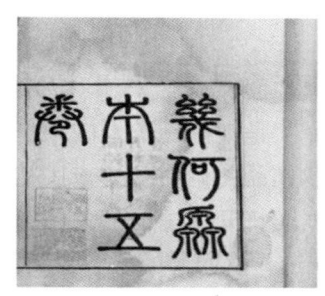

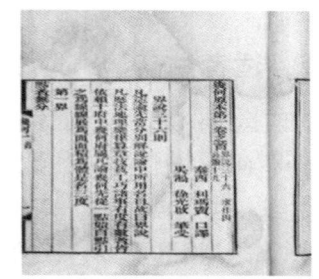

图 3-12　徐光启与利玛窦合译的《几何原本》

### 小贴士

**水利工程名著《泰西水法》的翻译**

　　《泰西水法》是西方著名水利工程技术著作。该书由意大利传教士熊三拔讲授，徐光启根据笔记整理，并结合中国的水利机械情况经过实验后，编译成书。该书于 1612 年译成，全书共分 6 卷，主要记述恒升（往复抽水机）、龙尾车（螺旋提水车）、玉衡（双筒往复抽水机）等水利机械的结构和制造方法，以及修建蓄水池和凿井的基本方法。除正文外，并有附图。《四库全书总目》对此译本给予了高度评价："西洋之学，以测量步算为第一，而奇器次之。奇器之中，水法尤切于民用。视他器之徒矜工巧，为耳目之玩者又殊，固讲水利者所必资也。"[①] 徐光启是在中国原有水利灌溉方法和工具的基础上，选择原著中对当时中国社会具有实用价值的内容，编译成书的。此书对中国当时及以后的农田水利灌溉方法和工具的改进起到了积极的推动作

---
① 转引自马祖毅：《中国翻译史》（上卷），武汉：湖北教育出版社，1999 年，第 466 页。

用。《泰西水法》的问世对发展我国的农田水利事业具有重要贡献，它也成为了我国中世纪最重要的一部农田水利科学著作。

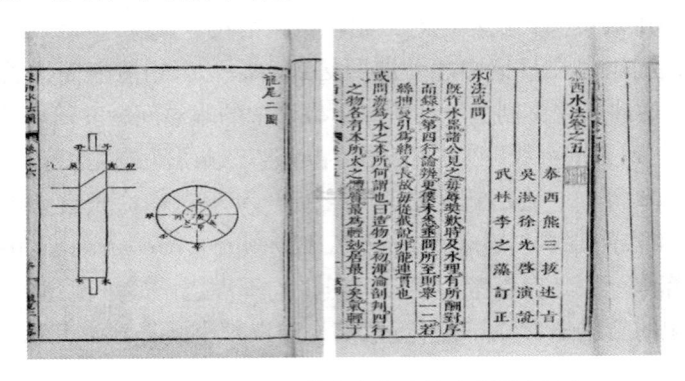

图 3-13　熊三拔和徐光启合译的《泰西水法》

## 三、"物竞天择，适者生存"：鸦片战争至五四运动的西学翻译

鸦片战争至五四运动时期的"西学翻译"是中国历史上的第三次翻译高潮。这一时期的翻译主要是对西方社科经典和文学作品的翻译。清末民初时期，以鸦片战争为起始点，一直到五四运动以前，西方列强打开了中国的大门，鸦片战争的失败使中国的上层阶级慢慢认识到西方科技的先进，从而开始思考要学习西方先进技术，以巩固自身的统治和发展。始于晚清的近代翻译高潮中，数千种西方著作被译成中文，内容涵盖科技、经济、政治、哲学、历史、文学等等，对中国近代社会产生了巨大而深远的影响。

鸦片战争以后，清王朝发起了"洋务运动"。为了适应洋务运动的需要，在清政府洋务派成员的倡导下，晚清政府创办了一些附属于教育和机械制造等机构的翻译出版组织。这些组织主要服务于洋务运动的开展，因此翻译的主要是科技图书。这些机构主要有京师同文馆、江南制造局翻译馆等。

### （一）中国最早的外国语学校"京师同文馆"的翻译活动

京师同文馆是晚清第一所官办西学堂，简称"同文馆"，也是中国近代史上最先创办的新式外国语学校。初期以培养外语翻译、洋务人才为目的，由恭亲王奕䜣于1861年1月奏请，1862年（同治元年）开办，隶属总理各国事务衙门（简称总理衙门）。同文馆开始只设英文馆（相当于系），1866年增设法文、俄文二馆，兼设科学馆，学习天文算学。1888年又增设德文馆，甲午战争后添设东文馆。学制分五年、八年两种。学员除学外语与翻译之外，兼学天文、算学、格物、化学、医学、机器制造、西洋史地和万国公法等科。同文馆的教习，有总教习、教习及副教习三类。首任总教习是美国长老会传教士丁韪良（William A. P. Martin）。受聘在该馆担任教习的外国传教士有包尔腾（John S. Burdon）、柏林（A. Popoff）、傅兰雅（John Fryer）等。

图 3-14　京师同文馆

图 3-15　丁韪良

既然学习翻译为同文馆学员的主要课程，于是总教习丁韪良便筹建了翻译馆，报请总理衙门批准，馆内教习和学员，凡译书有成就者，可获奖励。从 1862 年至 1898 年，同文馆译书目前能查到的仅 38 种，正式印行的有 32 种，内容主要属于自然科学、社会科学等方面。其中法律 9 种、天文学 7 种、物理数学 5 种、语言学 5 种、史地类 4 种、化学 3 种、医学 2 种，经济学、西学概述、工艺类各 1 种。① 其中比较有影响力的是丁韪良翻译的《万国公法》。

《万国公法》是丁韪良根据美国哈佛大学教授惠顿（Wheaton）的《国际法原理》（*Elements of International Law*）译成的，印行于 1864 年，是同文馆出版的第一部西学著作。《万国公法》共 4 卷，第一次较为完整地介绍了当时西方资本主义国家之间通行的国际关系准则，对于长期处于封建统治之下的中国人来说简直是闻所未闻，并有利地促进了中国法律认识的发展。它的问世，从理论上打破了清王朝以"天朝上国"自居的愚昧观念，引起知识界的关注。很快《万国公法》便成了中国各通商口岸官员和一切涉外人员的必读之书。同文馆翻译出版的其他国际法著作还有《公法便览》《公法会通》《法国律例》等，对当时的中国社会产生了积极的影响。

图 3-16　《万国公法》

京师同文馆于 1902 年并入京师大学堂译学馆。从 1862 年设馆至 1902 年并入京师大学堂这近 40 年间，京师同文馆摸索出了一整套培育译员与外交人才的方法，培养出了一批翻译人才与外交人才。据目前的统计，有职业记录的京师同文馆的毕业生约有 100 人，其中在京的中央外交机构任职者 28 人，在外省的地方外交机构任职

---

① 邹振环：《疏通知译史》，上海：上海人民出版社，2012 年，第 133 页。

者27人，驻国外机构任职者16人，文教等其他职业29人。① 与同文馆的译员教育相比，其译书数量尽管相当有限，但其译书影响却很大。在中国知识界尚停留在西方"坚船利炮"的认识时，同文馆能率先引进介绍一批西方法律方面的译著和资产阶级政治经济学的成果，在输入新的价值观念方面，给正在探索中的中国文化人提供了一批可贵的思想资料。这也就是为什么同文馆译书数量远少于江南制造局翻译馆，而其影响在有些领域反而超越了后者的原因。

### （二）近代科技的杰出引入者：江南制造总局翻译馆

江南制造总局是1865年李鸿章奏请成立的。1867年，李鸿章会同曾国藩、丁日昌在江南制造总局内设立翻译馆。次年6月正式开馆，由徐寿主事，分设翻译、格致、化学、制造各书提调1人，口译2人，笔述3人，校对图画4人。从1868年傅兰雅、徐寿合译的《运规约指》开始，到1907年舒高第译刊《美国宪法纂释》的近40年间，江南制造局共译了199种书，另有已译未印或未译成的共40余种。② 在已译刊的199种西书中，科技译书占了很大比重。因此，江南制造总局翻译馆对从西方引进近代先进科学技术做出了突出贡献。

图3-17 江南制造总局

当时翻译馆请到了中外多位专业人士参与译书，来自西方的人士除了傅兰雅之外，还有伟烈亚力、林乐知（Young J. Allen）、金楷理（Carl T. Kreyer）、卫理（Edward T. Williams）等，而中方人士除了徐寿父子和华蘅芳，另外还有李善兰、蒋敦复、管小异、贾步纬等50余人。中方的这些翻译专家们在专业知识方面各有侧重，比如徐寿偏重化学，华蘅芳、贾步纬精研数学，赵元益深通医术，舒高第精通医学。他们的翻译方法还是基本采用"中西合璧"的方式，因为中方的这些专家们基本都不会外语，所以先让外国人精读原文，然后将内容的意思讲解给中方人员听，这些

---

① 邹振环：《疏通知译史》，上海：上海人民出版社，2012年，第138页。
② 同上书，第143页。

中方人员再根据自己的理解写成汉语。

对于江南制造总局翻译馆，起到关键作用的是徐寿。总局建成之后，徐寿就来此担任主事，当时翻译馆还未建成，徐寿就给曾国藩提出了总局工作的四项规划："一为译书，二为采煤炼铁，三为自造枪炮，四为操练轮船水师"。庞大的总局工作千头万绪，而徐寿却把翻译西方科学著作列在第一位，由此可见，在他的眼中，制造"坚船利炮"固然重要，但更重要的是应该在中国人中培养出更多的科技人才。

图 3-18　徐寿

翻译馆翻译了大量的自然科学书籍，其中傅兰雅和徐建寅合译的《声学》是晚清所译声学著作中最有影响力的一部，在社会上流传了二十多年；金楷理与赵元益合译的《光学》是19世纪西方近代光学在中国传播的主要代表作；傅兰雅和徐建寅合译的《化学分原》，以及傅兰雅和徐寿合译的《化学鉴原》及其续编、补编、《化学考质》《化学求数》等书，被国内化学家公认为在近代化学传入中国早期时在知识界发挥过重要作用。

江南制造总局翻译馆从成立至停办，历经40余年，翻译出版了大量西方的科技图书，对近代中国军工事业的发展、西方近代科技在中国的传播与应用产生了重大影响。江南制造总局的译书推动了中国近代科学的研究，使中国建立起

图 3-19　英国传教士傅兰雅

最初的近代科学体系的雏形；给中国输入了新的知识和思维方式，丰富了中国原有的知识体系，加速了中国走向世界的历史进程。与此同时，翻译馆作为近代中国翻译出版人才培养的重要基地，培养了一大批科技翻译人才，为以后的科技翻译发展奠定了重要基础。例如，曾在翻译馆工作过的赵元益后来主持成立上海译书公会，组织了不少曾在翻译馆工作过的翻译人才，翻译介绍了大量西方资产阶级的政治、法律等书籍，对清末的政治变革产生了积极影响。

图 3-20　傅兰雅和徐寿合译的《化学鉴原》

（三）民间翻译事业蓬勃发展

甲午战争之后，洋务运动宣告失败，官方译介活动也随之沉寂，民间翻译事业却开始展现出蓬勃的生命力。这一期间，办报译书的风气勃兴，一时间全国各地译书机构纷纷成立，传播西学成为时尚。民间力量成为翻译事业的主体，使得这一时

翻译文化

期的翻译作品不论从广度、深度及数量来看，都是前期所无法比拟的。这些译书机构包括商务印书馆编译所、农学会、梁启超的大同译书局、武昌的质学会、桂林的圣学会等，都翻译了大量的国外著作，对维新变法和后来的一系列救国运动起到了思想启蒙的作用。

这一时期翻译的另一大特点，就是从日本大量"转译"西方作品。1900年，留日学生的第一个翻译团体译书汇编社成立，并大量翻译日本书籍，所译书籍多为政治著作，包括卢梭《民约论》、孟德斯鸠《万法精神》、斯宾塞《代议政治论》等。译书汇编社于1900年创立了专门的翻译期刊《译书汇编》，每月1期，后改为《政法学报》。起初以译介欧美及日本的政治学说为主，亦涉及法律、经济、外交、历史、哲学诸领域。《译书汇编》的编译者之所以热衷于宪政理论的介绍，是因为他们一方面认为国家要改革"宜取法欧美日本之制度"，但他们不满足于只是照搬皮毛，而是更加强调探究各国制度之"学理"。

图 3-21 赵元益

这一时期的译介体现了中国人对西方文化的进一步认同，与前期相比，认同的主体有了显著不同。洋务运动时期还主要局限于政府内部的开明官员等小部分人士，这一时期则扩大到知识分子和普通大众，特别是普通大众对西方文化的态度有了较大改变。这一时期翻译小说的大量出现，更使得普通大众得以接触和认同西方文化。

图 3-22 翻译期刊《译书汇编》

## 四、"思想启蒙"：20世纪80年代的社会科学翻译

在中国大陆，20世纪80年代可以称得上是清末民初以后又一个文字翻译的黄金时期。据统计，1978—1987年间，仅是社会科学[1]方面的译著，就达5000余种[2]，大约是这之前30年的10倍；而其他方面翻译的情形，也与此大致相同。

20世纪80年代之所以是我国文字翻译的黄金时期，更因为这一时期的翻译在整个社会的文化转变上占有非常重要的位置。"文革"结束以后，随着思想解放运动的深入，中国人开始对"左倾"的根源与整个传统文化进行深刻反思。同时，改革开放以后西方文化纷纷涌入国门，对人们的原有思想与价值观念提出了严峻挑战。这样，20世纪80年代中国的思想文化领域掀起了一股持续近10年的文化讨论热潮，

---

[1] 这里的"社会科学"是个广义的概念，包括通常所谓的"人文科学"。
[2] 陈久仁主编：《中国学术译著总目提要（1978-1987）·社会科学卷》，吉林：吉林教育出版社，1994年，第1页。

世称1980年代中国的"文化热","中国与西方,传统与现代"成为人们争论的焦点。1980年代的本质就是"五四"精神的秉承与延续,因此它亦被称为"新启蒙时代"。

在1980年代这场轰轰烈烈的思想启蒙运动中,翻译扮演了举足轻重的角色。在中国大陆,1980年代的翻译不仅数量庞大、规模空前[①],而且它在整个社会的文化转变上占有非常突出的位置。1980年代翻译运动的译介重点,是西方20世纪哲学、美学、文化学、心理学、社会学等社会科学和人文学科的重要成果,即偏重西方现代理论的译介。文学界的译介重点,则是80年代之前(即1950—1979年)译介较少或遭忽视的外国现当代文学名家的作品。[②]

1980年代中国翻译运动的一个重要特点,就是以丛书或书系的形式集中推出外国作品。社会科学领域最有代表性的翻译丛书包括李泽厚主编的"美学译文丛书"、金观涛主编的"走向未来丛书"、甘阳主编的"文化:中国与世界丛书"等。文学领域有影响的翻译丛书包括外国文学与上海译文两家出版社的"20世纪外国文学丛书"、湖南人民出版社的"诗苑译林"、漓江出版社的"获诺贝尔文学奖作家丛书"等。

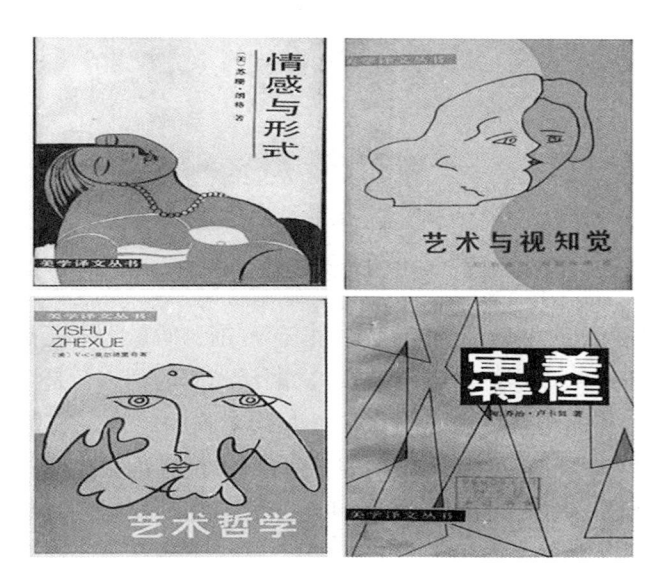

图3-23 "美学译文丛书"部分著作书影

---

① 1980年代翻译运动的规模可谓空前,外国文学刊物从50、60年代的一种(即《译文》)增加至20余种。参见马祖毅等编:《中国翻译通史·现当代部分》(第二卷),武汉:湖北教育出版社,2006年,第24页。至1980年代中期,全国出版社的总数已达400多家,比1976年增加了3倍,当时只要稍有活力一点的出版社都会接受和出版翻译著作。

② 查明建:《意识形态、诗学与文学翻译选择规范——20世纪50—80年代中国的(后)现代主义文学翻译研究》,博士论文,香港:岭南大学,2003年,第86页。

图3-24 "诗苑译林"部分著作书影

图3-25 "获诺贝尔文学奖丛书"部分书影

中国历史上的第四次翻译高潮无论在规模、范围、质量水平还是对中国社会发展的贡献上，都是前三次所无法比拟的。这一次翻译高潮的到来，是中国实行改革开放新政、建设市场经济的结果，也是全球信息时代来临的结果。信息时代和市场经济决定了第四次翻译高潮与前三次相比，信息更庞杂，涵盖面更广泛，题材更丰富，方式更灵活。这次翻译高潮使得我们更多、更好、更全面地接触到其他国家的政治、文化、经济、习俗、宗教等各个领域。与此同时，这次翻译高潮使得我们清楚地认识到了不同国家之间的差异，并在尊重这些差异的基础上加强与其他国家的合作与交流。随着世界的发展，翻译对我国诸多领域的影响必定会越来越明显。

同时，我国的翻译队伍已不是过去的数以千计，而是形成了一支浩浩荡荡的数十万人的大军。他们所投身的翻译领域已不是文学艺术的"一花独放"，而是社科、科技、军事、外交、贸易、法律、文教、卫生等领域"全面开花"，在世界文化史上堪称首屈一指。这次翻译高潮的出现是以中国实行改革开放政策、走上社会主义市场经济的现代化强国之路为契机的。中国若想在经济、科学、技术和文化领域走在世界的前列，就必须学习西方先进的科学技术和管理经验，加强与其他国家在学术

第三章 人类历史上的翻译高潮

和文化领域的合作与交流，而这些合作与交流活动都离不开翻译。

## 第二节　西方历史上的翻译高潮

有文字记载的西方翻译史是从公元前3世纪开始的。据记载，公元前285年至公元前249年，72名学者应埃及国王托勒密二世的邀请，把《圣经·旧约》从希伯来文译成希腊文，以满足亚历山大城说希腊语的犹太人的需要，书名曰《七十子希腊文本》。《七十子希腊文本》被认为是西方现存最早的译作。但也有争论认为，西方第一部译作是公元前250年安德罗尼柯（Andronicus）在罗马用拉丁语翻译的荷马史诗《奥德赛》。无论是《七十子希腊文本》还是《奥德赛》的翻译，都是始于公元前3世纪的。因此，西方翻译史自起始至今，已有两千多年的历史。

在漫长的两千多年时间里，西方翻译曾出现过五次高潮。

### 一、肇始阶段（公元前4世纪至公元4世纪）：希腊文学翻译

第一次西方翻译高潮出现在公元前4世纪。公元前4世纪末，强大一时的希腊奴隶社会开始衰落，罗马帝国逐渐强大起来。虽然罗马在军事上征服了希腊，但当时的希腊文化仍明显优于罗马文化，因而罗马人开始通过翻译学习被征服者——希腊人的文化，所以出现了一个继承古希腊丰富文化遗产的过程。翻译介绍希腊古典作品的活动即由此开始。被誉为罗马文学三大鼻祖的安德罗尼柯、涅维乌斯（Naevius）和恩尼乌斯（Ennius），以及后来的普劳图斯（Plautus）、泰伦斯（Terence）等大文学家，都用拉丁语翻译或改编了荷马史诗和大批希腊戏剧作品。这是欧洲也是整个西方历史上第一次大规模的翻译活动，它开创了西方的翻译局面。古希腊文学特别是戏剧、诗歌等文学形式被翻译成拉丁文介绍到了罗马，促进了罗马文学的诞生和发展，对罗马以至后来西方继承古希腊文学起到了重要的桥梁作用。这一翻译高潮延续了近千年的时间。

图 3-26　古希腊文化遗址

翻译文化

图 3-27 古罗马文化遗址

## 二、罗马帝国后期至中世纪初期（公元 5 世纪至 11 世纪）：宗教翻译时期

　　西方第二次翻译高潮出现在罗马帝国后期至中世纪初期。翻译《圣经》等宗教文本是这一时期翻译活动的主要内容。在欧洲历史上，宗教势力历来强大，特别是早期的基督教教会非常仇视世俗文学。为了传播基督教思想，翻译与诠释基督教思想来源和精神武器的《圣经》自然成了宗教界最关心的使命之一。《圣经》是用希伯来语和希腊语写成的，要传播基督教，必须将《圣经》译为拉丁语才能为罗马人所普遍接受。因此，在较早时期就有人将《圣经》译成拉丁语，出现了形形色色的拉丁文本《圣经》，公元 4 世纪这一译事活动达到了高潮。

　　其中哲罗姆于公元 382 至 405 年翻译的《通俗拉丁文本圣经》（Vulgate）最具权威性，为钦定本。哲罗姆翻译的巨大成功结束了《圣经》拉丁语译本的混乱现象，使拉丁文读者终于有了第一部权威、标准的《圣经》译本。《通俗拉丁文本圣经》后来也成为罗马天主教所承认的唯一文本。它甚至取代了希伯来语和希腊语的《圣经》原本，被后世欧洲各国的不少译者当作原本据以进行翻译。例如，让·德·维尼（Jehan de Vignay）1340 年所翻译的法语译本和诺克斯（R. A. Knox）1948 年所译的英语译本，都是译自哲罗姆的拉丁文本《圣经》。

　　哲罗姆的翻译之所以取得巨大成功，与他采用了最系统、最严谨的翻译方法与切实可行的翻译原则有很大关系。出于对宗教的狂热和对上帝的敬畏，当时许多译者认为忠实地传达原文意思必须采用直译的方式，所以他们的译文拗口难懂。而哲罗姆的思想比较开明，他坚持翻译不能始终字当句对，而必须采取灵活的原则。在他看来，各种语言在用词、表达习惯、句法以及语义等方面都各不相同，因此不能采用逐词翻译的方法。这使得他的译文自然流畅，易于读者接受。

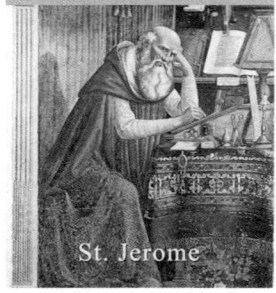

图 3-28 哲罗姆译《通俗拉丁文本圣经》

## 三、中世纪中期（公元 11 世纪至 12 世纪）：希腊典籍"回娘家"

从公元 9 世纪至 11 世纪，阿拉伯人通过积极对外扩张，建立起来一个西起大西洋东岸、东至中国边境的庞大帝国。阿拉伯帝国[①]在不断对外征战的过程中，也非常注重吸收被征服者的优秀文化，翻译自然成为了它学习东西方文化的有效途径，由此产生了阿拉伯文化史上的"百年翻译运动"。这场运动从 9 世纪开始，以当时阿拉伯帝国的各大城市为中心，以翻译、诠释希腊典籍文本为主要内容。这些城市中尤以巴格达的翻译活动最为活跃。其实早在 9、10 世纪，大批叙利亚学者就来到了雅典，把大批希腊典籍译成古叙利亚语，带回巴格达。在巴格达，阿拉伯人又把这些著作译成阿拉伯语，巴格达一时成为阿拉伯人研究古希腊文化的中心。后来，在托莱多译成拉丁语的许多希腊典籍便是从这些阿拉伯文译本转译的。

图 3-29　巴格达

到了中世纪中期，即 11 世纪至 12 世纪之间，大批西方翻译家云集西班牙的托莱多，他们把大批希腊作品从阿拉伯语转译成拉丁语，这被称为希腊典籍"回娘家"。于是，

图 3-30　西班牙托莱多

---

① 阿拉伯帝国（632—1258）是中世纪时地处阿拉伯半岛的阿拉伯人所建立的伊斯兰帝国。极盛时期其疆域东起印度河及葱岭，西抵大西洋沿岸，北达高加索山脉、里海以及法国南部，南至阿拉伯海与撒哈拉沙漠，国土面积达 1340 万平方公里，是世界古代历史上东西方跨度最长的帝国之一。

翻译文化

托莱多成为欧洲的学术中心，翻译及学术活动延续达百余年之久，影响深远。这也是历史上少有的基督徒和穆斯林的友好接触，也因此造就了西方翻译史上的第三次高潮。

## 四、文艺复兴时期（14世纪至16世纪）：翻译促进社会变革

14世纪至16世纪的欧洲文艺复兴运动是一场深刻的社会变革。思想、文学和艺术的革新引起了翻译的第四次高潮，促成了伟大的文艺复兴运动。翻译活动在这一时期达到了前所未有的高峰。翻译的作品涉及到思想、政治、哲学、文学、宗教等各个领域，涵盖了古代和当时的主要作品，产生了一大批杰出翻译家和一系列优秀的翻译作品。翻译活动的大规模展开，又推动了思想、文学和艺术等众多领域的发展。

在德国，宗教改革领袖马丁·路德（Martin Luther）首先用本族语言（即德语）译出了第一部"民众的《圣经》"，开创了现代德语发展的新纪元。在法国，文学家阿米欧（Jacques Amyot）花费17年时间译出了普鲁塔克（Plutarchus）的《希腊罗马名人比较列传》（简称《名人传》），为人类贡献了一部不朽的文学译著。在英国，名译者、名译著更是不可胜数。诺斯（Thomas North）译的《名人传》，查普曼（George Chapman）译的《伊利亚特》与《奥德赛》，弗洛里奥（John Florio）1603年所译哲学家蒙田（Michel de Montaigne）的《散文集》，都是英语文学译著中的佼佼者。而1611年英王詹姆士一世（James I）钦定的《圣经钦定本》（King James Version）的翻译出版则标志着英国翻译史上又一大发展。它以其地道、通俗和优美的英语赢得了"最伟大的英语译著"之称，在很长时期里成为英国唯一家喻户晓、人手一册的经典作品，并深深影响了现代英语的发展。

总之，文艺复兴时期是西方翻译史上一个非常重要的阶段，它标志着民族语言在文学领域和翻译中的地位得到了最后巩固，同时也表明了翻译对民族语言、文学和思想的形成和发展具有重大作用。

图3-31　法国翻译家阿米欧

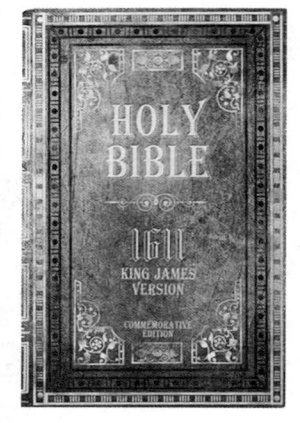

图3-32　英王詹姆士一世钦定的《圣经钦定本》

### 小贴士

**一生追求美文和美人的翻译家约翰·邓汉姆**

约翰·邓汉姆（John Denham）是17世纪中期英国最有名的诗人兼翻译家。年

轻时他曾进入牛津大学攻读法律，但从未执业做律师。他在翻译方面最有名的成就，是翻译了古罗马诗人维吉尔（Virgil）的著名史诗《埃涅阿斯纪》（*The Aeneid*）。后来他的诗歌创作也让他名扬文学界。

邓汉姆一生都在追求美文和美人。他的结发之妻于1665年去世后，他立刻与一位年仅18岁的女孩结婚，不曾想红颜祸水，这位夫人后来成了约克公爵的情人。为此，邓汉姆发疯了，甚至在国王面前宣称自己是"神圣鬼魂"附体。后来，他的第二任妻子莫名其妙地去世了。人们猜测他毒死了娇妻，但事实证明他是无辜的。晚年的邓汉姆生活凄凉，还一直被人误解为杀妻者。

图 3-33　约翰·邓汉姆　　图 3-34　著名史诗《埃涅阿斯纪》

邓汉姆所译《埃涅阿斯纪》采用的是以诗译诗的翻译方法。他认为，"因为翻译并不只是将一门语言翻译成另一种语言、一首诗歌翻译成另一首诗歌就大功告成。诗歌在神韵上是如此微妙，如果只将它从一门语言倾注到另一种语言中，它会蒸发掉；如果在注入的过程中不增加新的神韵，那么剩下的什么都没有，只有'渣滓'"。[①] 在邓汉姆看来，翻译好比炼金术，提炼后剩下的只是渣滓，唯一的办法就是大胆意译。他在翻译《埃涅阿斯纪》时采用以诗译诗的方法，讲究诗的韵律效果，取得了较好的效果。

## 五、"二战"结束以来：翻译事业的空前繁荣

构成西方翻译史上第五个高潮的是第二次世界大战结束以来的翻译。第二次世界大战以后，西方进入较稳定的和平时期，生产得到发展，经济渐渐恢复，科学技术日新月异。这构成了西方翻译事业繁荣发展的基础。这一时期的翻译从范围、规模、作用到发展形式都与过去有很大的不同。由于时代的演变，翻译的特点也发生

---

[①] Bassnett, Susan. *Translation Studies*. London and New York：Methen，1980: 63.

翻译文化

了很大的变化。

  首先是翻译范围的扩大。传统的翻译主要集中在文学、宗教作品的翻译上，这个时期的翻译则扩大到了其他领域，尤其是科技、政治、经济、文化、军事等领域。其次，翻译的规模大大超过了以往。过去，翻译主要是少数文豪巨匠的事业；现在翻译已成为一项专门的职业，不仅文学家、哲学家、神学家从事翻译，而且还有一支力量雄厚、经过专门训练的专业队伍承担着各式各样的翻译任务。再者，翻译的作用也为以往所不可企及。特别是在联合国、欧盟以及全世界各种组织机构成立后，西方各国之间在文学、艺术、科学、技术、政治、经济等各个领域的交流和交往日益频繁，所有这些交际活动都是通过翻译进行的，翻译在其间起着越来越大的实际作用。仅欧盟就雇用了3000多名翻译人员，拥有超过900万字的多语种术语库，在20余种官方语言之间转译。

| 机构名称 | 官方语言 | 工作语言 |
| --- | --- | --- |
| 欧洲议会 | 20种 | 20种 |
| 欧洲理事会 | 20种 | 20种 |
| 欧盟委员会 | 20种 | 英语、法语、德语 |
| 欧洲法院 | 20种 | 法语 |
| 欧洲审计院 | 20种 | 英语、法语 |
| 欧洲经济和社会委员会 | 20种 | 20种 |
| 欧洲地区委员会 | 20种 | 20种 |
| 欧洲中央银行 | 20种 | 英语 |
| 欧洲投资银行 | 法语、英语 | 英语、法语、德语 |
| 欧洲监察使 | 20种 | 英语、法语 |

图3-35 欧盟主要机构的官方语言与工作语言

  最后，翻译事业发展的形式也有了很大变化和进步。这主要体现在三个方面：第一，兴办高等翻译专业教育，如法国、瑞士、比利时设有翻译学校，英、美、俄罗斯等国在大学高年级开设了200多个翻译专业或方向，以培养翻译人员；第二，成立翻译组织以聚集翻译力量，如国际翻译工作者联合会（简称"国际译联"）以及国际笔译、口译协会和各国的译协，其中国际译联是最大的国际翻译组织；第三，打破传统方式，发展机器翻译，这是新时期发展的一个重要标志。自1946年英美学者首次讨论用计算机做翻译的可能性以来，翻译机器的研制和运用经过数十年的曲折历程，已日益显示出生命力。它是对几千年来传统的人工翻译的挑战，也是翻译史上一次具有深远意义的革命。目前，西方翻译事业仍处于第五次高潮之中，今后向何处发展，第五次高潮会持续多久，眼下尚难预测。

## 本章小结

  本章讨论了人类历史上出现的翻译高潮。无论是在中国翻译史上，还是在西方翻译史上，翻译高潮的出现都与当时社会的历史、文化、经济发展密切相关。中国共历经了四次翻译高潮：东汉至唐宋的佛经翻译、明末清初的科技翻译、鸦片战争至五四运动时期的西学翻译和20世纪80年代的社会科学翻译。每一次翻译高潮都引入了大量的外来知识与科技，使中华文化得以破旧立新，永葆蓬勃生机。以翻译为媒介的与外来先进文化的沟通与交流，也是中华文化能够成为唯一保留下来的世界四大古代文化的原因之一。在西方漫长的两千多年的翻译历史上，曾出现过五次高潮：公元前4世纪至公元4世纪的希腊文学翻译、罗马帝国后期至中世纪初期的宗教翻译，以及中世纪中期、文艺复兴时期和"二战"结束以来西方翻译事业的空前繁荣。可以说，每次翻译高潮的出现都有力地推动了西方文化向前发展、社会进步。

### 拓展阅读

#### 一代女皇武则天与佛经翻译的不解之缘

武则天（624—705）是中国历史上唯一的女皇帝。她执政期间完善科举，破除门阀观念，破格用人；革除时弊，奖励农桑，发展生产；知人善任，容人纳谏。在她掌理朝政的半个世纪里，社会安定，经济发展，上承"贞观之治"，下启"开元盛世"，史称"贞观遗风"。武则天不仅是一位盛世明君，还是一位支持佛教事业发展的佛教徒。她不但奉佛为尊，礼遇高僧，还迎请高僧主持建寺造像，并且还组织了众多国内外高僧翻译佛经，进一步丰富了佛教典籍。

图 3-36 女皇武则天

武则天执政期间，对佛经翻译尤为重视，大力支持译经事业，并且还身体力行参与到译经中去。武则天最重视的是《华严经》的传译。武则天时，存有的华严经典是东晋佛驮跋陀罗译的 60 卷本《华严经》，武后认为该经译不够详备，于是派人去于阗取得该经的梵文全本，并组织力量进行翻译。武后诏令著名译经僧实叉难陀主持译事，菩提流志、义净、复礼、法藏等参加助译，她也亲临译场，并供养法师。从695年开始，至699年完成，在武则天的一手经办下，完成了《华严经》80卷译本，武后还亲制御序。《华严经》促成了华严宗的兴起，也影响了中国佛教的发展。

武则天所支持的翻译家还有菩提流志。菩提流志是南印度人，本名达摩溜支，武则天为其改名菩提流志。菩提流志12岁出家，聪睿绝伦，风神爽异，精通历数、咒术、地理、天文。曾游历天竺各地，到处讲法。唐永淳二年（683），菩提流志被朝廷遣使迎接至东都洛阳。武则天对其敬重有加，并勒令多位高僧辅助其翻译佛经。菩提流志先后译出《宝雨经》10卷、《大宝积经》49会等佛经，共53部111卷。

武则天不仅亲自参与译经活动，还经常为一些翻译的经典提笔作序。除上面所论及的为翻译的80卷本《华严经》作序外，武则天还撰有《大唐新译圣教序》《大周圣教序》，都是为佛经译文写的序。

武则天除了为翻译的佛经作序外，她还撰写有我们熟知的开经偈：

　　无上甚深微妙法，百千万劫难遭遇。
　　我今见闻得受持，愿解如来真实义。

这四句开经偈以浅白易懂的语句表达了众生有幸见闻佛法的欢喜，以及虔诚受法的感恩之心，历千百年不衰，至今仍传诵不绝。

正是由于武则天对于佛经翻译的重视并亲身参与译经活动，使得唐代的译经事业盛况空前，取得了丰硕的成果和巨大的成就。武则天时期所译经典一共有71部258卷，相当于隋代译经的总数，在唐代译经中也占有重要地位，是唐代佛经翻译的一个高峰期。

## 【阅读讨论题】

1. 林纾是我国近代著名翻译家，所译《巴黎茶花女遗事》是晚清社会盛极一时的小说，人们纷纷传阅，一时间洛阳纸贵。严复有诗云："可怜一卷茶花女，断尽支那荡子肠。"请阅读《巴黎茶花女遗事》，领略林纾译文之美，并讨论为何该书会如此受欢迎。

2. 1611年英王詹姆士一世钦定的《圣经钦定本》是最权威的英文版《圣经》。请阅读《圣经钦定本》的部分章节，欣赏其地道、通俗和优美的英语，并指出它的语言与现代英语有何不同之处。

## 思考与讨论题

1. 中西方翻译史上的翻译活动，绝大多数均为一人执笔进行翻译，极少出现数人合译一书的情况。然而中国古代佛经翻译的数百年时间里，差不多完全采用"译场"的翻译方式。请问我国古代的佛经译场制度是如何发展的？

2. 中国历史上，从明朝末年开始的很长一段时间里，出现了"国家不兴翻译兴"的现象，请分析出现这一现象的原因。

3. 请分析西方文艺复兴时期为何会出现翻译高潮。

# 第四章　译人译事

> 不同文明的历史就是该文明的翻译史。每一种文明，就像每一个灵魂一样，都是独特的、唯一的。翻译是我们面对宇宙和历史的差异性的方式。
> ——奥克塔维奥·帕斯

【学习目标】

1. 认识翻译在人类历史上的重要作用。
2. 了解一些中西方历史上有重要作用的译者。
3. 了解一些中西方历史上重要的翻译事件。

【教学提示】

1. 从语言和交流的角度介绍翻译对促进人类文明发展的重要意义。
2. 突出翻译在语言形成和发展、宗教传播、科学技术发展、现代文明中的重要作用。
3. 重点介绍中西翻译史上具有代表性的翻译人物和翻译事件。

翻译是世界上最古老的职业之一。在各民族的交往中，翻译是不同语言的民族间交流的基础。但在以往的历史叙述中，翻译一直是"隐身"的，译者的工作及其作用很少被提及。本章将从中西方历史中撷取一些人物和历史事件，考察翻译在其中的作用和意义。

下面这幅浮雕是公元前14世纪古埃及的最后一位法老霍伦海布（Horembeb）的石墓的浮雕。浮雕展示的是叙利亚和利比亚的使者（图左长须举手者）在向霍伦海布（图右执杖长发者）陈述，请求他提供援助，以度过洪灾之后的艰难日子。二者中间的"双身人"就是当时的口译者，他既要听取使者的陈词，并将之转述给时任总督的霍伦海布，又要将霍伦海布的答复传达给使者。这幅浮雕是迄今发现的最早的译者形象，它反映了人们心目中持续到今天的对译者的定位：译者是双方的代理人，跨越两种文化空间。

图 4-1　古埃及浮雕中的译员

## 第一节　西方历史上的译者与翻译事件

在人类文明的早期，各文明之间就相互影响。这些影响并没有很多直接的文字方面的证据，一方面是因为人类文明的早期交流主要是通过口译，另外也是由于那时与我们今天所说的"科技"概念相关的文明成就大多是实用技术，主要是名不见经传的工匠的领域，而这些工匠中很少有人能将自己的发明以文字形式记录下来。在人类的早期，书写文字的能力被看作是一种神圣的天赋，是精英阶级或统治阶级的特权。

最早的文字是苏美尔人的楔形文字，于约公元前 3200 年产生于美索不达米亚平原。这种文字的出现仅仅是为了便于农业和贸易记账。不久古埃及和中国也出现了文字系统。在古埃及神话中，是托特（Thoth）发明了文字，他是计算、知识、语言和巫术之神，负责给其他诸神提供建议，并担任文字记录员。中国古代传说中，造字的仓颉也被神化为"双瞳四目"，而他造字时，"天雨粟、鬼夜吟"。

文字的出现对人类文明史产生了划时代的意义。由于文字的产生，人类的历史得以记录，而文字产生不久，书面翻译也就出现了。最早出现的双语文字记录是埃勃拉石板（Ebla tablets），这些石板是 20 世纪 70 年代在古叙利亚境内的埃勃拉由一支意大利考古队发现的，上面刻着苏美尔语和当地的埃勃拉文字。据推断，这些石板的年代约为公元前 2250 年至公元 2500 年间。也就是说，书面文字的翻译已经有至少 4500 年历史。

## 一、与原作竞争——作为学习手段的古罗马翻译

艾里克·雅各布逊（Eric Jacobsen）曾说过："翻译是罗马人的发明。"[1] 此话虽有些绝对，但却从一个角度说明了翻译在古罗马文明中的重要性。早在公元前 6 世纪，罗马人已受到意大利南部希腊殖民地的影响，但直到 3 世纪起，罗马人征服了巴尔干半岛和地中海东部地区的希腊文化的中心地带时，罗马士兵和官吏与受过高度教育的希腊统治者和行政官员发生了直接交往，他们才感觉到希腊文化的全部力量。在他们带回罗马的人质和奴隶中，有许多具有各种专长的希腊人——从伦理学家到杂技演员，从善于赞美的诗人到主厨。当上层阶级的罗马人听到口齿伶俐的臣民们令人眼花缭乱的雄辩和演说时，眼界大开，一个新的知识世界在他们面前展现。希腊人给那些上层家庭当私人教师，讲授希腊语言、修辞学、哲学和文学。希腊文学作品有极为强大的影响力，受过教育的罗马人被优美的希腊诗歌、戏剧和散文所迷住，热衷于翻译或模仿希腊原作。渐渐地，罗马贵族要求文学作品能以罗马人的生活为主题，能表现罗马人的生活理想。不过，罗马的民族文学始终带有源自希腊的印记。

### （一）从奴隶到译者："罗马诗歌之父"安德罗尼库斯

李维乌斯·安德罗尼库斯于公元前 284 年左右出生于希腊殖民地塔伦图姆（今意大利塔兰托城）。可能是公元前 272 年罗马人占领该城时，他被掳来罗马，沦为奴隶；后来获释，成为主人的家庭教师，讲授拉丁文和希腊文。为了教授拉丁语的需要，他曾将古希腊三大著名悲剧家埃斯库罗斯（Aeschylus）、索福克勒斯（Sophocles）和欧里庇得斯（Euripides）的作品，如《阿伽门农》（Agamemnon）、《俄狄浦斯王》（Oedipus the King）、《美狄亚》（Medea）等翻译出来。他还把荷马史诗《奥德赛》（Odýsseia）用古罗马传统的萨图尔努斯诗体译成拉丁文。这部作品是罗马文学史上第一部拉丁诗，也是第一篇译成拉丁语的文学作品，曾经作为教科书流传了相当长的时间，因此他被称为"罗马诗歌之父"。

安德罗尼库斯的剧本于公元前 240 年第一次演出，这是罗马真正的舞台戏剧演出的开始。他的文学作品艺术水平不高，但他的文学活动促进了罗马人对希腊文化的了解，推动了罗马文学和戏剧的发展，在罗马文学史上占有一定地位。

与安德罗尼库斯一样，另外两个古罗马早期翻译家涅维乌斯和恩尼乌斯早年也并非文人出身，他们两个都曾经是罗马士兵，参加过古罗马的战役。他们的翻译作品与安德罗尼库斯的一样，是极其自由的改编，有大量的增删，因为他们的目的是为了表演和娱乐。这种翻译倾向在古罗马的翻译中一直如此。

---

[1] 转引自 Bassnett, Susan, *Translation Studies*（3rd ed.），上海：上海外语教育出版社，2004 年，第 48 页。

## （二）古罗马的科学：编译

随着亚历山大大帝对地中海沿岸各国的征服，古典希腊文化普及到整个中东地区，形成一个新文明。历史上称文化的这段时期为"泛希腊化时期"。亚历山大大帝在公元前323年逝世后，托勒密一世（一说是托勒密二世）于公元前4世纪在当时的亚历山大里亚（今埃及）建立缪司（Musaeum）学院。这是一个以古希腊学园为范本的科研和教学机构，缪斯学院实际上是历史上最早由国家供养的研究院。缪斯学院设有天文台、实验室、解剖室、植物园、动物园和一个藏书达50万至70万册的图书馆。这里浓厚的学术气氛、良好的设备、免费的膳宿和令人羡慕的薪水吸引了来自各地的学者。当时，整个地中海世界的哲学家、数学家、医生、植物学家、动物学家、天文学家、语言学家、地理学家、艺术家和诗人纷纷来到埃及，造成欧洲及中东世界"人才流失"的现象。古希腊科学的主要中心从雅典转移到亚历山大里亚。它不仅是欧洲、中东和印度的交流地，也是希腊的研究中心。亚历山大里亚的气氛活跃，产生了一批思想和科学方面的领路人。由于汇聚了来自各地的学者，在他们的研究中，翻译起到重要作用。这些翻译不仅包括将古希腊文明典籍翻译成拉丁语，也包括对其他语言的翻译和建立在翻译基础上的交流。而从某种程度上说，古罗马人的科学著作往往是翻译的综合和变体，即我们现在所说的编译。

最突出的例子就是老普林尼（Pliny the Elder，公元23—79年）的《博物学》（*Natural History*）。这部著作共有37卷之多，广征博引了大量的事实和观察的结果。但书中大部分内容都是从大约2000种前人著作中搜集来的，其中有146种是罗马人的著作，有326种是希腊人的著作。普林尼对其资料来源毫不加以鉴别，凡是他在书中看到的都加以转述。独角兽和火凤凰，狮子和鹰，这些异域文化色彩浓厚的形象毫无疑问是来自于普林尼看过的其他语言文化的文字记载。

当时名声最大的数学家是雅典人欧几里得，他的《几何学原理》把许多分散的定理和证明从各个方面搜集拢来，编为有条有理的课本形式，将几何学系统化了。

希腊—罗马时代晚期的天文学家克罗狄斯·托勒密（Claudius Ptolemy，公元85—165年）是哥白尼之前最伟大的天文学家，他的一生著述甚丰，至今仍然留存着他的四部巨著。除了《地理学》（*Geography*）、《星体》（*Tetrabiblos*）、《光学》（*Optics*）之外，影响最广泛的著作就是《天文学大成》（*Almagest*）。《天文学大成》共13卷，是那个时代的天文学百科全书，这部书的希腊原文名字叫《数学汇编》（*Mathematical Compilation*），由于这里的"数学"指的就是"天文学"，所以被翻译成《天文学大成》。在罗马帝国衰亡后，这部书便逐渐在欧洲丢失了，大约在公元850年，被阿拉伯学者胡那因·伊本·伊舍克（Hunayn ibn Ishaq）重新发现，并命名为 *Almagest*，意指 The Greatest Compilation，因此，在中国它又被翻译成《至大论》或《大汇编》。《天文学大成》是为托勒密赢得荣誉的最重要的著作，在哥白尼之前，此书一直是天文学家的必读书籍。

在医学领域,这种"编译"的情况同样存在。古罗马医学家盖仑(Galen,公元129—199年)是解剖学的先驱之一,他先在柏加曼学医,后来又游历亚历山大里亚和其他医学中心,最后在罗马定居下来,当上了罗马皇帝马可·奥勒留(Marcus Aurelius)和路奇乌斯·维鲁斯(Lucius Verus)的御医。他关于人的生理系统的见解吸收了希波克拉底的四体液说和亚里士多德关于人的性质的见解。盖仑的学说影响极大,一直到近代为止都统治着医学界,原因是他保存下来的著作比古代其他任何一个作者的都要多——他的131部医学著作有83部流传到今天,而原因就是他的大部分著作在巴格达得到了翻译,借助译本得以保存和扩大影响。

### (三)西塞罗和昆体良:翻译要与原作竞争

马库斯·图留斯·西塞罗(Marcus Tullius Cicero,公元前106—前43年),古罗马著名政治家、演说家、雄辩家、法学家和哲学家。

西塞罗被认为是古罗马最杰出的演说家、教育家,古典共和思想最优秀的代表,罗马文学黄金时代的天才作家。因其作品的文学成就,为拉丁语的发展做出了不小的贡献。他在当时是罗马显著的文学人物,也是一位古希腊哲学的研究者。传说西塞罗先天口吃,他在小亚细亚的罗德岛学习演讲时,每天嘴里含着小石块面对大海练习演讲。其演说风格雄伟、论文机智、散文流畅,奠定了古典拉丁语的文学风格。他翻译过大量希腊文学、政治和哲学著作,将希腊哲学译成典雅的拉丁文体,促进了拉丁文学的发展,从而影响了罗马以及后来欧洲的教育。

图 4-2 西塞罗

西塞罗最广为人知的作品是《论演说家》,在书中他提出了对翻译的看法:"要作为演说家,而不是作为解释者进行翻译",认为在翻译时"没有必要字当句对,而应保留语言的总的风格和力量",译者在翻译时"不应当像数钱币那样把原文词语一个个数给读者,而应当把原文的重量称给读者"。[①]

无独有偶,古罗马另一位著名的演说家和教育家昆体良也提出了类似的观点。

马库斯·法比尤斯·昆体良(Marcus Fabius Quintilianus,公元35—100年)是古罗马时期最有成就的教育家。昆体良少年时随父亲到罗马求学,学习过雄辩术。他当过10年律师,公元70年进入当时国立的拉丁语修辞学校任职。由于在雄辩术方

---

① Robinson, Douglas, *Western Translation Theory from Herodotus to Nietzsche*. Foreign Language Teaching and Research Press. 2006:9. 译文转引自谭载喜:《西方翻译简史》(增订版),北京:商务印书馆,2004年。

面的造诣以及在办学上的卓越成就，他成了当时第一位由国家支付薪金的雄辩术讲座教师。

昆体良的教育理论和实践都以培养雄辩家为宗旨。他的《演说术原理》既是他自己约20年教育教学工作经验的总结，又是古希腊、罗马教育经验的集大成者。《演说术原理》约成于公元96年，是古代西方第一部系统的教学方法论著，不仅反映了公元前后200年间罗马学校教育的实际，系统地阐述了关于培养演说家的教育思想，而且还提到了他对翻译的看法。昆体良注意到，希腊语和拉丁语两种语言之间在词汇、修辞等方面均有差异，翻译要通过各种手段接近原作，他提出"翻译要与原作进行竞争"，因为在他看来，翻译也是创作，应该比原作更好。

图 4-3 昆体良

西塞罗和昆体良的"与原作竞争"的自由翻译观，应该从两个方面来理解。一是这个阶段的翻译是罗马文化，包括拉丁语自身，丰富和发展的时期。希腊文学和希腊经典作品是其丰富自身的养料，翻译的目的是产生优美有力的拉丁文字。二是当时的翻译是在学校里的修辞课上进行的，是学习希腊语的一种文法练习方式。这种提倡自由的、有创造性的翻译主张，是人类历史上第一次以文字的形式记录和讨论翻译方法，开创了西方翻译史的先河。

## 二、基督教：建立在译本上的宗教

与其他宗教相比，基督教可能是最热衷于将译本作为一种传教手段的了。这与基督教的宗教特质有密切关系：基督教的一个中心观念就是耶稣即全世界所有人的救世主（Messiah，弥赛亚）。早期基督教教会将希腊文圣经《七十子希腊文本》作为其宗教经典，此书语言并非是圣经的源语，而是希腊语译文。这就是说，基督教教会形成时的两个基础文本之一《旧约》是一个译本。而另外一个基础文本，也是基督教的宗教教义《新约》，则一开始就以希腊语写成。《新约》被公认成为基督教经典是在公元4世纪，但在此前，《四福音书》（Gospels）和《保罗书信》（Letters of Paul）就不断从希腊文被译为其他语言。

基督教教会形成期间是各民族交往频繁、语言混杂的年代，基督教的传播与建立从一开始就与翻译有着密切的联系。基督教的经典之一《旧约》本是犹太教的经典，原文基本是由古犹太族的民族语——希伯来语写成。犹太民族原居住于今耶路撒冷一带，后由于长期流散，许多犹太后裔出生于异乡，渐渐主要使用当时当地的主要语言，如阿拉姆语（古代西亚的通用语）。随着经济和政治的发展，欧洲和西亚各民族之间接触增多，阿拉姆语也渐渐变为当时的混杂语，通用于地中海的某些港

翻译文化

口。犹太教会为了宣教，即将《旧约》的主要部分《摩西五经》译为阿拉姆语。公元前 3 世纪左右，希腊语渐渐成为当时地中海地区主要的通行语言，犹太教会认识到将"上帝的律法"从希伯来文译为希腊文的必要。根据《阿里斯狄亚书简》(*Letter of Aristeas*，公元前 2 世纪)记载，犹太主教埃里扎尔(Eleazar)应托勒密二世(Ptolemy II，公元 285–246 年)的要求，从犹太 12 个部落中的每个部落召集 6 名学者，来到当时的文化和贸易中心亚历山大城(位于今埃及)开始翻译《旧约》。首先问世的是完成于 3 世纪中期的《摩西五经》，其余部分大约在公元前 2 世纪译完。这部最早的希腊语《旧约》被后世称为《七十二子文本》或《七十贤士译本》，亦即《七十子希腊文本》(Septuagint)，Septuagint 之名来自拉丁语 septuaginta，意为"七十"。公元前 1 世纪的犹太学者斐洛(Philo Judaeus，公元前 15/10—公元 45/50 年)谈到《七十子希腊文本》时说到，翻译时这 72 位学者每 2 人一组，分别翻译，最后集合各译本对比时发现，译文极为相似。斐洛由此强调译文的神圣性，认为翻译时译者们是"受到了神的感召"。

《七十子希腊文本》最初为犹太教会所用。公元 1 世纪，基督教渐渐开始传播。基督教会形成期间使用的语言是希腊语，并将《七十子希腊文本》作为其宗教经典。犹太教的神父认为这是对"圣经"(Holly Scripture)的误用，会引起对"上帝的律法"的误解，遂停止使用《七十子希腊文本》。而基督教教会则继续将之作为教会经典使用，事实上，此后基督教的古拉丁语、科普特语、古埃塞阿比亚语、亚美尼亚语、格鲁吉亚语、斯拉夫语及部分阿拉伯语的《旧约》译本都是根据《七十子希腊文本》译出，圣哲罗姆的拉丁语译本也是从这一希腊语译本开始的。

### (一)哲罗姆：因译称圣

哲罗姆是西方历史中最广为人知的译者，他为人所知是由于他译出了《拉丁文圣经》，又称《通俗拉丁文本圣经》。

哲罗姆出生于斯特利同城(位于今南斯拉夫境内)，其父母都是基督徒。他在罗马求学期间孜孜不倦，阅读了大量古典文学(维吉尔、贺拉斯，尤其是西塞罗的著作)和非基督教的哲学、法学著作。在去特里尔(今德国境内)求职途中，他了解到埃及基督教士的生活并决定以他们为榜样。回到罗马以后，他的宗教才能崭露头角。他辞去了罗马帝国的市政工作，放弃了他的财产，来到东方。他在卡尔西斯沙漠(今叙利亚境内)苦修期间做了一个梦，梦中他被指责为"西赛罗主义者，而非基督徒"。受到这一启示，哲罗姆从此专心一志地献身于基督教文学和《圣经》的研究。

图 4-4　达芬奇油画《圣哲罗姆》(1480 年)

公元382年他回到罗马，在希腊语和拉丁语教会会议中担任译员，为教皇达玛苏一世（Damasus I）担任秘书、译员和神学参谋。当时的哲罗姆是精通希伯来、希腊、拉丁三语的学者，同时还是哲学家、修辞学家、语法学家和逻辑学家。因此教皇就指派他翻译和修订《圣经》。哲罗姆根据当时通行的希腊语文本，从《新约》和《诗篇》开始翻译。公元384年教皇去世后，哲罗姆失宠。由于树敌过多，他被逐出罗马，前往巴塞尔姆避难，并继续他的翻译工作。

哲罗姆先是从希腊语的《七十子希腊文本》翻译出了拉丁文版的《旧约》，之后因为感到《七十子希腊文本》问题太多，他又根据《旧约》的希伯来语原文重新翻译，终于在4世纪晚期完成了《旧约》和《新约》的拉丁文翻译，今称《通俗拉丁文本圣经》。哲罗姆的译本是第一个把《旧约》从希伯来原文译为拉丁文的译本。

当时对哲罗姆的《圣经》译本的反映总的来说并不好。纳米迪亚（今阿尔及利亚）的希波教区主教奥古斯丁（Saint Aurelius Augustinus，354—430）就表示更喜欢熟悉的《七十子希腊文本》，而反对将经典文本译为拉丁语，认为它似乎与大众所熟悉的权威文本——"七十二子圣经"相悖离。[①]

与其他很多引发知识和精神革命的人一样，哲罗姆终其一生都是引起争议的人物。虽然他的《通俗拉丁文本圣经》一经译出即为罗马天主教教廷采用，但其经典地位到8世纪才得到确立。中世纪时期，《通俗拉丁文本圣经》被天主教作为阐释和翻译《圣经》的基础，获得与原作相同的地位。在13世纪，哲罗姆与其他三位罗马教廷的长老一起，并称四大拉丁教父，封为圣徒。在基督教史上，哲罗姆既没有过被人认为是神绩的宗教行为，也非殉教者，仅凭翻译工作就被教会封为圣徒，这对译者的身份产生非常特别的影响。1546年，在特兰托会议（the Council of Trent）上，这一译本被定为天主教教会的官方文本，此后很多译本都受到审查甚至被禁止，译本中出现任何与罗马教廷的理解不同的阐释都会被指责为"异端"，而被指为"异端"的译者则命运多舛。

（二）"会说世界上所有语言的神"：现代《圣经》翻译

随着民族国家的崛起，教会的中心地位开始瓦解，其标志之一，就是作为中世纪的通用语言的拉丁语的衰落。在中世纪晚期，欧洲一些地区的教会就尝试将《圣经》中的一些片断以及大量其他类型的宗教文本（普通的礼拜赞歌和宗教诗歌、记述耶稣及圣徒的行传的叙事性文本，以及用于宗教训诫的文本）译为民族语。16世纪，文艺复兴运动中的知识大考古和人文主义者提倡的自由主义开辟了思想自由，《圣经》的民族语翻译渐渐增多。17世纪的宗教改革（The Reformation）运动是对罗马教廷的改革。在这项新的运动中，翻译的作用至关重要，甚至于有人说宗教改革究其实质，其实就是是否可以用民族语翻译《圣经》之争。早期的宗教改革家借

---

① Jean Delisle & Judith Woodsworth（ed），*Translators Though History*，Benjamins：1995：169.

《圣经》的新译本传播其宗教思想，而由于印刷术的发展提供了技术上的便利，译为民族语的《圣经》得以广泛流传。翻译在宗教和政治斗争中被用来当作反对当时的罗马教廷的武器。第一个完整的英语《圣经》译本是1380—1384年出版的威克利夫（Wycliffe）译本，它之后出现了大量英语《圣经》译本。与其他宗教改革期间的民族语《圣经》译本一样，这一译本的政治作用是使《圣经》得以被普通人阅读并由此形成自己的理解，打破了教会阐释的垄断特权。

正如英国翻译理论家苏珊·巴斯奈特指出："随着基督教的传播，翻译获得了另一个作用：传播上帝的话语。像基督教那样建立在一个文本上的宗教，给译者的任务既包含美学标准，又包含传教要求。"[1]

随着对"新大陆"及更多的殖民地的开垦，欧洲殖民者在接触殖民地人民的时候也遭遇了各种非基督教信仰，他们因此觉得新的《圣经》译本必须为新的传教任务服务，所以伴随着欧洲的殖民征服，出现了大量由传教士翻译成"第三世界"国家语言的新译本。传教译者的文化身份非常特别，他们作为一个有绝对优势的外国文化的代表，似乎具有着极大的权威——除了其宗教自信之外，他们母语的文化优势对译语国具有格外的影响力。虽然《圣经》译文往往带有其译入语的文化特征，从而形成一种文化上的张力，但是《圣经》无疑给这些殖民地国家的进化带来重大影响。

为"传教世界"（非基督教国家）进行的《圣经》翻译也可分为两个重要时期。第一个时期是早期传教士的翻译，包括耶德逊（Adoniram Judson）的缅甸语译本、马礼逊（Robert Morrison）的中文译本、威廉·克里（William Carey）及同僚的印度译本和亨利·马廷（Henry Martyn）的乌尔都语、波斯语及阿拉伯语译本。1629年，丹麦东印度公司的一个贸易商阿尔伯特·孔内里森·茹里将《新约》中的《马太福音》和《马可福音》翻译成马来语，这是《圣经》第一次被译为非欧洲语言。1631年，一位名为约翰·艾略特的清教徒来到美洲，他经过一番学习，掌握了印第安语以后，遂于1661年将《新约》译成印第安语，又在1663年译出《旧约》。

这些早期的传教士译者往往面对"正典的确认"的问题。"正典的确认"在此不仅意味着选择哪些文本来纳入《圣经》，同时也关系着某些译本的地位。例如，罗马天主教将由圣哲罗姆翻译、后由其他人修订的《通俗拉丁文本圣经》视为经典译本达1000多年，将之作为阐释和翻译的基础。而对于英语国家的新教教徒，詹姆士国王译本，即《钦定版圣经》也具有同等地位。对德语新教教徒来说，路德版《圣经》则无疑享有优先地位。而在第三世界国家则是早期传教士的某一《圣经》译本往往很快获得正典的地位。据说，一名西非的译者完成了一种西非主要商贸语言的《圣经》翻译后告假回乡，去进修一些语言学课程。在进修的过程中他很快发现他以往

---

[1] Bassnett, Susan, *Translation Studies*（3rd ed.），上海：上海外语教育出版社，2004：51。

的翻译中有很多错误，而当他回到当地要求当地教会准许他修改以前的译本时，当地的教会却告诉他没有权利"修改神的话语"！①

为"传教世界"（非基督教国家）而进行的翻译的第二个时期为"二战"以后。这一时期出现了几百种其他语言的译本，完成翻译的传教士有的是由各教宗派出的，有的是由被称为"忠教传教"（Faith Missions）的传教活动派出的，有的是则由一些特定的机构派出，专为那些尚无《圣经》译本的语言翻译《圣经》。这些机构包括"威克利夫圣经译者团""路德圣经译者团""福音圣经译者团"和"先驱圣经译者团"等。其中"威克利夫圣经译者团"，又称"夏日语言协会"，可能是所有机构中最大的一个，有5000多名成员，其成员特意到世界各地巡历，以确保世界上所有使用人数比较多的语言都有《圣经》译本。迄今为止，该译者团已完成了347种语言的《新约》翻译和800多种语言的宗教活动。"联合圣经团"是100多个国家的圣经团的联合机构，直接负责全世界各地的教堂出版新的修订本和新译本，其译文语种覆盖世界人口90%的主要语言和非主要语言。现在，这一机构仍给550种以上语言的译者提供指导。

### 三、作为科学研究院的翻译所："智慧宫"和托莱多翻译院

在人类的文明史上，从有邻邦间的互相交流开始，对"实用"知识——技术和科学技能——的相互借鉴和学习就是交流的重要内容。相互之间的借鉴使科学技术得以在全球范围内传播，并由此得到进一步发展。翻译在科学技术的互相交流、互相促进、互为转化中的作用也许是更为重要。历史上的科技翻译者不仅仅是某一专门知识的输送渠道，他们还是创造者，甚至还担当着教育者的身份，他们往往并不会止于获取新知，而是寻求更进一步的探索，译者往往是科学的探索者。如果没有译者的工作，科学就不会取得如今这样高的成就。科技文献的翻译不仅使科学技术在不同语言文化中传播，刺激了目标文化的科技发展，还使全球知识中心不断增多，打破了知识的垄断。这一点在中世纪的科学文献翻译中尤为明显。

在现代科学史上，西方中世纪时代曾被赋予一个"黑暗时代"的形象。从公元500年至1500年的中世纪，由于欧洲各国奉行一种宗教神学和唯心主义的自然观，罗马教会的教士只知固守罗马教会的教条，宗教对科学的发展起着窒息的作用，西方科学在这个阶段发展缓慢。但中世纪并非只有神学、女巫、神话、传奇、迷信、愚昧而完全没有"科学"。事实上，中世纪的科学翻译，特别是阿拉伯世界的文献的翻译被忽略了。正是阿拉伯世界对古希腊罗马科学、哲学著作的翻译，保存了古希腊罗马文化中的自然科学和人文科学成果；中世纪晚期对阿拉伯文献的翻译同样是触发其后改变整个欧洲政治文化状态的文艺复兴运动的重要因素。

---

① 参见 [英] 贝克（Baker, M.）编：《翻译研究百科全书》（*Routledge Encyclopedia of Translation Studies*），上海：上海外语教育出版社，2004年，第25页。

### (一)"智慧宫":穆斯林国家的科学与技术

阿拉伯文化从开始就有研究古希腊文化典籍并将其翻译成古叙利亚语的传统。在阿拉伯对外征服战争(公元7—8世纪)之前,就已经有很多古代哲学与科学著作被翻译成叙利亚语与波斯语,而大多数穆斯林都掌握这两种语言。穆斯林帝国的官方语言是阿拉伯语,伴随着穆斯林帝国的扩张和信仰的改变,当时有很多叙利亚人、波斯人、埃及人、犹太人、贝伯人、西班牙人、西西里人甚至意大利人都变成穆斯林后,阿拉伯语也得以普及。阿拉伯哈里发王朝的统治者有热心学术研究和翻译的传统,在他们的激励之下,中世纪的阿拉伯地区成为科学中心。

公元749年,虔信伊斯兰教的阿拔斯哈里发王朝(中国史书称之为"黑衣大食")建都于巴格达,这一地区当时是各种文化的交汇地。王朝统治者支持翻译,付给译者慷慨的报酬,甚至有传说译者被付以"与其译作等重的黄金"。在哈里发统治者的支持下,大量古叙利亚语、古波斯语和梵语文本得到翻译。文本的选择有政治和文化上的需要,当朝哈里发和廷臣的个人兴趣也是重要因素——当时他们最感兴趣的是医药和哲学,星象学也很流行。

从阿拔斯第二代的哈里发阿尔–曼苏尔(Al-Mansur,公元754—775年在位)开始,官方支持的翻译活动(当时称之为"聚书")正式开始。曼苏尔注重科学著作的手稿搜集,曾派遣使者谒见拜占庭皇帝,希望求得欧几里得的书籍及其他希腊有关自然哲学的著作。这种对珍贵手稿的搜寻也促进了知识的传播。曼苏尔还招募科学家到巴格达翻译印度和古希腊的天文学作品,并且确立天文占星学和医学为官方事业,由国家派专人掌管。而曼苏尔的藏书处也成为医学家和天文学家的参考图书馆。

穆斯林世界重视天文学和历法,主要原因之一是为了它的宗教服务。当伊斯兰教兴起后,各地的穆斯林每天按时作5次礼拜。由于各地的地理位置和日落时间不同,所以各地的礼拜时都不一样。天文学和历法的实际用途即包括精密地算出5次礼拜时的确切时间,这样他们就能于任何地点的回教清真寺中,得到面向圣城麦加"卡尔巴"的"神圣方向"和经纬度坐标位置,以便朝拜祈祷,并精密地算出斋戒期的确切日数。

公元830年建立的"智慧宫"是阿拉伯吸收中国、印度、波斯、古希腊文化财富的重要决定性因素,其目标是将古希腊的科学和哲学著作译为阿拉伯语,大量的古叙利亚语、波斯语和梵语文本在此得到翻译。这个"智慧宫"现已不存在了,但在传说中,这里面有巨大的图书馆、观象台、研究院;来自世界各地的学者,在贤明爱才的哈里发麦蒙的慷慨资助下,过着无忧无虑的学术生涯,整日思考、讨论各种各样的学术问题。

当时主持翻译工作的人是聂斯托派教徒胡那因·伊本·伊舍克,他与他的90多个门人翻译了大量柏拉图和亚里士多德的著作:柏拉图的《对话集》和《理想国》,亚里士多德的逻辑学论文集《工具论》(包括《范畴篇》《论辩篇》《形而上学》)以及新柏拉图主义的重要奠基作。他还翻译了托勒密的天文著作,他的译本经萨比特·伊本·昆拉(Thabit ibn Qurra,公元826—910年)修订后,成为当时权威译本之一。胡那因还把盖仑的医学著作大部分译为阿拉伯文,他译作的高质量实际上要归功于他自己的医药学知识。他自己就是当时著名的科学家,著有《医药学问题:眼科论文和齿科论文》。他的译作和论文奠定了阿拉伯眼科的基础。当时阿拉伯译者的工作往往是由哈里发或学者委派的,但有时翻译是出于教育目的。胡那因就为了给他的学徒提供教材而翻译,在他翻译的希波克拉底的《眼科学》中,他增加了对难理解的段落的解释。他要求跟他合作翻译的译者注意译文的可读性和清晰性,力求使非医药学专业人士或不熟悉哲学的读者也能理解。

翻译对整个穆斯林世界的科学和哲学思想的发展都产生了深远的影响。对于巴格达的译者来说,翻译作品起着原材料的作用。翻译文本并非目的,而是激发知识的原创思想及产物的催化剂,所以译者将翻译看作是一种创造性的过程,译作往往附带着评论、概述或解释性的注解,以使原文更容易理解。译者往往是他们翻译领域的专家,他们在翻译中,既发挥了自身的理解和综合能力,也实践了其自身的创造性。一个新的思想体系借助翻译得以建立,成为阿拉伯—穆斯林文化的基础。在这样的背景之下,繁荣的伊斯兰天文学从此处率先绽放花朵,形成后人所谓的"巴格达学派"。在各种欧洲语言中,大多数星宿的名称都来源于阿拉伯语,而且有大量的天文学术语,如azimuth(地平经度)、nadir(天底)、zenith(天顶)等,也同样来源于阿拉伯语。星宿名称虽然只是一个侧面,却是一个能同时反映占星学与天文学发展的切入点。在古代阿拉伯天学家那里,天文学知识和有关的工作很大程度上仍是为占星学服务的。

(二)"来自星星的你":中世纪西班牙对阿拉伯书籍的翻译

通过阿拉伯译者的译作,希腊科学的辉煌成就被反射到中世纪,欧洲在镜中发现自己的过去,而且开始努力去了解它、去消化它,并将它系统化。中世纪的科学在14世纪末发展迅速,很明显是受益于前几个世纪的翻译活动。

公元9世纪和10世纪时,北欧的维京人(Viking)和东欧的马扎儿人(Magyar)入侵被击退后,西欧的力量慢慢恢复。西班牙是穆斯林教徒和基督教徒进行接触的最重要的中心,因为西班牙有懂得两种语言的摩萨拉伯人(Mozarabs),即被穆斯林教徒同化了的基督教徒,以及摩迪迦人(Mudejars),即被基督教徒同化了的穆斯林教徒,同时又有大批的犹太人,他们中有些人懂得三种语言。11世纪起,欧洲人慢慢将西班牙的穆斯林驱逐,而且发动十字军东征,以便收复圣地,托莱多在1085年陷落。从那时起,阿拉伯文的希腊科学著作译本才被翻译过来,翻译的最活跃时期是在1125—1280年间。雷蒙德大主教在托莱多陷落之后不久,就办了一所翻译学校,欧洲各地的学者纷纷来到这所学校学习穆斯林教的科学。

托莱多城在中世纪早期即为西欧的宗教文化中心之一,阿拉伯人统治期间又成

翻译文化

为伊斯兰文化的重镇。1085年它被基督教的西方"收复",但西班牙半岛上的穆斯林王国依然长期存在,这使得托莱多以及另一座名城科尔多瓦成了西欧学者吸取伊斯兰学术养料的学堂。大批学者纷纷赶往托莱多城,从事拉丁语的翻译活动。翻译活动主要集中于希腊和阿拉伯世界的哲学和科学成就:医药、数学、星象学。12世纪的译作主要是从阿拉伯文翻译成拉丁文,13世纪则是从阿拉伯文译成西班牙民族语。

12世纪的翻译活动的背景是当时受教会统治的社会文化环境。当基督教与伊斯兰教两个阵营、两种文明在这里短兵相接、相互对峙时,这里就成了古希腊科学和阿拉伯科学输入西方的主要渠道。12世纪,对译者来说至关重要的是与教会的联系。没有改信基督教的译者被雇用时仅仅是中介者,其作用仅仅是将阿拉伯文本口头转述为民族语,而为基督教会利益服务的译者则积极参与到发现希腊和阿拉伯世界的遗产中。12世纪,学术界和教会使用的语言——拉丁文是翻译目标语,这一时期盛况空前的笔译活动有两大特点:一是在基督教会的赞助之下;二是翻译的作品主要是希腊著作的阿拉伯语译本,其次才是阿拉伯原著和希腊语原著。

12世纪托莱多的学者面临的任务是复杂的:源语文化(阿拉伯化西班牙)与接受方文化(西班牙征服者)之间的状态存在严重的不平衡,当时西班牙统治下的图书馆只有几百本书籍,而托莱多保存的阿拉伯手稿则多达300万本。投身将这些浩如烟海的资料翻译成拉丁语的译者发现,他们首先要吸收这些新知识,与此同时,他们还要将它传达给他们自己的文化,而他们的文化领域里只有极少数精英识字,可以获取知识。由于手抄是当时手稿复制的唯一方法,而那时尚没有知识产权的意识,此时的翻译是基于某一文本的创造性活动,但是却不受这一文本的限制。译者们似乎并不寻求清晰地传达信息,而是更关心自己的学识。随之采取的翻译策略则是直译(将许多不为人知的或复杂的词汇引进了拉丁文)、语义借用(用目标语中已有词汇翻译特指的科学含义),以及大量没有说明的缩写。这些都表明,译者并不力求使知识更加易懂。在当时最著名的拉丁学者巴斯的埃德拉德的译作中有大量草稿、计算公式,可能是给译者自己看的,也可能是给其他专家甚或学生看的,而他自己的著作则更清晰简练。这说明学者将阿拉伯文译为拉丁文只是一种语言之间的信息交换,而非知识普及。

更重要的是,译者对其翻译的作品进行改编,反映了其受到当时拉丁语或西班牙地方语作品相关的物质和意识形态的制约。政治语境对知识的要求形成了译者表达原作的方式。

13世纪对知识普及的强调更多,译者服务于非宗教赞助人,采用西班牙民族语作为目标语,译作前言经常会指出民族语文本对于有学之士的价值。13世纪的西班牙统治者阿方索十世(Alfonso X,1221—1284)是西方最早大规模支持翻译的人之一。在他统治时期实行对翻译的控制,他指定了一系列文本并要求翻译成民族语,这就是后来为人所知的《国王书》。阿方索十世要求译文要"通俗易懂",这表明要将知识推广到学者精英的圈子以外更广的人群中。这一强调与政治语境紧密相连,翻译是对民族国家身份的确认。

托莱多翻译院对科学和哲学传入中世纪欧洲起了重要作用:这个时期的译者彻底改变了西方的知识状况。对亚里士多德的重新发现刺激了新兴大学的学术思想,对阿拉伯学术的重要著作的引介拓宽了欧洲的知识广度,从而对世界有更综合性的看法。西方世界通过翻译逐渐认识了阿拉伯命数法、代数学,托勒密的天动说和希波克拉底和盖伦的著作,还有希腊和阿拉伯的医学体系。这一系列活动中翻译与创造的关系是至关重要的,翻译在这一时期的作用是对知识的更新和生长提供动力。

## 四、文艺复兴:一场民族语翻译运动

进入15至16世纪后,文艺复兴的人文主义者希望不再通过穆斯林和经院哲学家的"变形眼镜"来看古人,而是希望直接接触原始资料,亲自发掘和阅读原文。他们可以获得的文本不仅有柏拉图和亚里士多德,还有欧几里得和阿基米德;这些学者的著作促进了物理学、数学和生物科学的研究。医生们研究了希波克拉底和盖伦的全部著作,博物学家们则研究了亚里士多德、迪奥斯科里斯和泰奥弗拉斯托斯的著作。科学从16世纪开始就与宗教竞争,到18世纪已吸引了所有人的兴趣,不再是精英的特权,因为此时的科学著作已经有欧洲各民族的民族语文本。

从文艺复兴开始,尤其是17至19世纪以来,知识的民主化和不断扩大的阅读群给科技的翻译增加了一种训诫维度。在文艺复兴时期的欧洲,匠人不再像在古希腊罗马时代和中世纪时代那样受鄙视。人们尊重纺纱、织布、制陶术、玻璃制造,尤其是日益重要的采矿和冶金术方面的实用工艺。这些行业都由自由民而不是像在古典时代那样由奴隶经管。这些自由民在社会地位和经济地位上并不像中世纪的匠人那样与统治集团相距很远。文艺复兴期间工匠地位的提高,使工匠与学者之间自文明开始以来一向非常脆弱的联系得到加强。在药理学、化学和物理学领域,学者扮演的角色很像是教师,他们为那些受到较低程度教育的读者——例如当时实验室的助手、学徒——介绍和翻译作品,因为这些助手和学徒跟从其主人或师傅工作,但是并不懂拉丁文。译作的内容不仅包括对原文的翻译,也同时包括知识的解释、说明和指导。17世纪的两位翻译家让·波兰克(Jean Marcel de Boulenc)和尼古拉斯·卡尔培柏(Nicholas Culpepper)便是典型例子。波兰克曾把奥斯瓦尔德·柯罗尔(Oswald Croll)编写的一本化学教材翻译成法语,并简化内容,一步一步地向学生读者描写化学反应过程。卡尔培柏也对其翻译的科学文献进行了简化。例如,他为非专业人士翻译盖伦的著作,试图打破医学界对知识的垄断。

图 4-5  16 世纪绘制的托勒密地心说模型

就这样，工匠拥有古代的旧技术，并在旧技术上添加了中世纪期间发展起来的新发明。同样，学者提供了关于被重新发现的古代的、关于中世纪的科学的种种事实、推测及传统做法。这两条途径的融合是很缓慢的，但最终，它们引起一个爆发性的联合——那就是之后的"科学革命"。

科技翻译是一种创作的过程。目标语能从译作中吸收养分，因为翻译者必须创造新词汇来表达他们遇到的新概念和新事物。在巴格达、托莱多和中世纪的欧洲，翻译者通过借用外来语或扩展处于萌芽阶段的本国语言，发展出一套科学用语，一种面对普罗大众的学术语体。翻译文本越是深入渗透到目标文化的语言体系和文化构造之中，就越能得到广泛传播。从此，知识的传播不再局限于那些懂得希伯来语、希腊语、拉丁语和梵语等精英语言的学者和专家手里。

翻译者使知识得以广泛传播，与此同时，民族语在翻译者的有力支持下开始兴起，教育也在一定程度上得到推广。翻译者致力于传播知识；他们的贡献包括传播不同的思想和发展科学用语。很多作品被一遍又一遍地翻译，这不仅反映了知识的迁移，也反映了用于表述的语言本身也在不断地变化。

## 小贴士

### 拉丁语

拉丁语属于印欧语系罗曼（拉丁）语族，原来是意大利半岛一个小部落"拉丁人"的语言。这个小部落于公元前 510 年成立共和国，逐步统一意大利半岛。公元前 1 世纪拉丁文成为罗马的官方文字。公元前 30 年罗马帝国建立，到公元 2 世纪初扩展为版图辽阔的大帝国，西起西班牙、不列颠，东达美索不达米亚，南至非洲北部，北讫多瑙河与莱茵河。在公元 2 世纪末，地中海沿岸就建立起了由一系列拉丁殖民地组成的罗马行省,吸引了大量居民,拉丁语是这些语言、民族混杂的居民的通用语。官员、士兵、商人、移民、学生对拉丁语的传播使拉丁语很快成为行政和贸易的语言,同时也是文化的语言。

公元 4 世纪后,基督教成为罗马帝国的国教。拉丁语是基督教的宗教语言,也是教会学校的教学语言。在中世纪的欧洲,拉丁语是欧洲各国知识阶层的工具和通用交际语。随着基督教的传播和《圣经》的拉丁文译本的普遍使用,拉丁字母和拉丁语的传播范围更广,程度更深。由于教会对欧洲意识形态的统治,在罗马帝国灭亡之后,拉丁语仍是西欧各民族的通用语,直到 16 世纪和 17 世纪,拉丁语还是司法和行政部门使用的语言。

公元 8 世纪末,西欧各民族开始出现民族文字的萌芽。当时好多民族还没有自己的字母文字,而拉丁文字母由于拉丁语的使用而传播到西罗马帝国范围之内。有的民族在拉丁文《圣经》上用拉丁字母书写自己的语言作为注释,有的民族用自己语言的拉丁化文字翻译《圣经》。在此基础上,欧洲各民族采用拉丁字母创造自己的民族文字,这一欧洲史上重要的进程在语言学史上被称为"(民族文字)拉丁化"。

拉丁字母首先成为罗曼(拉丁)语族诸语言的文字,主要是意大利文、法文、西班牙文等,之后成为日耳曼语族的文字,主要是英文、德文,以及北欧的文字;后来又向东传播成为斯拉夫语族诸语言的文字,主要是波兰文、捷克文、克罗地亚文等;此外还有爱尔兰文、波兰文、匈牙利文等。到文艺复兴时期,随着各民族的成熟,拉丁语日渐衰落,甚至被称为"死"语言[①]。

尽管在 13–15 世纪拉丁语的作用不如中世纪那么重要,但是它仍有自己的优势。拉丁语既是政治上中立的语言,是当时主要的外交语言,又可以充当交际语,可以让说德语、匈牙利语、捷克语、克罗地亚语以及说其他语言的人平等地进行交流。原因之一是当时欧洲精英阶层的成员大多数都懂拉丁语,拉丁语能显示地位的尊严。更重要的是,相对于地方语言来说,拉丁语是中立的,而在那个时代,地方语言正在争夺文化霸权,尤其是意大利语、西班牙语和法语。

然而需要注意的是,事实上,在欧洲早期历史上作为通用语的拉丁语实际上又有两个系统:民众拉丁语和书面拉丁语。民众拉丁语是平民、移民、商人、士兵所使用的口头语言,它比书面拉丁语更为简单,抽象词汇及句型也更为贫乏。而书面拉丁语是作家使用的,因为与希腊书面语不断接触而更为丰富、精练。在罗马帝国统治时期,至少在西罗马帝国境内,人们使用的口语是完全一样的,这使得罗曼语族的各姐妹语种里,不少现象的表达也是相同或相似的。但是在西方,尤其是公元

---

① 有关拉丁语是"死语言"的观念,最早起源于文艺复兴时期意大利人文主义者之间的一场争论。1542 年出版的斯佩罗尼的《关于语言的对话》中,一位对话者说,拉丁语是一种无法用口头表达的语言,它"只不过是纸和墨水而已"。参见 [英] 彼得·伯克(Peter Burke)著,李霄翔、李鲁、杨豫译:《语言的文化史——近代早期欧洲的语言和共同体》,北京:北京大学出版社,2007 年,第 27 页。

4—14世纪，拉丁语是"有知识的人"使用的语言。受过教育的人说的是各种地方语言，但他们之间的通信经常使用拉丁语，学者们用拉丁语写作论文。近代早期在欧洲用拉丁语出版的书籍数量就很能说明问题。直到17世纪末，每年一度在法兰克福举行的图书交易会上，出售的书籍大部分是用拉丁语写的（1650年，拉丁语书籍占出售书籍总量的67%，1700年减少到38%）。①

## 五、作为翻译家的宗教改革领袖：马丁·路德

图4-6 马丁·路德

马丁·路德（Martin Luther，1483—1546）被称为"德语的工艺师"。要正确评价路德作为译者的贡献和功绩，不仅要认识到路德的神学主张，同时也要了解当时盛行的翻译传统，以及路德的个性、语言才能和独特的创造力。

16世纪初，德国的社会冲突达至高峰，于是在德国国内兴起了一个相当广泛的运动，一时间德国社会的所有阶层都联合起来反对罗马教廷。但是当时的社会变革只有与教会改革联系起来才有可能进行。路德有系统地出版其译成普通民众的语言的《圣经》译本，给这一运动提供了一个意识纲领。早在路德之前，已有早期高地德语的《圣经》译本，这一译本已经表明，为普罗大众提供一个他们自己可以阅读的《圣经》是非常必要的。路德生长于德国中东部地区，那里已经发展出一种相当规范成熟的文学语言。他在译作中使用的这种德语文学语言的中东部变体使这一语言形式得以进一步确立和标准化。

当时社会各个阶层都表达出需要一种统一的民族语言的愿望，但是这种愿望在当时正在崛起的中产阶级中尤为强烈。路德注意到他们的表达需求，他采用的语言既有相当范围的区域性因素，又有广泛的社会基础。他接纳一切因素的影响，对上层德语地区尤为注意。他越来越注意提高他自己的语言能力，但同时他也注意到人们日常使用的语言。路德致力于研究语言，不仅研究拉丁语，同时还研究希腊语和希伯来语这两种主要的《圣经》原文语言。为了得到最确切的翻译和最有力的表达，他求教于很多语言专家，甚至是一些专业人员，来解决专门术语问题。但是，最重要的是路德自己的语言创造力和对语言的敏感。

路德对他自己的译作的辩护主要见于两部作品：《关于翻译的公开信》（1530）和《为〈赞美诗〉的翻译辩护》（1531—1533）。这两篇文章是针对罗马天主教廷的指责而作的辩护，他们认为路德篡改或歪曲了《圣经》。然而路德并未借此讨论理论问

---

① 见[英]彼得·伯克（Peter Burke），李霄翔、李鲁、杨豫译：《语言的文化史——近代早期欧洲的语言和共同体》，北京：北京大学出版社，2007年，第76页。

题，他在文章中讨论的问题是直译和意译、自然化和异域化以及文体问题和将语境纳入考虑范围的重要性。

在这些文章中，路德从《通俗拉丁文本圣经》中举了一些例子，将之与他自己的翻译相比较，表明他的翻译更注重整个短语的意思，而非单个词的意思。经常被后人引用的例子是，他在《保罗致罗马人书》3：28 中增加 allein（alone）一词，意为"仅，只"，而这一单词在其原文中并没有。这种表述恰恰是路德教义的核心：人类获取神的正义（"称义"）不是通过遵守天主教戒律，而是仅仅通过信仰。这样，路德就对天主教整个存在的理由提出了质疑。他增加 alone 一词的基础不仅有神学的，还有语文学的。他认为，在谈论两种事物时，当其中之一受肯定而另一个受否定时，增加"仅仅"一词可以使对比更鲜明。他认为在某些情况下，忠实的字译反而会背离整个句子的意义，译者有时必须在目的语中寻找一个意义对等而非字面对等的短语来表达原文的意义。正是这一点使得路德在语言史上同时也在翻译史上获得特殊地位。

路德语言学上的成就建立在一些翻译原则上。首先，路德提倡回到《圣经》的原文：《旧约》的希伯来文和《新约》的希腊文（然而也并不是完全忽视拉丁文译本的《通俗拉丁文本圣经》）。这是一种全新的语言学/文献学方法，是受日益增长的人文主义哲学家的影响。虽然《通俗拉丁文本圣经》被罗马天主教会宣布为官方文本，但是路德并不将之作为真正的权威文本接受。他将《圣经》文本作为德语文本重新创造，也就是说，将这个历史性的文本为了适应他的时代意识和精神而重新编写。为了消除《圣经》翻译中巨大的历史差异及表述差异，他必须将距他自己时代很遥远的文化社会意识加以阐述和翻译，将译文适应目标语的规则。

路德意识到仅仅是语义学上的对等是不够的，认为词语的选择应该根据文本的意义。他相信翻译总是阐释。这种观念在很多同时代的资料都可以看到，但是路德面对的是具有神圣的宗教意义的文本，所以需要勇气。对于路德来说，思想、感情与词语是不可分的，它们都在心中，而心中同样怀有信仰。这也是路德对好的译者的要求："翻译对任何人来说都不是艺术，虽然很多圣徒误以为是那样。翻译所需要的是一颗公平、热忱、忠诚、勤奋、虔敬、信基督、博学、通晓音律、有经验的心。"

路德在翻译时总是考虑到语言的发音，宣称自己的译文更口语化，同时也更好理解。他认为，译者在道德方面和职业方面都要称职，为了达到这个目的，就需要在语言学和神学方面受到教育，并有牧师的从业经历。他的目标是在高级和低级语域、神圣与世俗语言中做出合理的平衡，而在他之前还没有一个人能够做到。他提出德语应该是"市场中的普通人使用的语言"。人民的语言是他的灵感的无穷来源，但并不是说路德翻译的《圣经》使用的是普通人的语言。实际上他关于"普通人"的著名阐释并非字面义，而是一个形象化的说法。作为布道者，他能观察到听众的直接反应，判断出他们吸收他的话语的能力，他将这些经验用于他的翻译工作中。

翻译文化

路德越来越倾向于直接生动的表达，这在他对《赞美诗》的翻译中尤为突出。

路德对语言和翻译的影响在其死后不久就显现了出来。通过对《圣经》的翻译，路德促进了德语词汇的丰富和标准化，发展了一种平衡的句法，例如动词时态、连词、名词的大写等。而他主要的贡献还是文体方面。他的《圣经》译本最重要的文体特点是清晰、易懂、简明、生动，直至今日还是优秀写作的模范。所有现代《圣经》的评论和现代译本都一直以路德的译本为衡量标准。路德的译本是德语民族语发展的推动力、催化剂和基准尺度。他对他的时代语言的收集和选择与他的发明和创新影响了整个德语界。

宗教改革运动以后，学者们纷纷效法马丁·路德，用自己的母语写作。于是，翻译变得必不可少，既包括将拉丁语译为地方语言，也包括将地方语言翻译成拉丁语。在1500—1800年之间，从地方语言翻译成拉丁语的著作达到上千本，翻译的高峰期在17世纪上半叶（1600年到1649年之间传播的翻译著作至少有367本，也就是说，平均每年超过7本）。在这些翻译的著作中大约有40%是宗教书籍，大约12%是当时所说的"自然哲学"，范围从数学到医药和魔术。

## 小贴士

### 泥板上的楔形文字

1472年，一个名叫巴布洛的意大利人在古波斯也就是今天的伊朗游历时，在设拉子附近一些古老寺庙残破不堪的墙壁上，见到了一种奇怪的、从未见过的字体。这些字体几乎都有呈三角形的尖头，在外形上很像钉子，也像打尖用的木楔，有的横卧着，有的则尖头朝上或者朝下，还有的斜放着，看上去像是一只尖利的指甲刻上去的。巴布洛非常诧异。这是文字吗？还是别的什么？他带着这种疑惑回到了意大利。

一百多年后，又有一个意大利人——瓦莱来到了设拉子。瓦莱比巴布洛要勤奋，他把这些废墟上的字体抄了下来。后来，他在今天伊拉克的古代遗址又发现了刻在泥板上的这种字体，因此他断定这一定是古代西亚人的文字。瓦莱把他的发现带回了欧洲。他让欧洲人第一次知道了这样一种奇怪的文字——楔形文字。

楔形文字原使用于古老的底格里斯河和幼发拉底河流域，当时运用这种文字的苏美尔人用削成三角形尖头的芦苇秆或骨棒、木棒当笔，在潮湿的黏土制作的泥板上写字，因而字的笔画都成为具三角形的线条，如同楔形，因此得名。楔形字原来是从上而下直行书写，后来改为从左而右横行书写，于是全部楔形符号转了90度。为了长久地保存泥板，需要把它晾干后再进行烧制。这种烧制的泥板文书不怕被虫蛀，也不会腐烂，经得起火烧。但美中不足的是，泥板很笨重，每块重约1000克，每看一块都要费力地搬来搬去。迄今为止，发掘出来的泥板共有近100万块，最大的有 2.7 米长，1.95 米宽，可谓是巨书！经过巴比伦人、亚述人、阿拉米人的使用和改造，楔形文字成为一种半音节文字。西方人最先看到的楔形文字，是伊朗高原的波斯人加以改造了的楔形文字，与苏美尔人、阿卡德人、巴比伦人以及亚述人使用的楔形文字有很大的不同。

图 4-7　泥板文书

从苏美尔时代残存下来、在近代被发掘出来的泥板中，大约 90% 是商业和行政记录，其余的 10% 则是对话、谚语、赞美诗和神话传说的残篇。现今所知最早以楔形文字记下的文献大约出现在公元前 3000 年左右，它对西亚许多民族语言文字的形成和发展产生了重要影响。西亚的巴比伦、亚述、赫梯、叙利亚等国都曾对楔形文字略加改造，来作为自己的书写工具。甚至腓尼基人创制出的字母也含有楔形文字的因素。

楔形文字是世界上最早的文字，可是由于它极为复杂，到公元 1 世纪就完全消亡了。那么，这种已经消亡的文字又是如何被解读出来、使后人了解到古代西亚文明的呢？破译这种远古语言的钥匙，就是翻译。

1799 年 7 月 15 日，拿破仑侵略埃及的军队中一名上尉在埃及港口城市罗塞塔附近发现一块石碑。石碑是公元前 196 年，由希腊人统治的托勒密王朝时代刻制的，上面有希腊字母、古埃及象形文字和古埃及通俗文字三种对照雕成的。石碑运到埃及的亚历山大，法国科学家商博良开始进行研究。

这位生活在 18 世纪末到 19 世纪初的学者 19 岁（1809 年）就已经成为勒诺布尔公学的历史学教授，20 岁时就已经掌握除法语以外的拉丁语、希腊语和许多古代东方语言，包括希伯来语、伊索比亚（应该是埃塞尔比亚，也可称为阿比西尼亚）的阿姆哈拉语、古印度梵文、古代伊朗的阿

图 4-8　罗塞塔石碑

## 翻译文化

维斯坦语和帕拉维语、阿拉伯语、古叙利亚语、古代小亚细亚半岛流行的迦勒底语、波斯语和汉语。

商博良对罗塞塔石碑的破译是从古希腊语开始入手的。由于历史上说希腊语的马其顿帝国曾经统治过从欧洲一直到今天阿富汗地区的广袤领土,所以之后的几百年内,古希腊语成为了西欧到中亚尽头的国际通用语言,逐步转变成为了中世纪希腊语,最后在19世纪后逐步变成了今天的通俗希腊语,也就是现代希腊语。从1822年到1824年,商博良从古希腊语入手,成功地译解出古埃及象形文字的结构,这些符号有些是字母,有些是音节文字,有些则是义符,即一个符号代表一整个事物。他据此编制出完整的埃及文字元号和希腊字母的对照表,这为后来解读大量的古埃及遗留下的纸草文书提供了非常有用的工具。

图4-9 商博良手稿中对于罗塞塔石碑中的三种语言的字母对照表

商博良的成果让今天的学者能够比较轻松地看懂象形文字并且念出来,他不仅破译了象形文字,还为所有研究古代语言的学者们指明了方向。

破译了埃及象形文字之后学者们并没有就此满足。很快随着欧洲人对于亚洲腹地的深入,越来越多的文明古物被发现并带回了欧洲。1835年,英国军官罗林森(Sir Henry Rawlinson)在今天伊朗的贝希斯敦村发现了贝希斯敦铭文。

图4-10 贝希斯敦铭文

贝希斯敦石刻是刻在山崖上,由阿契美尼德帝国(又称波斯第一帝国)国王大流士一世(Darius I)在位时所立,上有描绘大流士一世脚踏高墨达(Gaumata)的浮雕及其周围的铭文,记录了他镇压高墨达政变和各地人民起义以及他取得王位的经过。石刻整篇铭文以三种不同的楔形文字写成:古波斯语(有414行)、埃兰语(有593行)及巴比伦语(一种后期的阿卡德语,有112行)。此石刻有如罗塞塔石碑之于埃及象形文字一样，对专家们破解楔形文字提供了很大的帮助。

1835 年，英国学者罗林森到达此遗迹并拓取古波斯文铭文摹本，1843 年再来拓取石刻上其余铭文的摹本。在他及其他学者的努力下，古波斯文铭文首先被成功解读，其他两语铭文随后也被成功解读。他翻阅了大量古希腊人关于波斯帝国的记载，并且利用了对比和排出法破译了铭文中的第一句话："我，波斯国王，万王之王……"学者们由此确定了铭文的发布者：古代波斯帝国的第三任大王——大流士一世。

因为学者们破译了古波斯文，然后通过铭文破译了另外两种古代文字，由此开始掌握了古老而消亡的楔形文字。

## 第二节　中国历史上的译者与翻译事件

中国地域广大，有很多地域语言，也许在第一次部落间的战争或产品交换活动中就出现了口笔译。早期的历史著作，如公元前 1 世纪的《史记》中大量关于外交和商贸的记录都提到了翻译。从周朝至今的 3000 年间，中国译者的工作在政府和商务活动中不可或缺。早在公元前 9 世纪的周朝，就有专司口译和笔译的政府官员，他们的官职根据他们所管辖的语言而有不同的称呼。作为外交礼仪的一部分，他们出现在与外国大使的会晤中。那时政府的口译员被称为"舌人"，而现在中文中表示翻译的词"译"是来自汉朝对这类官员的称呼中的主要词："译员""译史"，字面意思是"翻译官员"。历史记录还表明，汉朝期间，往来于中国和东南亚的商人在其长途旅途中都要雇用笔/口译人员（当时被称为"译长"）。在大夏（中亚古国）前往中国西北部的商队中也出现了译员。唐朝期间，中国与其邻国的交往达到了一个新的高度，相当数量的外国人生活在中国，政府雇用他们任政府的口译员，陪伴中国政府官员从事外交活动。

### 一、不懂梵文的佛经翻译家：道安

佛教先是公元 1 世纪时从印度传播到中国和越南，500 年后传至韩国和日本，13 世纪传入西藏和蒙古。大规模的传播使翻译活动得以发展，特别是在中国——中国翻译史上第一次比较集中的笔译活动就是伴随着佛教的传播而蓬勃展开的。从梵语到中文的佛经翻译大致可分为三个阶段：东汉三国（公元 148—265 年），魏晋南北朝（公元 265—589 年），和隋唐北宋（公元 589—1100 年）。

这一过程使佛教从传入中国伊始即被中国化，并因此使它被中国文化快速吸收同化。这种集体翻译的形式持续了近 9 个世纪，有时参与人数众多，而浩大的译经工作通常可以得到统治阶层的赞助。由于时间跨度和参与的译者人数的变化，翻译方法和手段往往是不固定的。随着时间的流逝，译员的文化和语言背景也产生了变化。

## 翻译文化

尽管存在种种障碍，中国的佛教信仰者仍致力于佛经翻译，而这种努力使许多原文散佚的经文得以保存。值得一提的是，一些中译本比印度和尼泊尔后世的梵语本更接近原始梵语本。佛教徒的传教翻译工作不仅在远东的佛教传播中起到建设性的作用，而且还有助于各国文学语言的建立，对亚洲文化有很大影响。

汉魏时期，佛教尚未受到士大夫阶层的重视，统治者对佛教一般也采取限制的手段。佛教在中国的普遍流行，开始于公元4世纪，而佛教在中国的传播是和佛经的翻译事业分不开的。这一时期的佛经翻译还是采取译场的形式，中文译经的倡导者是道安。

道安（公元312—385年）是东晋时代杰出的佛教学者，是我国佛教史上是一位起了很大积极作用的佛教领袖。他是我国最早的热心传教者，曾经派遣徒众到各地大弘佛教。他努力寻求戒律，以补当时律藏不齐全的缺陷。他又是我国第一个僧伽制度建立者，制定了当时的僧尼规范。道安虽然热心佛经典籍，但是他不懂梵文。他提出，由于佛教的创立者释迦牟尼姓"释"，中国僧人出家后，废除原有姓氏，一律以"释"为姓。但实际上，佛陀的本名是乔达摩·悉达多，释迦牟尼不是其本名，是后人对他的尊称，意思是"释迦族的圣者"。"释迦"是他所属部落的名字，有"能""勇"之意；"牟尼"是当时对出家修行成就者的称谓，直译是"文""寂静"等，是圣者之德。

图4-11 东晋释道安

道安虽然没有直接参与翻译佛经，但是对佛经的翻译也有很大的贡献。他整理了已译出的经典，撰成了中国第一部"经录"（佛经目录）——《众经目录》，这为其后系统翻译佛经起了非常关键的作用。他极力奖励翻译事业，在他的主持下，翻译出了许多重要经论，集中和培养了许多学者和翻译人才，为后来鸠摩罗什的大规模翻译事业准备了有利条件。在中国翻译史上是他第一次总结翻译的经验，其所撰《摩诃钵罗若波罗密经钞序》中提出了翻译的"五失本""三不易"的译论。原文如下：

> 译梵为秦（汉语），有五失本也。一者，梵语尽倒而使从秦，一失本也。二者，梵经尚质，秦人好文，传可（适合）众心，非文不可，斯二失本也。三者，梵语委悉，至于"咏叹"，叮咛反复，或三或四，不嫌其烦，而今裁斥，三失本也。四者，梵有义说，正似乱辞，寻说向语，文无以异，或千五百，刈而不存，四失本也。五者，事已全成，将更傍及，反腾前辞，已乃后说，而悉除此，五失本也。然《般若经》，三达之心，复面所演，圣必因时，时俗有易，而删雅古，以适今时，一不易也。愚智天隔，圣人叵阶，乃欲以千载之上微言，使合百王之下末俗，二不易也。阿难出经，去佛未久，尊者大迦叶令五六百通，迭

查迭书；今离千年，而以近意量裁，彼阿罗汉乃兢兢若此，此生死人而平平若此，岂将不以知法者猛乎，斯三不易也。涉兹五失经，三不易，译梵为秦，讵可不慎乎？

## 小贴士

### 译场——中国佛教的集体翻译

古代印度佛经原无写本，只是师徒口耳相传，所以早期翻译佛经全凭口授。公元1世纪来到中国的佛教传教者很少有人精通汉语，而当时懂得梵语的中国人亦寥寥可数，所以早期的佛经中文译本是由多人合作产生的：来自中亚和新疆的外国僧人背诵梵语文本，由口译员先译出，这个相当粗糙的译文被记录下来，再由中国助手修改润色，所以那时的翻译方法实际上是集体翻译，称为"译场"。译场中由外国僧人担任"译主"，背诵某一经，并详细解释文本的准确意义。一个外僧配有一个或多个口译员，这些口译员被称为"度语"或"传言"，他们精通外国僧人的语言，将外国僧人的解释口头翻译成中文。在场听众为中国僧人，往往数十人，有时甚至数百人，其中有人将外国僧人的讲解以笔记的形式记录下来。译场中的中文笔译人员被称为"笔受"，他负责将口译者"传言"的中文翻译记录下来，结合收集起来的其他听众的笔记，将文字编辑整理出来。最后还要对文字进行修饰润色，这个工作称为"证义"。这样，译场的翻译过程分为三个步骤：口译（"传言"）、记录（"笔受"）和检验（"证义"）。

由此可以推断，传言者既要兼通华梵两种语言，又要对经典理解透彻。可是这样的人才，在当时也是不太多的，像安世高那样的人如凤毛麟角。如传言者梵语水平较差，反映在译作中，除汉语的句法扭曲之外，还大量使用按字母直译（即音译）的方式，这就造成译文晦涩难懂，对于没有宗教学基础的人来说无法理解。正如《宋高僧传》中所言："梵客华僧，听言揣意，方圆共凿，金石难和，椀配世间，摆明三昧，咫尺千里，覿面难通。"

另外，这一时期的翻译尚未得到政府的支持，是在民间信徒们的资助下分散进行。由于经费有限，所译都是费时不长的零品短篇。而且由于译经多凭口授，受制于外僧的个人因素较多，即外僧能背诵什么经就翻译什么经，或想译什么经就译什么经，这样便不能有选择、有计划地予以介绍。正如释道安在《出三藏记集》所写："此土众经，出不一时。自孝灵光和以来，迄今晋宁康，近二百载，值残出残，遇全出全，非是一人，卒难宗理。"

从上文对译场的介绍可以看出，译场不仅旨在译经，还是某种程度上的佛经研讨会，这一时期的中文译本与详细的注释同时出现也就不足为奇。尽管担任译主的外国僧人很少有人懂中文，只是颂梵经，却往往被记载为"译者"，而实际笔录人员只被当成"记录者"。同时,由于当时处于佛经翻译的草创时期,译经僧侣对佛教经典抱有虔敬态度,唯恐违背经旨,再加上翻译经验不足,语言学知识贫乏,不能很好地处理两种语言的差异,因此一般都采用直译法。

佛教最初传入我国的时候,正值道家之学备受朝廷尊崇之际。"佛"只是作为一种大神,附庸于道学之中。佛教的教理被认为"清虚无为",而与道学相比附,各种仪式也效法道术和祠祀,只是在已入汉籍的西域各民族侨民中佛教仍旧保持着原来的习俗。而译经时介绍的佛学名词、概念,往往从当时流行的道家著作中寻找哲学名词、概念来比附。这也使佛教的传入从一开始就带有很强的中国化倾向。

对佛教经论大规模有系统的翻译,应该说是开始于公元5世纪初的鸠摩罗什。他博览印度古籍,对梵文极有根基,又因留华日久,对汉语也有相当的素养。同时他对于文学还具有高度的欣赏力和表达力,因而能创造出一种兼具外来语与汉语调和之美的文体,特别是传译富有文学趣味的大乘佛典如《法华经》《维摩经》《金刚经》等,在力求不失原意之外,更注意保存原本的语趣。他提倡意译,主张只要不违原意,则不必拘泥于原文形式,讲究译文的流畅华美。因此他所译的佛经都富有文学趣味,一直受到中国佛教徒和文学爱好者的广泛传诵,对于后来的佛教文学产生了一定的影响。

正是鸠摩罗什到中国之后,译场中参与到佛经翻译中的人数的详细记录得以保存。在他的讲授和指导下,造就了很多佛教人才,使当时的佛教得到大大的提高和发展。这一时期由于统治者对佛教的接收和弘扬,使佛经的翻译逐渐脱离了私人的小规模翻译,变为大规模的译场,由此而产生了译场的制度以及译经的原则和方法,促进了译经事业的更大进步。在这一阶段,译一部经,只有口授、传言、笔受三人,有时口授又兼传言,两人也可。译经程序方面增加了记录梵文、正义和校对这三道手续。而且同一道手续有时又由几个人参加。到姚秦时,由鸠摩罗什领导译场规模很大,经常超过3000人。

这一时期翻译佛经的一个特点是传译和讲习相结合。许多人并非都是直接参与翻译工作,其中不少人是来听译主讲授经义,参加讨论或辩论的。当时的译主不但译经,而且讲经。译经时既要宣讲,则译主必须精通其经,方敢开译。译主的佛学越渊博,名声越卓著,参加译场的"道俗"就越多。正因为译经时有宣讲这一环节,译场上便"疑难纵横","争论问答","交辩文旨",十分热闹,这样也拖长了译经时间。众多的听讲"僧俗"除提出责难、参加辩论之外,还与笔受者同时记录译主讲经的内容。据僧睿《毗摩罗诘提经义疏序》记载:"因纸墨以记其文外之言,借众听以集其成事之说"——译主讲经之语,并非所译佛经的文本,故称"文外之言",笔受记录下来,又集"众听"的"成事之说",整理成义疏。对译文的讲解讨论,反复钻研,使翻译和研究相结合。此阶段的翻译的另一特点是佛经的原本往往不止一种,这就便于相互校勘,使译文更为正确。过去翻译常以于阗、月氏、龟兹等地的

## 第四章 译人译事

胡本为依据，此时期由于去天竺求经者日多，从陆路或海路纷纷传入梵本，便有条件完全按梵本翻译。另一方面，由于梵本不断传入，数量较多，先译哪种，暂且不译哪种，有了选择的余地。事实上从鸠摩罗什开始，译经已经有一定的系统性了。此外，因译出的经典不断增加，佛经的目录也应运而生。

随着佛教在我国得到更广泛的传播，译经事业也越来越兴盛。魏晋时代的译场虽多，仍属临时性的。而到隋代在大兴寺和上林园设置翻经馆，译场成为常设机构。唐朝时期我国更是出现了一位伟大的翻译家玄奘。

唐代的译场已经相当完善，但佛经翻译的过程与从前相比有了明显不同，宗教阐释的过程与翻译的过程被分开了。译场相当大程度地缩小了，一般仅不超过 36 名僧人负责翻译。从公元 6 世纪晚期开始，译场就是这样，甚至包括中国历史上最杰出的僧人翻译家玄奘（602—664）组织的译场也是这样。据《宋高僧传》记载，唐代译场职司有：一、译主，为全场主脑，精通华梵，深谙佛理，遇有疑难，能判断解决；二、证义，为译主的助手，凡已译的意义与梵文有何差殊，均由他与译主商讨；三、证文，或称证梵本，译主诵梵文时，由他注意原文有无讹误；四、度语，根据梵文字音改记成汉字，又称书字；五、笔受，把录下的梵文字音改成汉文；六、缀文，整理译文，使之符合汉语习惯；七、参译，既校勘原文是否有误，又用译文回证原文有无歧异；八、刊定，因中外文不同，故每行每节每章须去其芜冗重复；九、润文，从修辞上对译文加以润饰；十、梵呗，译文完成后，用读梵音的法子来唱念，看音调是否协调，便于僧侣诵读；十一、监护大使，钦命大臣监阅译经。①

宋代虽设译经院，复兴译经事业，但译主仍然借重外人，如天息灾、法天、施护等，都是从印度来的学者，他们所译的佛经偏重于密教典籍，对于佛教的贡献已经不能与唐代所译相比。但是宋代译场制度的完备仍然值得注意。984 年，为了培养新一代译者，曾经设立翻译学校，各地僧院招募数以十计的学生。

翻译过程中产生这些变化的一个主要原因是中国僧人的语言学和宗教学的专门知识的增长。与从前的几乎所有人都可参加译场不同，这一时期的译场在参加人员方面极为挑剔。只有具备特殊能力的僧人或世俗官员才能参加，除了直接负责翻译工作的人员外，所有人都禁止进入翻译场所。每个参与者都有专门职责，专业岗位最多时达到了 11 个。其中，负责"润文"的往往是一个以文字能力见长的政府官员，其他岗位一般是由僧人负责。

然而佛教在印度的衰落也导致政府政策的改变，佛经翻译活动从 11 世纪开始迅速衰落。译场时代结束了，此后的佛教翻译转为个人行为，而非独立的翻译机构的集体行为。

---

① 参见马祖毅：《中国翻译通史》，武汉：湖北教育出版社，2006 年．

翻译文化

## 二、地球是圆的：以地理科学开启的明末清初的科技翻译

16世纪后期到17世纪上半叶，即明朝万历到崇祯的60年间，随着基督教传教士的入华传教，西方的科学技术开始传入我国。在西学东渐的过程中，地理学科对于中国起着某种意义上的先行学科的作用。哥伦布横渡大西洋到达美洲和麦哲伦完成环球航行之后，东西航路的开辟拓展了欧洲人的眼界，促进了欧洲地理学的迅速发展。他们对于地球形状、海陆分布、气候差异以及各国地理情况的认识都走在了世界的前列。

与此时欧洲地理学的迅速发展形成对比的，是中国的"天下"观。中国古代宇宙观念中流行"盖天说"[1]，东汉张衡的浑天说[2]是在盖天说基础上发展起来的。而中国特殊的地理位置又使中国士大夫"自我为中心"的"天下观"创造了一种属于自己的特殊文化体系——夷夏传统[3]。在明末西方地理学知识传入之前，中国对"海外诸国"的认识主要来源于所谓"海客谈瀛洲"的从事中外贸易的商贩和水手以及部分"藩图"。尽管15世纪初，郑和七下西洋的壮举使中国人对世界的认识进一步得到了拓展，出现了《瀛涯胜览》《星槎胜览》和《西洋蕃国志》等详细地记述了30多个国家的风土人情和地理情况的书籍，但遗憾的是这些书籍并没有打破"四海之内"以中国为中心的"天下"意识。

罗马教会派来的传教士初来我国时即发现中国这种传统思想根深蒂固，使他们传布天主教教义颇为困难。中国耶稣会的首任会长利玛窦了解到这种情况并发觉士大夫阶层在中国社会上的地位与影响后，便学习中国古代的经籍，结交官吏，借以取得游历内地和建造教堂的便利。1584年（万历十二年），他在教堂内挂起了世界地图，起名《山海舆地图》，供人观看。西方近代科学中的地理学，最早由此传到了中国。1605年（约在万历三十三年），徐光启撰《山海舆地图经解》，对此图作了文字解释，这是中国人传播西方科学的第一本作品。当天朝大国的臣民发现这个大国只不过占据地球一小部分的时候，可以想象他们所受到的震撼有多大。虽然与耶稣会士接触的大部分士大夫保持了原有的信仰，但这种震撼显然让他们感受到西方学术的先进性，进而使他们的思想发生变化。

地理视界的拓展必然会带来文化眼界的拓展，明末清初的一些士大夫就是从认识世界地理开始，才打破了传统的中国与四夷的天下秩序的旧观念，接受万国并存

---

[1] 即西汉年间成书的《周髀算经》中一种对天的解释：天是一个覆在地上的半球，天地之间相距八万里，北斗星居天之中，雨水落地，向下流到四个边缘，形成边缘的海洋。地的边缘处，天高两万里，天是圆的，地是方的，天像个覆碗，天穹载着日、月，像磨一样由右向左旋转不停。
[2] 见张衡《浑天仪图注》："浑天如鸡子。天体圆如弹丸，地如鸡中黄，孤居于内，天大而地小。"
[3] 所谓"夏"是指孕育于黄河流域的中原地区文明中心，"夷"则是指处于这个中心四周的部族，是不知华夏文明、未受礼仪熏沐的少数民族，依其与中原所处的方位，分别被称为"东夷""西戎""南蛮""北狄"。这些四方的部族，在中国士大夫的眼中，是处在没有声教礼仪的野蛮状态。

的世界意识,用一种平等的眼光来审视中西文化的短长。他们之中的一些人也许对西学并无太多的认识,但由于与异域文化的接触,使他们建立起了一种健康和开放的心态,进而充分理解到自身的缺陷,产生向西方学习的念头,出现各种变革的观念,引起了延续一个多世纪的思想革命历程。

第一部科学著作的译述是利玛窦口述、徐光启笔录的欧几里得《几何原本》(6卷)。该书完成于1607年(万历三十五年)初,并即加以刻印。数学是一门基础科学,由于几何学在中国古代算学中较为欠缺,便首先被翻译成了中文。李之藻在1613年(万历四十一年)将以前跟利玛窦研习和翻译的算学书编辑为《同文算指》一书。由此可见,西方的科学在其引入之初,便同中国古代的科学有一定的结合。

此后李之藻上书朝廷,奏请翻译西方历法和西方科技,可惜没有被朝廷采纳。同一时期,徐光启却动手翻译了《泰西水法》,并会同传教士熊三拔制作了简平仪等多种天文仪器。

1620年(万历四十八年),传教士金尼阁带来了西方书籍七千余部。这些书是欧洲当时大学内文、理、医、法、教、道六个科系主要课程的教学用书,代表着西方近代科学文化的精髓。当时曾有杨廷筠等人希望花十年时间、集几十个志同道合的人将它们全都翻译出来。可惜只是在1623年(天启三年)由传教士艾儒略(Giulio Aleni)撰写了《西学凡》一书,叙述了这些书中的纲要,然亦未引起人们重视。

传教士汤若望曾带来一架望远镜。他在1626年(天启六年)时作《远镜说》,介绍望远镜的光学原理、功能、制作方法和用法。在邓玉函口传下,王征笔述成《远西奇器图说》,这是第一部中国的力学书。书中讲述了比重、重心杠杆、滑车、轮轴、斜面等力学原理与应用方法;还讲到了制造起重用简单机械之类的方法及其用法等。他亦曾自制过一些简单机械。熊三拔翻译《表度说》,讲述了天文学理论和立表测量日影术24节气的原理。传教士庞迪我(Diego de Pantoja)和艾儒略等先后著述和绘制《海外舆图全说》和《万国全图》,对地理学的介绍作了补充。龙华民(Niccolo Longobardi)著有《地震解》,叙述地震的原因、等级、范围、大小、时间和预兆等近代地震学说。由汤若望口授,焦勖笔述,翻译了《火攻略要》,书中有火炮的铸造、安装和使用方法,以及子弹和地雷的制造法等。传入西方历法的工作,则在1629年(崇祯二年)开始。到1635年(崇祯八年),篇幅约180万字的著名的《崇祯历书》宣告完成。

这些科技知识传入中国后不久,明朝就灭亡了。明清之际西方科技知识的传入是在比较特殊的历史条件下发生的。它由传教士出于一定的政治目的与宗教目的带入中国,传入后又只在社会上层的一部分学者文人中传播。因此,在传入知识的本身和所产生的影响上都有很大的局限性。这种局限性既阻碍了西方最先进的科学理论和完整的科学作品的传入，也使已经传入的科学知识没能得到广泛普及，仅只在天文、数学和测绘地图等方面对我国科学发展产生了一定的影响。

## （一）利玛窦的《山海舆地全图》

图 4-12　利玛窦

利玛窦是意大利的耶稣会传教士、学者。其原名中文直译为玛提欧·利奇，利玛窦是他自己取的中文名字，并自号西泰。他是天主教在中国传教的开拓者之一，也是第一位阅读中国文学并对中国典籍进行钻研的西方学者。他除传播天主教教义外，还广交中国官员和社会名流，传播西方天文、数学、地理等科学技术知识。他的著述不仅对中西交流做出了重要贡献，对日本和朝鲜半岛上的国家认识西方文明也产生了重要影响。

1582 年，利玛窦随葡萄牙商队来到了澳门，勤奋学习汉语并了解中国的风土人情、国家制度和政治组织。为了结交中国士大夫，他穿儒装，在住所里陈列欧洲带来的自鸣钟、三棱镜、浑天仪等，并挂上东西两半球全图，吸引来访者。利玛窦还把自己读过的西方哲人关于友谊的名言，以中文写成格言百则，请王肯堂润色后，以《交友论》为书名，于 1595 年在南昌刊印，赠与当时的达官贵人。此书采录了柏拉图《律息斯篇》、亚里士多德《伦理学》、西塞罗《论友谊》、蒙田文集以及普鲁塔克《道德论》等著述中有关友谊的论述。其中也有部分是由利玛窦自拟。[①]

其著译除之前所述的数学方面的与徐光启合译的《几何原本》，还有地理学方面的世界地图《坤舆万国全图》，以及语言学方面的《西字奇迹》（今改名《明末罗马字注音文章》）。

1584 年，利玛窦制作并印行《山海舆地全图》。这是中国人首次接触到近代地理学知识。利玛窦的世界地图从 1584 年起在明末先后刻有不同的版本多达 12 种，其中以 1602 年李之藻刻板的增订吴中明本的《坤舆万国全图》流行最广。这份世界地图采用与 1570 年的奥代理世界地图相同的投影方法进行绘制。为了说明地图的概念，利玛窦特别应用圆锥投影在地图加绘赤道北地、南地半球，注明地球为圆形、南北两极、赤道南北昼夜的长短、五带，以及五大洲的名称：欧罗巴、利末亚（非洲）、亚细亚、南北亚墨利加、墨蜡泥加。此地图标注出欧洲有三十余国，对南北美洲也作了介绍，并以近代科学方法与仪器做实地测量，画出了中国北京、南京、大同、广州、杭州、西安、太原、济南 8 城市的经纬度。其中有关五大洲的观念、地圆学说、地带的分法都对中国地理学有着重要的贡献。五大洲的许多国名、地名的译法

---

① 参见邹振环：《影响中国近代社会的一百种译作》，北京：中国对外翻译出版公司，1996 年，第 1—3 页。

有不少沿用至今，如亚细亚、欧罗巴、罗马、加拿大、古巴、巴布亚、大西洋、地中海、北极、南极等。

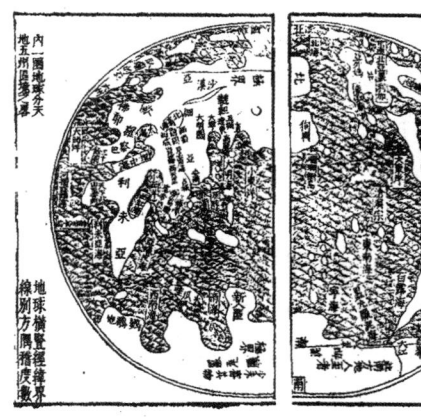

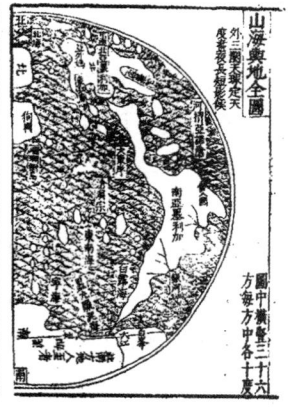

图 4-13 利玛窦绘制的《山海舆地全图》

利玛窦不辞劳苦地一遍又一遍译绘和增订世界地图，当然主要不在于向中国人传播最新的地理学知识，而是希望用这些世界地图来敲开中国士大夫灵魂的大门，以传播天主教的福音。但利玛窦毕竟为中国人带来当时最新的地理概念。确实有不少中国士大夫由于接触了西方地理学图书而逐渐接受耶稣会士带来的这种"世界意识"。这其中的代表人物有徐光启、李之藻、杨廷筠等人。

（二）金尼阁与西书七千部

金尼阁，字四表，原名尼古拉·特里枸特（Nicolas Trigault），1577 年 3 月 3 日生于荷兰弗兰德伯爵领地杜埃（Douai）。1594 年 11 月 9 日金尼阁入耶稣会，1607 年由里斯本启程到印度果阿（Goa），1610 年（万历三十八年，即利玛窦卒年）秋，即在利玛窦逝世后六个多月抵澳门。1611 年初，他经由肇庆抵达南京，真正开始了在中国的传教生涯。

金尼阁抵达北京后，发现了利玛窦的札记，从而着手整理。1612 年（万历四十年），金尼阁奉命回罗马向教宗保禄（保罗）五世（Paulus V，1605-1621）汇报教务。他为了筹备此次返欧报告走遍中国大江南北调查当地教务。返回欧洲后，为了引起西方的关注，他身着中式服装出入于公共场合，以感人肺腑的演讲宣传利玛窦和其他在华传教士们的功绩，并投入极大的热情著书立论。由于他的积极活动，西方当时掀起了"中国热"。大批欧洲年轻传教士申请赴华，其中德学兼备者后来在中国朝廷内担任了显赫职务。

1620 年（万历四十八年）金尼阁与 22 位耶稣会士，偕同教宗赠书 7000 余部再次前往中国。航程中由于船舱内瘟疫传染，海上风暴及海盗侵袭，船只抵达澳门时传教士丧亡过半，这 22 位仅幸存 5 人，其中有瑞士人邓玉函和德国人汤若望。

## 翻译文化

金尼阁第二次来华后，较长时间住在杨廷筠家，并以杭州为中心，到嘉定等地活动。先后在南昌、杭州、开封、太原、西安等地进行传教和译著工作，翻译印制中西书籍。与之前的传教士不同，他致力于向西方世界介绍中国文化。他翻译了《五经》的拉丁文译本，是第一个将译成西文的中国典籍付诸出版的西方人。他在中国学者王征等人的协助下，用西方语音学探讨整理汉语音韵规律而成的《西儒耳目资》，主要是为帮助来华传教士认读汉字，但也是为让中国人了解西文。它在中国音韵学史上具有开拓新领域的作用，《西儒耳目资》事实上也成为中国最早的汉语拼音方案。

金尼阁还是西方人中第一个撰写了系统的中国历史著作的人。他撰写了《中国史编年》，出版了第一册。他还和中国学者张赓一起，将拉丁文本《伊索寓言》选译成《况义》（即寓言）出版，这是这部欧洲古典名著在中国最早的译本。

金尼阁向西方介绍中国文化的力作，还要数他翻译并增写的利玛窦中国札记《基督教远征中国史》。此书在欧洲的一版再版，引起欧洲人了解中国的热潮。1628年，金尼阁在杭州病逝，"西书七千部"介绍给中国知识界的计划流产。后来，李之藻和王征等人零星翻译了其中一些著作，而大部分书籍蒙上尘埃，默默地流失。1938年，北平天主教堂整理藏书楼时发现了"西书七千部"中残余的数百部，其中有哥白尼的《天体运行论》和开普勒的《哥白尼天文学概要》等重要的科学典籍。

### 小贴士

#### 汉语拼音——翻译的副产品

我国原来没有拼音字母，采用直音或反切的方法来给汉字注音。直音，就是用同音字注明汉字的读音。反切，就是用两个汉字来给另一个汉字注音，用两个汉字注出一个汉字的读音。反切是一种传统的注音方式，也是中国古代对汉字字音结构的分析。第一个字为反切上字，表示被切字的声母；第二个字为反切下字，表示韵母和读音。

明朝末年西方传教士来中国传教，为了学习汉字，他们开始用拉丁字母来拼写汉语。

1605年，利玛窦应用他和另外几位传教士拟订的用罗马字给汉字注音的一套方案写了4篇文章，送给当时的制墨专家程君房，由程君房编入所著墨谱《程氏墨苑》中。4篇文章的前3篇都宣传天主教教义，由教会单独合成一卷，取名《西字奇迹》，复制本现存罗马梵蒂冈教皇图书馆（在中国，习惯上把上述4篇文章称作《西字奇迹》）。从这4篇文章的注音中归纳出的拼音方案被认为是历史上第一个用罗马字拼写汉语的方案。

1625年，金尼阁把利玛窦等人的罗马字注音方案加以修改补充，写成一部完整的罗马字注音专书，第二年在杭州出版，叫做《西儒耳目资》，西文名"汉字西语拼音词典"，是最早的汉字拉丁字母注音书籍之一。全书共分为三编：第一编《译引首谱》是总论，第二编《列音韵谱》是从拼音查汉字，第三编《列边正谱》是从汉字查拼音。据他自述，《西儒耳目资》的目的，是为了使中国人能在三天内通晓西方文字体系。金尼阁的罗马字注音方案只用了 25 个字母（5 个元音字母，20 个辅音字母）和 5 个表示声调的符号，就可以拼出当时"官话"的全部音节。这种比"反切"简单容易得多的方法，引起了当时中国音韵学者极大的注意

图 4-14 《西儒耳目资》

和兴趣。有的学者还从中受到启发，产生了中国文字可以拼音化的设想。如方以智在所著《通雅》中说："字之纷也，即缘通与借耳。若事属一字，字各一义，如远西因事乃合音，因音而成字，不重不共，不尤愈乎。"金尼阁大部分的著作为拉丁文，他编的《西儒耳目资》是他唯一的一本中文著作，中国大陆的汉语拼音编辑曾参考此书。

中国人自己的汉语拼音运动是从清朝末年的切音字运动开始的。鸦片战争以后，一些爱国知识分子提出了教育救国的主张。梁启超、沈学、卢戆章、王照都一致指出，汉字的繁难是教育不能普及的原因，因此，中国掀起了一场"切音字运动"。

汉语拼音，又称"汉字注音拉丁化方案"，是我国官方颁布的汉字注音拉丁化方案，于 1955 年至 1957 年文字改革时被原中国文字改革委员会（现国家语言文字工作委员会）汉语拼音方案委员会研究制定。该拼音方案主要用于汉语普通话读音的标注，作为汉字的一种普通话音标。1958 年 2 月 11 日的全国人民代表大会批准公布该方案。1982 年，成为国际标准 ISO7098（中文罗马字母拼写法）。部分海外华人地区如新加坡在汉语教学中采用汉语拼音。2008 年 9 月，中国台湾地区确定中文译音政策由"通用拼音"改为采用"汉语拼音"，涉及中文音译的部分，都将要求采用汉语拼音，自 2009 年开始执行。

## 三、不想当翻译的商人不是好的传教士：马礼逊

马礼逊是西方派到中国大陆的第一位基督新教传教士。他于 1782 年出生于英国北部的一个贫雇农家里，家境贫寒。但马礼逊自小发奋读书，不仅精通拉丁文、希伯来文和希腊文，还初学了一点汉语，此外，他攻读神学、天文学和医学等。16 岁那年，他加入长老会，6 年后，正式成为一名传教士。随后，他接受教会非常严格的训练和培养，期间他还认真去了解和听取其他传教士在国外传教的经验，这为他后

来在中国传教工作的成功提供了借鉴意义。1807 年，马礼逊被伦敦传教会正式派往中国，但在前往中国之前，他取道去了美国，受到美国基督教界人士的接待。美国国务卿对马礼逊志愿代表新教前往中国传教表示支持，并亲笔写信交他带给广州美国商馆，要求为马礼逊到达广州后提供其所需要的一切方便。事实证明，马礼逊的这段美国之旅的确为他敲开中国之门带来非常实际的帮助。当时的清朝政府不仅严令禁止西方宗教的传播，而且还严禁西方传教士入境。另外，政府还禁止华人教洋人学习汉语，违者处以极刑。同时，英国驻广州的东印度公司因担心自身利益受损而对马礼逊的中国之行持敌对态度，进而百般阻挠。幸亏美国领事馆对其伸出援助之手，他借以美国商人的身份入境广州，并得到美国商人的热情接待。美国商馆为其提供食宿，为他聘请中文老师，不仅使其较为顺利地安顿下来，而且为他解决了语言交流上的实际困难。

马礼逊来华之前学了点汉语，但非常粗浅，连应付日常交流都比较困难，更别说阅读与写作。但到中国后，在美国商人为其聘请的中文老师的调教之下，他与生俱来的语言天赋和学习热情使他的汉语水平短时间内突飞猛进。一年过后，他的语言能力改变了原来对他百般阻挠的东印度公司对他的看法，因业务开展的需要，东印度公司长聘他为中文翻译。尽管英国教会不允许传教士从事这类商业贸易工作，但当时的马礼逊急需一份这样的工作，一来可以掩盖其传教士身份，从而可以长居中国，二来可以补贴日常开支，因教会所给予的财务补助十分有限。远在万里之外的英国教会对此也只好听之任之，最终持默许的态度。马礼逊在东印度公司翻译这一岗位上一干就达 25 年。

马礼逊来华的重要使命就是将《圣经》翻译成中文。从 1808 年开始到 1819 年结束，除部分章节与人合作外，他前后花了十余年的时间将《圣经》全文翻译成汉语。1823 年，《圣经》汉语版第一次印刷出版，这是世界上第一部汉语版《圣经》。《圣经》中文全译本的完成是基督教发展过程中的一件标志性事件，作为基督教经典，它的中译本出现，不仅对基督教在中国的传播产生了非常积极的作用，而且对中国近现代文学产生了重要影响。马礼逊的译本也为后来的新教徒从事《圣经》汉译提供了蓝本。马礼逊最早翻译《圣经》，其中最大难题在于一切从零开始，而在翻译的过程中，他确立了一个基本原则，就是要结合中国民情世俗，让基督教的教义变得让中国老百姓易于理解和接受。简单说来，就是将宗教的一些术语世俗化、日常生活化，如"天国""弟兄""福音""使徒"等这些我们当今耳熟能详的词汇均来自马礼逊的译本，马礼逊译本尊重汉文化的特点，使它日

图 4-15 马礼逊

后成为其他人翻译《圣经》的一个重要参考。顺便补充的是，当时的清朝严禁传教士在其境内布道，因此，《圣经》汉译本最初是以小册子的形式在民间偷偷传阅，进而得以广传。

马礼逊在翻译、编排和出版《圣经》的同时，也进行了中国文化经典的翻译。他认为翻译中国经典将有助于西方更好地了解中国，他是比较系统地将中国经典翻译成英文的第一人。1812年马礼逊翻译出版了中国的《三字经》(The Three-Character Classic)、《大学》(The Great Science)、《三教源流》(Account of FOE)、《太上老君》(Account of the Sect TAO-SZU)等。

1823年马礼逊编纂出版了《华英字典》(Dictionary of the Chinese Language)，这是中国历史上第一部英语辞典。《华英字典》(又译为《中国语文字典》)的编纂开始于1808年。马礼逊编这部字典的初衷，是给以后到中国活动的传教士提供方便。东印度公司对这项工作也非常重视，为此拨了12000英镑给马礼逊，并同意由东印度公司设立在澳门的印刷所承担印刷工作。

马礼逊经过7年的艰苦劳动，在1815年出版了该书的第一卷，书名为《字典》。这卷是马礼逊按照嘉庆十二年刊刻的《艺文备览》英译的，书中内容汉、英对照，按汉字笔画分成240个字根排列，书后还附有字母索引。

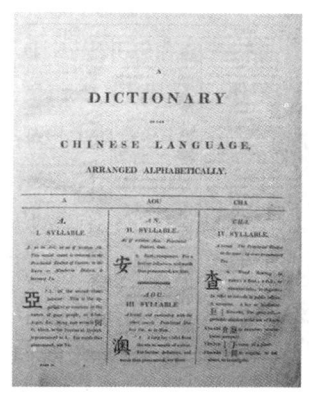

图4-16 《华英字典》

整部字典在1823年出齐，共有6大本，合计4595页，全部由马礼逊独自编纂，前后历时15年。这是中国历史上出现的第一部英汉、汉英字典。

《华英字典》的出版意义远远超越了当时西方学者的想象，它更重要的意义在于，它的出版无意中改写了中国的出版史，无意中揭开了中国现代化出版的序幕，它的出版催生了第一个现代印刷出版机构的诞生，尽管这是在葡萄牙人管辖下的英属印刷出版机构。但正是这一机构的诞生，引起了其他西方列强以及各教会的效仿，纷纷选择在中国设立印刷所、出版机构以强化对中国的文化渗透。随之，清廷与中国的官商、民商也逐渐认识到了现代印刷、出版的力量，间接地推动了中国民族印刷、出版的诞生以及发展。一种迥异于传统的家庭作坊式或官办作坊式的西方现代出版业模式被引入中国。无论是资金运作模式、经营模式、管理模式，还是编辑模式、印刷方式、发行方式，深刻地影响了中国近代出版业的变革。另外，因为印刷《华英字典》，中国输入了第一台现代化的印刷机，制造了第一副中文铅合金活字，第一次用中文铅活字排版，并使用机器印刷，开创了中文图书采用铅活字排版、机械化印刷的现代出版历史，对中国传统的雕版印刷来说都是崭新的。

1818年马礼逊在澳门创办的"英华书院"（Anglo-Chinese College）是近代传教士开办的第一所中文学校，招收华侨子弟前来就读，以培养中国的教牧人才。校内以中英文施教，课程有神学、数学、历史、地理等，马礼逊曾任该院牧师。1825年，该校开始招收女生。鸦片战争后的第二年（1843），"英华书院"迁往香港，1856年停办。传教士在中国办学，为日后创办基督教大学积累了宝贵的经验，是一种跨文化的教育事业。

马礼逊还创办了最早的中文刊物。1815年8月5日在米怜（William Milne，1785—1822）的协助下，他于马六甲创办了《察世俗每月统计传》（*Chinese Monthly Magazine*），这份月刊主要是介绍基督教的教义，也有少量介绍历史、自然科学等方面的内容。从创刊到1821年停刊，共出了7卷。撰稿人有马礼逊、米怜和另一个英国传教士麦都思。最初每期印500本，后来增加到2000本，除在南洋华侨中散发外，还秘密运送到广州和澳门一带散发。它是近代以来以中国人为对象的第一份中文期刊，揭开了中国期刊史的序幕。1832年，马礼逊又和美国传教士裨治文（Elijah Coleman Bridgman，1801—1861）合作编辑英文《中国丛报》（*The Chinese Repository*）。

1820年马礼逊在澳门开设了一家中式诊所，聘请中西医师，以免费医疗服务作为传教的媒介。1827年又增设一家眼科医院。6年以后，他又在广州开设了一家眼科医院，聘请英国东印度公司的医师担任眼科医生。

马礼逊以传教士身份传经布道，将西方的基督文化和宗教精神在异域之邦传播发扬；同时，他还将中国文化传输到西方。单纯从宗教与文化传播的角度来说，他所做的这些有着重大的意义。但是，马礼逊的一切行为都离不开政治的影子，他将中国文化和社会现实介绍给西方，自觉不自觉地为西方政治了解中国开辟了一条渠道。尤其到了晚年，马礼逊主动与西方政治结合。1834年7月，马礼逊受聘为英国驻华商务监督中文秘书兼译员。就这样，马礼逊逐渐成了英国政府了解中国的重要工具。不过，马礼逊就职不久就因病去世了。

## 四、科学翻译的先驱者：林则徐的另一个身份

明末清初耶稣会士虽然给中国士大夫带来了世界最新的科技知识，但是由于中国对传教所采取的严格限制，能够了解到西方地理学成就的中国知识分子并不多，

至于一般人更是未受影响地停留在原有的传统观念上。直到19世纪，晚清道光咸丰之交，中国人与西方人接触时，仅有少数有识之士如林则徐、魏源等人开始注意到西学有其优越之处。但他们基本上仍不把西学看作是与中学对等的学术文化。在当时的知识分子看来，西学只能是"夷学"，其中虽有可取之处，但其地位远不及中国的学术思想。

鸦片战争的失败以及一系列不平等条约的签订，激起了一些思想先进的官员认识世界进而获得西方先进的科学技术的强烈欲望，他们希望通过学习以达到"维新"的目的。鸦片战争的失败也促使清朝政府在19世纪60年代开始推行洋务运动，这也促成西方的科学技术再一次传入中国。随着与西方接触的增加，"西学"一词逐渐取代"夷学"，许多官员及知识分子开始正视西学，视之为可与中学对等的学术思想，并开始探讨应当如何融合二者的优缺点来帮助中国富强。张之洞所提出的"中学为体，西学为用"，便成为晚清新式知识分子们最典型的西学观点。但这批知识分子主要关注的是西方的先进武器以及相关的器械运输和制造等技术领域的东西，认为西学在器物、制度上胜过中学，但在基本的思想道德人心等方面仍不如中国，所以他们并不觉得有必要向西方学习他们的学术思想。因此，在此期间学术思想方面的传入主要还是依靠西方传教士创办的媒体以及洋务机构中为军事目的而译介的书籍来完成。

林则徐（1785—1850），字少穆，福建侯官人。1837年（道光十八年）任湖广总督，翌年奉旨为钦差大臣赴广东禁烟，成效卓著。为掌握对方情况，他专门设立了译馆，及时组织翻译所得西方书刊报纸，积极搜集西方信息。1839年6月林则徐在虎门公开销毁从英、美等商人处收缴的鸦片，同时积极筹备海防，屡次打退英军的武装挑衅。他在任两广总督期间，为积极加强水师力量，非常注意搜集中外多种战船的资料，吸收外国技术。鸦片战争期间，他在南方海域严密设防，迫使英军不得不北上。在对待外国侵略的问题上，林则徐主张"师夷长技以制夷"，要求抵抗侵略，但不排斥学习西方的长处。

图4-17 林则徐

林则徐提出"师夷之长技以制夷"的主张，并提出为了改变军事技术的落后状态应该制炮造船的意见。他亲自组织并主持翻译班子，翻译外国书刊，把外国人讲述中国的言论翻译成《华事夷言》，作为当时中国官吏的"参考消息"；为了解外国的军事、政治、经济情报，将英商主办的《广州周报》译成《澳门新闻报》；为了解西方的地理、历史、政治，较为系统地介绍世界各国的情况，又组织翻译了将美国基督教公理会牧师赠送他的《世界地理大全》，编为《四洲志》，这是近代中国第一部系统介绍世界历史地理类知识的书。该书介绍了世界五大洲30多个国家的地理与历史,内容丰富,是当时最齐备、最新颖的世界地理、历史、风土人情的图书,是近代中国第一部系统介绍世界历史地理类知识的书。

为了适应当时对敌斗争和对外交涉的需要,林则徐让人迅速编译了《国际法》,这在中国国际法学史上是一个划时代的事件。它标志着西方国际法著作开始正式传入中国,标志着近代国际法开始在我国应用于对外交涉,标志着中国近代国际法学史的开端。

魏源（1794—1856）,字默深,是林则徐的好友,与林一样,提倡"经世致用"之说。1843年,他写成《海国图志》初稿50卷,其中除了魏源自己写的经世致用的论著,还有大量介绍外国自然、地理、经济、科学、文化等方面的资料,其中包含了林则徐组织编译的《四洲志》等资料。1847年增补了外国轮船制造、水雷战例、望远镜、火器枪炮及地雷等资料,扩充为60卷出版。1852年又加以编译增修,加入美国、瑞士等资本主义国家的民主政体方面的资料,刊刻100卷本发行。后来康有为发动维新运动时将其作为讲授西学的基础材料,逐渐引起人们的注意。

徐继畬（1795—1873）也是在鸦片战争期间注意搜集外国译编资料的爱国官员。他在福建任职期间着意采访来华的传教士、领事、商人,了解西方各国情况,参考搜集来的外国史地书籍（包括翻译书籍）,记录外国人对外国书籍的口述,并于1844年完成了第一本中国人全面介绍世界地理的书籍《瀛环志略》的初稿。清末许多向西方寻求真理的爱国志士,如康有为、梁启超,就是通过《瀛环志略》一书了解世界的。

林则徐、魏源、徐继畬虽然不通外语,但是较早组织翻译外国资料,为当时同时代的人了解外部世界做出了贡献,他们是我国清末科学文献翻译的先驱,对我国近代史产生了重大影响。

甲午战争以后,由于中国当时面临着国破家亡的命运,许多有识之士开始积极全面地向西方学习,出现了梁启超、康有为、谭嗣同等一批富有世界眼光的思想家。他们向西方学习大量的自然科学和社会科学的知识,政治上也强烈要求改革。这一时期大量的西方知识传入中国,产生了非常广泛的影响。许多人还以转译日本人所著的西学书籍来接受西学。进入民国时期,对当时政治的不满又进一步导致知识分子们提出全盘西化的主张,在五四运动时期这种思想造成了很大的影响。

就翻译出版科学书籍的知识内容而言,清末译书的内容都比较浅显,除少量各学科的经典名著外,大多相当于国外中等教学用的教材的难度。从数量上说,虽然当时出版的科学译著总量很难精确统计,但据有关学者考证,清末73年间约出版2100种,而民国时期的译书保守估计也有10700种左右。[①] 不仅五四运动以后所译科技书籍在数量上几乎是清末的10倍,而且其中不乏各学科的最新专著,即使是教材

---

① 参见黎难秋:《民国时期中国科学翻译活动概况》,载《中国科技翻译》,1999年11月,第42—49页。

也多为高等学校用书。

## 五、不懂外文的著名翻译家：林纾

不懂任何外文，却以译名留芳青史；以翻译谋生，以翻译养家糊口，以翻译济困救贫，更是以翻译弘其家国情怀；译作曾轰动神州，引一时洛阳纸贵，读者争相购买，一睹为快，出版商纷纷争抢与其签约；翻译与介绍包括美国、英国、法国、俄国、希腊、德国、日本、比利时、瑞士、挪威、西班牙等多国语言文字作品，其翻译作品总量多达 180 余部，其中为译中精品的多达数十部……创造翻译史上这一奇迹的就是我国一代翻译名家林纾。

林纾生于 1852 年，卒于 1924 年，字琴南，号畏庐，福建闽县人。父亲早逝，家道贫寒。5 岁在私塾旁听习字学文，自幼嗜书如命，深爱古典文学，他早年博览群书，且爱好广泛，不仅能文能诗，亦善绘画。为人豁达，广交好友。

图 4-18　林纾先生

林纾好古文，年少曾精读欧阳修散文与杜甫诗篇，后通研经、子、史、集，即便唐宋小说亦无不搜括阅读，这对他后来文学风格甚至政治思想的形成影响至深。比如，20 世纪初的新文化运动铺天盖地，轰轰烈烈，深入民心，林纾却高唱反调，1919 年，他甚至撰文讥讽丑化新文化运动的领袖如蔡元培、陈独秀、胡适、钱玄同等一线名流，舆论一片哗然。但林纾性情直率，意识到自己此举偏激之后，遂写信专门致歉。不过我们从中不难看出林纾对传统文化的挚爱之情。林纾的古文功底极为深厚，他也因此谋得北京大学讲席一职。他自己亦十分得意自己的古文才华，自夸"六百年中，震川外无一人敢当我者"。

林纾初涉译事实属意外。1897 年，林纾经历丧妻之痛，很长时间难以从悲痛中恢复，初夏，好友王寿昌等人约其散心解闷。前者师出福州马尾船政学堂，曾留学法国巴黎大学，精通法文。留学期间，王寿昌接触并阅读过大量西方文学名著。归国时，带回多部法国原版小说。聊天之中，王寿昌谈及自己在法国的留学经历，并重点介绍他所了解的法国文学。言谈之间，王表达了自己欲将法国经典文学译成汉语的想法，并盛情邀请林纾与其一起合作翻译小仲马名著《茶花女》。就这样，林纾开始了他自己过去从未设想过的翻译生涯。但林纾不懂任何外文，合作就由精通法语的王寿昌口述原著情节、林纾笔录这样一种奇特的方式进行。据说，王寿昌每日口译一小时，林纾笔录三千字。王口述要意，林则围绕要义精心雕琢文字，以他擅长的古文平铺叙述。因初次涉猎，林纾可谓倾情投入，一丝不苟，希望以文动人，感召读者。林王二人合作不到半年，此书全部译完，取名为《巴黎茶花女遗事》。

1899年2月，该书在福州首版发行。此后这部小说风靡全国，随后各种版本不断出现，计有二三十种之多，"国人见所未见，不胫走万本"，"一时纸贵洛阳"。

林王首译大获成功，"可怜一卷《茶花女》，断尽支那荡子肠"，严复的评价真实地形容了当年林译流行的盛况。林纾自此变得更为自信。这种合作的翻译模式也为他将翻译作为选择提供了切实的保障。当然，林纾的翻译吸引读者的关键是他对原文的灵活处理以及对时下读者阅读心理的准确把握。前面讲过，林纾不懂外文，需借助他人的口述进行翻译工作，而这点在某种程度上恰恰成全了他，他可以完全不受原文句法结构和表达方式的束缚，信马由缰，甚至天马行空，恣意任为。他遵从中国读者的文字阅读习惯和期待对原文进行灵活处理，或删或添，或繁或简，有时甚至完全歪曲原意。但他的译文却很好地满足了读者，因而深受读者欢迎。他与魏翰、陈家麟等曾留学海外的学者合作翻译了180余部西洋小说，其中有许多出自外国名家之手，如英国作家狄更斯的《大卫·科波菲尔德》、英国哈葛德的《天女离魂记》、俄国托尔斯泰的《恨缕情丝》、西班牙塞万提斯的《魔侠传》、法国森彼得的《离恨天》、英国司各特的《撒克逊劫后英雄略》、笛福的《鲁滨逊漂流记》等。

林纾的翻译受读者青睐，他自然也成了出版商的宠儿。出版商、报社、杂志社等都纷纷向其约稿，有些直接向林纾下订单，预付稿酬。据统计，林纾曾先后与20余家书局、报社和杂志社有过业务合作。原本林纾还在京师大学堂担任教职，但随着译事繁忙，遂以译书谋生。的确，比起一般文人来说，林纾的市场价值不菲。有朋友笑言他开了家"造币厂"，由此可见林纾当年的受欢迎程度。

林纾始终不忘一个译者的社会使命。作为中国传统文化的捍卫者，他将自己的爱国情怀诉诸于自己的笔端，他认为翻译可以很好地起到对国民实施教化的作用。在大量译作的序、跋中，林纾往往都要交待自己翻译此书的目的，其中大部分是为了唤醒沉沦的国民。如在《黑奴吁天录》跋与《萨克逊劫后英雄略》序中，林纾警醒国人要"爱国保种"，不要沦落至犹太人"知有家，而不知有国"的悲惨境地；而在《爱国二童子传》译言中，则劝导青年学生应当"归本于实业"，"爱国图强"；在《剑底鸳鸯》序里，他告诉国人，中国"好文而衰"，因此要"振之以武"，等等。在他短暂的翻译生涯中，林纾通过自己的努力，通过翻译西洋小说向中国民众展示了丰富的西方文化，拓宽了人们的视野。他高超的翻译水平和炙热的爱国热情牢固地确立了林纾译界之王的地位。他被公认为中国近代文坛的开山祖师及译界的泰斗，留下了"译才并世数严林"的佳话。

## 六、"物竞天择"：严复与《天演论》

清末民初时期（19世纪40/50年代至20世纪20年代）以鸦片战争为起始点，一直延续到五四运动开始之前。西方列强依靠军事力量打开了中国的国门，中国一些先进的政治家和知识分子也因此而觉醒。在鸦片战争之后，尤其是甲午海战之后，中国先进的知识分子意识到，中国之所以落后，不仅仅是因为科学技术的落后，同时也是社会观念的陈旧所致。

翻译作为一种"师夷长技以自强"的手段，其对象也不再仅仅局限于早期的自然科学著作，而逐渐将政治、经济、法律等西方社科名著纳入其中。

严复（1854—1921）是当时翻译西方社科名著的译者中著述最精、贡献最大、影响也最为深远的译者，被誉为中国近代史上向西方国家寻找真理的"先进的中国人"之一。梁启超认为："西洋留学生与本国思想界发生影响者，复（严复）其首也。"胡适说："严复是介绍近世思想的第一人。"

在商务印书馆、南洋公学译书院、文明书局的支持下，严复先后翻译出版了亚当·斯密的《原富》（1901—1902）、斯宾塞的《群学肄言》（1903）、约翰·穆勒的《群己权界论》（1903）、甄克斯的《社会通诠》（1904）、赫胥黎的《天演论》（1905）、孟德斯鸠的《法意》（1904—1909）、耶方斯的《名学浅说》（1909）、《穆勒名学》（1912）。内容囊括政治、经济、哲学、法律、伦理、社会学等诸多社科领域。

图 4-19　严复

这一时期严复所译赫胥黎的《天演论》在当时的中国掀起了最大的波澜。《天演论》中的核心观点就是"物竞天择、适者生存"："物竞"就是生物之间的"生存竞争"，优种战胜劣种，强种战胜弱种；"天择"就是自然选择，自然淘汰。生物是在"生存竞争"和"自然淘汰"过程中进化演进的。斯宾塞将达尔文进化论观点引入到社会思想体系中，从而形成所谓社会达尔文主义，用来解释社会演进过程。"人欲图存，必用其才力心思，以与是妨生者为斗。负者日退，而胜者日昌。"由于清政府的腐败无能，当时的中国在鸦片战争，尤其是中日甲午战争之后一步步陷入被殖民、被奴役的泥沼，国力贫弱、民生凋敝。要改变这种"落后就要挨打"的局面，就要以强者的姿态出现，就要在竞争中立于不败之地。"物竞天择、适者生存"成为了让中国摆脱国弱民穷状况的一剂良药。

严复在翻译《天演论》和斯宾塞的《群学肄言》过程中，也受到了社会达尔文主义潜移默化的影响。他宣传"物竞天择，适者生存"的自然进化规律，号召国人团结互助，"与天争胜"，奋起抗争。这一思想成为当时救亡图存、维新变法的重要理论根据。在进化论思想的影响下，梁启超在《新民说》一书中提出了如下观点："今日生计竞争之世界，一国之荣瘁升沉，皆系于是。"[①] 和"竞争者，文明之母也。竞争一日停，

---

① 梁启超：《新民说·论生利分利》，《饮冰室合集·专集之四》，北京：中华书局，1989年，第95页。

则文明之进步立止。"① 国家之荣辱与竞争息息相关,文明进步的原动力就是竞争意识。

当时正在求学时期的陈独秀、鲁迅、胡适等人都深受《天演论》精神的影响。陈独秀曾言:"新文化运动要注重创造的精神。创造就是进化,世界上不断的进化只是不断的创造,离开创造便没有进化了。"② 鲁迅对严复也是赞佩不已,说:"严又陵究竟是'做'过赫胥黎《天演论》的,的确与众不同:是一个十九世纪末年中国感觉敏锐的人。"③ 胡适改名为胡适之,暗合《天演论》中"适者生存"这一理念。当然这种影响绝不仅限于少数几个具有进步思想的青年中间。胡适在《四十自述》中说:"《天演论》出版之后,不上几年,便风行到全国,竟做了中学生的读物了。"④ 蔡元培也将当时的盛况生动地记述在《五十年来中国之哲学》中:"自此书出后,'物竞''争存''优胜劣败'等词,成为人人的口头禅。"

## 本章小结

本章讨论了历史上一些重要的翻译事件和译者。在以往的历史叙述中,译者的工作一直是"隐形"的,即当涉及到民族与民族、国家与国家的交流与碰撞时,所有的历史叙述中都很少提到翻译在两者交流时所起的作用,甚至当我们讨论外国文学时,也没有强调过翻译的存在,而是将译文当作原文一样引用和讨论,似乎人类从诞生之日起就是说着同一种语言。而事实上,翻译在破译古文明密码、宗教传播、科学技术进步、意识形态改变中都起着至关重要的作用。整个人类社会的历史是各民族文明交汇碰撞的历史,这其中的每一个环节都离不开翻译。从翻译的角度重新审视历史、挖掘历史中的译者的作用、建立译者的职业自信,才能从本质上理解翻译的重要意义。

## 思考与讨论题

1. 为什么说基督教是建立在译本上的宗教?
2. 举例说明翻译在科学技术发展中的重要作用。
3. 举例说明西方传教士在传播西方文明中的作用。
4. 举例说明中国在19世纪和20世纪对西方科学文化的引进中翻译的重要作用。

---

① 梁启超:《新民说·论国家思想》,《饮冰室合集·专集之四》,北京:中华书局,1989年,第18页。
② 陈独秀:"新文化运动是什么?",载《新青年》第七卷第五号,1920年4月。
③ 鲁迅:"热风·随感录二十五",《鲁迅全集·第二卷》,北京:人民文学出版社,1973年,第14页。
④ 孙晓金:《名人自述·第1卷》,北京:改革出版社,1998年,第1639页。

# 第五章　经典翻译赏析

> 没有翻译就没有世界文学。
>
> ——马悦然

【学习目标】

1. 了解经典作品的翻译对文化传播的贡献。
2. 能够对比分析《红楼梦》两个英文全译本的特色及其反映的中西文化差异。
3. 掌握影视作品片名翻译和字幕翻译的目的和要求，能够赏析某部特定影视作品的片名翻译和字幕翻译，如《功夫熊猫》。
4. 了解"动漫"的含义、内涵及其功能，掌握日本动漫片名翻译的方法及其在大陆和港台的翻译对比，如《哆啦A梦》。

【教学提示】

1. 探讨《红楼梦》的创作背景、故事情节及其反映的社会现实，进而谈论其在世界上的流传和翻译。
2. 以《功夫熊猫》为例，说明影视作品片名翻译的重要性及其翻译原则，通过中外经典作品的翻译赏析引导学生举例分析其他影视作品片名翻译的优劣之处。
3. 回顾日本的经典动漫作品，了解"动漫"的含义、内涵及功能，分析几部日本动漫的片名翻译所使用的方法及其原因，对比中国大陆和中国香港、台湾地区翻译片名的差异及其原因。
4. 了解经久不衰的日本动漫《哆啦A梦》的角色设置及其在世界上的地位和影响，掌握其汉语片名的翻译变迁。

翻译文化

在当今世界，人们对精神文明的追求越来越高，了解各国文化的媒介也越来越多，如文学作品、影视作品、网络传媒等，它们是文化传播的重要途径。文化已然成为一个国家综合国力的重要组成部分，国与国之间的文化交流也越来越频繁。我国一直采取"引进来、走出去"的文化战略，在积极引进西方优秀作品的同时，大力提倡将我国本土文化送出国门走向世界，提高我国文化的国际影响力。文学作品和影视作品作为一种文化艺术和传播文化的重要方式和途径，对推广文化起着举足轻重的作用。日本动漫作为一种特殊的影视作品，自然也是文化交流的重要媒介。谈及文化交流，不能不谈到翻译。翻译是一座桥梁，没有它，各国文化就像折翼之鸟困于笼中。透过翻译，文学作品也好，影视、动漫作品也罢，都能为世界各地人民所学习和欣赏。本章就来欣赏一些经典的文学作品、影视作品及日本动漫作品的翻译。

# 第一节　文学作品翻译赏析

各种文明之间的关系从来都不是对立封闭的，而是对话开放的。中国历史上一次又一次的翻译高峰将国外的优秀文化吸收进本国文化并融入主流文化，使其成为中国文化不可或缺的一部分。中国文学作品的外译，是中外文明对话的重要途径，也是中国文明走向世界的重要窗口之一，承载着文明对话中建构中华文明形象的重要使命。《红楼梦》的英译便是这样一个重要窗口。

《红楼梦》，又名《石头记》，是清代作家曹雪芹创作的章回体现实主义长篇小说，是举世公认的中国古典小说巅峰之作，也是一部杰出的民族文化典籍。两百多年来，这部鸿篇巨著不仅深受中国人民喜爱和珍视，而且在世界文学史上也是异彩独放，具有非常重要的地位。全书以贾、史、王、薛四大家族的兴衰为背景，以贾宝玉、林黛玉、薛宝钗的爱情婚姻故事为主线，刻画了一段凄美动人的爱情故事，折射出18世纪中国封建社会的变迁。《红楼梦》也因其深刻的思想价值和卓越的艺术成就被视为中国封建社会的"百科全书"。《红楼梦》问世后，引起了人们对它研究和评论的兴趣，并形成了一种专门的学问——红学。

## 一、《红楼梦》的翻译

《红楼梦》这部伟大作品既是属于中国的，也是属于世界的。不仅在国内已有数以百万计的发行量，有藏、蒙、维吾尔、哈萨克、朝鲜多种文字的译本，成为家喻户晓的名著，而且已有英、法、德、俄等二十多种语种的摘译本、节译本和全译本。摘译是指译者挑出少量内容进行翻译，19世纪初在海外出现了大批摘译本。节译是指译者翻译大部分内容，但删除一些情节，大量删去诗词内容，有的将原文内容自行编辑，总体规模多则相当于国内120回本的80回，少则相当于40—50回，但基本能反映《红楼梦》的故事情节。全译本在全世界有20多种，其中日文、韩文译本占了大多数，英文译本有2种。《红楼梦》正日益成为世界人民共同的精神财富。在众多外译本中，英译本就有10多种，其英译历程时间悠久，凝聚了不同译者的艰苦努力和心血，是促进《红楼梦》这一中文巨著在西方世界推广流传的主要力量。随着《红楼梦》西文译本的不断出现，欧美各国对《红楼梦》的评价也在不断加深。20世纪70年代出版的欧美各主要百科全书，都已有了曹雪芹或《红楼梦》的单独条目，比如70年代出版的《英国百科全书》

图5-1 《红楼梦》封面

中就有3处提到《红楼梦》，其中"小说"条目中说："中国18世纪的小说，其题材与技巧的丰富多彩，不亚于欧洲，既有社会讽刺、骑士的罗曼史，也有冒险故事。曹雪芹所写《红楼梦》的特色，相似于高尔斯华绥的《福尔赛世家》和托马斯·曼的《布登勃洛克一家》（编者注：这两部作品分别获得了1932年和1929年的诺贝尔文学奖）。"[1]

翻译《红楼梦》是一个异常艰巨的任务，因为小说作者曹雪芹在原著中采用了大量的比喻、隐喻、象征等修辞手法，一个在中文环境下长大的人都不一定能够理解全部的意思，何况翻译成外文给外国人看了。在《红楼梦》的漫漫英译历程中，出现过两种全译本。

一种是由英国汉学家、牛津大学中文教授大卫·霍克思（David Hawkes）和他的学生也是女婿约翰·闵福德（John Minford）的合译本。霍克思翻译了《红楼梦》的前80回，于1973年至1980年由英国的企鹅出版社（Penguin Group）分三卷出版，书名为 The Story of the Stone（《石头记》）。第一卷副标题为 The Golden Days（1973），包括前26回；第二卷副标题为 The Crab-Flower Club（1977），包括第27—53回；第三卷副标题为 The Warning Voice（1980），包括第54—80回。闵福德翻译了后40回，分两卷出版，第四卷副标题为 The Debt of Tears（1982），包括第81—98回，第五卷副标题为 The Dreamer Wakes（1986），包括第99—120回。这是英语世界的第一个《红楼梦》全译本，改变了以往只有节译本的情况，让读者见到全貌，出版后受到普遍欢迎，并多次再版，后又在英、美两国同时出版了精装本。霍克思的译本语言精确优美，几乎是逐句翻译，力图保持原文的风味，在翻译方法上倾向于"交际翻译"[2]，即"试图对译文读者产生一种效果，这效果要尽可能接近原文对读者所产

---

[1] 引自严苡丹：《〈红楼梦〉亲属称谓语的英译研究》，上海：上海外语教育出版社，2012年，第172—173页。
[2] 引自刘士聪、谷启楠：《论〈红楼梦〉文化内容的翻译》，载《中国翻译》，1997年第1期，第16—19页。

生的效果；翻译只注重译文读者，译文读者预想不到译事之难或原文之费解，而是期待译者在必要之处将外语成分尽多地转化到自己的语言和文化之中。"

图 5-2　大卫·霍克思所译《红楼梦》英文版

另一种是由杨宪益和戴乃迭（Gladys Tayler）夫妇所译，书名为 *A Dream of Red Mansions*，由北京的外文出版社出版，全书分三卷，第一、二卷于 1978 年出版，第三卷于 1980 年出版。杨宪益的夫人戴乃迭女士是英国人，他们的中西合璧终于让宝黛的爱情故事为西方人所知、所懂、所爱。这也是迄今为止唯一一部由中国人翻译的英文全译本。总的来讲，杨宪益的翻译风格是充分还原原文中的信息，最大程度忠实于原文，因此翻译较直白，直译方法使用较多。对于《红楼梦》中的很多双关语，杨宪益采取了直译加注释的方法。如对"王仁"这个人名的翻译，中文读者知道它代表"忘仁"，杨宪益译作 Wang Ren（forgetting humanity）。时至今日，杨宪益和戴乃迭的《红楼梦》译本仍是西方学者了解该书最重要的译本。

图 5-3　杨宪益夫妇所译《红楼梦》英文版

## 小贴士

### 翻译家大卫·霍克思和杨宪益

大卫·霍克思1945至1947年间于牛津大学研读中文，1948至1951年间为北京大学研究生，1959至1971年间于牛津大学担任中文教授。他专攻中国古典文学，中文功底深厚，能用中文写旧体诗，也专研楚辞、杜诗等著作，1973年，担任牛津大学All Souls学院研究员。他的重大成就是翻译120回的《红楼梦》全译本，名之为《石头记》，这是英语世界第一个《红楼梦》全译本，也是西方汉学史和翻译界的一件大事。

在1970年，霍克思抓住了和企鹅出版社合作的机会，全面启动了《红楼梦》120回的全本翻译工作，但他面临一个抉择：极其巨大的翻译工作量，日常的教学工作。他知道翻译《红楼梦》是一件开天辟地的大事，因为西方世界还没有一个全本120回的英文版《红楼梦》。最后他做出了艰难的抉择，他不顾经济上的损失，辞去牛津大学中文系主任的教职，开始了10年的译著苦旅，这在国际汉学界引起了巨大的震动，还没有一位汉学家为了翻译中国文化而辞职回家的。

霍克思深爱《红楼梦》，在为其英译本写的"导论"中表示，《红楼梦》是一个伟大艺术家倾其一生心血浇灌而成的作品，如果能把他读这部中国小说时获得的乐趣的百分之一传达给读者，那他就算不虚此生了。因此，他恪守的一条原则就是要把一切都译出来，甚至包括双关语在内。他把《红楼梦》的翻译当成自己的毕生事业来看，表现出了巨大的奉献精神，为中国文学走向世界做出了重大贡献。

图5-4 大卫·霍克思

杨宪益曾与夫人戴乃迭合作翻译全本《红楼梦》、全本《儒林外史》等百余部中国经典名著，被称为"翻译整个中国的人"、中国译界泰斗，在国内外皆获得好评，产生了广泛影响。

杨宪益出生于贵族世家，早年留学英国牛津大学，毕业后赶赴国难毅然回国入川，同他一起回国的是他的英国夫人戴乃迭。戴乃迭是他在牛津大学的同学，是牛津大学第一位中文系学士，是中国香港翻译家协会荣誉会长、英国中国研究会终生会员。她清新脱俗，美丽质朴，热爱翻译，因兴趣相投与杨宪益逐渐走到了一起，夫妻俩双宿双飞地做了一辈子翻译。

杨宪益是把《史记》推向西方世界的第一人；他翻译的《鲁迅选集》是外国的高校教学研究通常采用的蓝本；和夫人合作翻译的三卷本《红楼梦》与英国两位汉

学家（即大卫·霍克思和约翰·闵福德）合译的五卷本（《石头记》）一并成为西方世界最认可的《红楼梦》译本。在长达半个多世纪的时间里，从先秦散文到现当代作品，杨宪益夫妇联袂翻译了共百余种作品，近千万字，这在中外文学史上都极为罕见。2009年9月17日，中国翻译协会授予杨宪益先生"翻译文化终身成就奖"，他是继季羡林先生2006年获得该奖项之后的第2位翻译家。

## 二、《红楼梦》英译赏析

如上文所说，《红楼梦》的英译版本很多，但影响最大也是最值得一提的是大卫·霍克思的英译本和杨宪益夫妇的英译本（以下简称霍译、杨译），两者都是全译本，也是目前被阅读、研究和评价最多的版本。这两大译本各有特色，各有千秋，不分伯仲，在海内外汉学界、红学界都备受推崇。霍氏才华横溢，译本富有创造性、文学性和生动性，达到了英文母语小说的境界，因此在英美世界拥有广泛的影响力。但由于过分考虑译语读者的阅读习惯，疏于严谨，对中国民间信仰不够尊重，将儒、佛、道三教改为基督教，这是霍氏译本的最大问题。杨戴译本产生于国内，杨宪益先生本身就是中国人，传统文化修养极高，戴氏有女性之缜密细腻，一丝不苟，所以杨戴译本的错误率低于霍氏译本，是最为保真的英文译本，但过于缜密，小说翻译的文艺性弱，因而影响了该译著在海外的传播。

下文我们将从文化信息传递、语言风格再现和人名翻译这三个方面来对比赏析这两大译本的特色。

**（一）文化信息的传递**

例1：第6回里刘姥姥说："谋事在人，成事在天。"

霍译：Man proposes, God disposes.

杨译：Man proposes, Heaven disposes.

霍克思将"天"译为God，是因为考虑了读者的宗教背景和接受心理，转换成了基督教徒眼中的自然界主宰者"上帝"；杨宪益、戴乃迭把"天"译成Heaven，是因为在封建时代的中国人们通常把"天"视作自然界的主宰，他保留了原作的道教概念。这两种译法的效果各有千秋，霍译文便于读者理解和接受，杨译文忠实原作。

例2：第24回里贾芸对卜世仁说："即使是巧媳妇也做不出没米的粥来。"

霍译：Even the cleverest housewife can't make bread without flour.

杨译：Even the cleverest housewife can't cook a meal without rice.

这两种译文的区别在于对"没米的粥"的处理。粥是我国居家饮食的一部分，又叫稀饭、水饭等，主要以大米、小米等为主料，添水煮成，西方没有。杨宪益、戴乃迭将其译成a meal without rice，基本符合做粥的要领，而霍克思将其译成bread without flour，把我国传统饮食中的喝粥习惯归化为西方日常生活中的吃面包习惯，虽然便利了目标语读者的理解，但阻碍了中国传统民俗文化的传递。

当然，霍克思也不是通篇译文不考虑源语文化的有效传播，下面这个例子可见一斑：

例3：第17回里贾政带领众人来到一石碣处，随命众人题字，众人建议直书"杏花村"。贾政听了，笑向贾珍道："正亏提醒了我，此处都妙极，只是还少了一个酒幌……"

霍译：

In this case the ancients have already provided the perfect name "Apricot Village".

Jia Zheng knew that he was referring to the words of the fainting traveler in Du Mu's poem：

"Where's the tavern?" I cry，and a lad points the way

To a village far off in the apricot trees.

He turned to Jia Zhen with a smile：

"Yes. That reminds me. There's just one thing missing here：an inn-sign."

杨译：

The ancients had already supplied the most fitting name— Apricot Village.

Chia Cheng turned with a smile to Chia Chen，saying，"That reminds me. This place is perfect in every other respect，but it still lacks a tavern-sign."

两者区别在于霍克思将"杏花村"与"酒幌"之间的关系道出来了，两者来自于杜牧的《清明》一诗："借问酒家何处有，牧童遥指杏花村。"小说中当时在场的众人们都很清楚这点，中国的读者也能想到这句诗，但对于西方读者来说这是盲点，如果不做说明，可能会觉得"酒幌"的出现很突兀。霍克思的做法正是考虑了上述情况，成功地将古诗文化信息传递出去，但也因为增添了解释文字而显得过于直白，没能忠实原文的含蓄和诗意。而杨译文虽忠实于原文，信息不加不减，但没有读过杜牧的《清明》的西方读者很难理解 Apricot Village 和 tavern-sign 的关系，因而也无法体会原文中题写"杏花村"的含蓄和诗意。

（二）语言风格的再现

例1：第3回里描写宝玉和黛玉相会时宝玉眼中的林妹妹是这样的："两弯似蹙非蹙罥烟眉，一双似喜非喜含情目。态生两靥之愁，娇袭一身之病。泪光点点，娇喘微微。闲静时如姣花照水，行动处似弱柳扶风。心较比干多一窍，病如西子胜三分。"

霍译：

Her mist-wreathed brows at first seemed to frown，yet were not frowning；

Her passionate eyes at first seemed to smile，yet were not merry.

Habit had given a melancholy cast to her tender face；

Nature had bestowed a sickly constitution on her delicate frame.

Often the eyes swam with glistening tears;

Often the breath came in gentle gasps.

In stillness she made one think of a graceful flower reflected in the water;

In motion she called to mind tender willow shoots caressed by the wind.

She had more chambers in her heart than the martyred Bi Gan;

And suffered a tithe more pain in it than the beautiful Xi Shi.

杨译:

Her dusky arched eyebrows were knitted and yet not frowning, her speaking eyes held both merriment and sorrow; her very frailty had charm. Her eyes sparkled with tears, her breath was soft and faint. In repose she was like a lovely flower mirrored in the water; in motion, a pliant willow swaying in the wind. She looked more sensitive than Pikan[1], more delicate than Hsi Shih.

1. A prince noted for his great intelligence at the end of the Shang Dynasty.

2. A famous beauty of the ancient kingdom of Yueh.

这段赞文见于宝黛初会时，它描写了林黛玉弱不禁风的病态美和多愁善感的性格。对比两个译文，杨译的语言相对平实，而且语言与原文不是十分对应；霍译非常精致，对仗工整，醒目分明，完美再现原文的结构美，给人一种古雅之感，语体也与原文风格相对应。但是，霍克思的译文美中不足的是没有对"比干"和"西子"做出解释，因为以英语为母语的英国人并不一定知道比干和西子为何许人，在这一点上，杨译更胜一筹，可更有效地将中国的历史文化传播出去。

例2：第1回中，甄士隐因家业破败，急忿怨痛、贫病交攻，走投无路。一天，他拄着拐杖走到街上，突然见一个跛足道人走过来，叨念出一首脍炙人口的《好了歌》：

世人都晓神仙好，惟有功名忘不了！
古今将相在何方？荒冢一堆草没了。
世人都晓神仙好，只有金银忘不了！
终朝只恨聚无多，及到多时眼闭了。
世人都晓神仙好，只有娇妻忘不了！
君生日日说恩情，君死又随人去了。
世人都晓神仙好，只有儿孙忘不了！
痴心父母古来多，孝顺儿孙谁见了？

这首《好了歌》一共四小节，每节的第一句都是"世人都晓神仙好"，第二句都是"惟（只）有……忘不了"，每一节的第一、二、四行都出现"好""了""了"的押韵。虽然采用七言诗形式，但并不讲究平仄和对仗，听起来更像是一首民谣。

霍译：

## Won-Done Song

Men all know that salvation should be won,

But with ambition won't have done, have done.

Where are the famous ones of days gone by?

In grassy graves they lie now, every one.

Men all know that salvation should be won,

But with their riches won't have done, have done.

Each day they grumble they've not made enough,

When they've enough, it's good night everyone!

Men all know that salvation should be won,

But with their loving wives they won't have done, have done.

The darlings every day protest their love:

But once you're dead, they're off with another one.

Men all know that salvation should be won,

But with their children won't have done, have done.

Yet though of parents fond there is no lack,

Of grateful children saw I ne'er a one.

杨译：

## All Good Things Must End

All men long to be immortals,

Yet to riches and rank each aspires;

The great ones of old, where are they now?

Their graves are a mass of briars.

All men long to be immortals,

Yet silver and gold they prize;

And grub for money all their lives,

Till death seals up their eyes.

All men long to be immortals,

Yet dote on the wives they've wed,

Who swear to love their husband evermore,

But remarry as soon as he's dead.

All men long to be immortals,

Yet with getting sons won't have done.

>Although fond parents are legion,
>Who ever saw a really filial son?

在形式和风格上，霍克思译文押韵较杨译文严格，每小节的一、二、四行押韵，也就是 won, done, one，符合原作的"好""了""了"的押韵及意义。Won 和 one 很容易理解，而 done 则是英语词组 have done with（意为"与……了结关系"）的一部分，只是为了押韵将 with 提到句子前头，并用了否定句，表示"割舍不了"。虽然这里的倒装句式可能会影响语句的顺畅度，但整首歌的译文却因此显得非常工整。当读到霍克思翻译的《好了歌》下文的甄士隐与跛脚道人的一段对话时，我们就不会再"嫌弃"诗句中反复出现的 won 和 done 有多么"啰嗦"了，而会忍不住啧啧称奇，拍案叫绝，因为它不仅读起来朗朗上口，而且能够帮助读者更深刻地理解《好了歌》当中的道教观念：

士隐听了，便迎上来道："你满口说些什么？只听见些'好''了''好''了'。"那道人笑道："你若果听到'好''了'二字还算你明白。可知世上万般，好便是了，了便是好。若不了，便不好；若要好，须是了。我这歌儿，便名《好了歌》。"

>Shi-yin approached the Taoist and questioned him, "What is all this you are saying? All I can make out is a lot of 'won' and 'done'."
>
>"If you can make out 'won' and 'done'", replied the Taoist with a smile, "you may be said to have understood; for in all affairs of this world what is won is done, and what is done is won; for whoever has not yet done has not yet won, and in order to have won, one must first have done. I shall call my song the 'Won-Done Song'."

另外，这两个译本在表现原诗主旨即道教的超然态度上也存在较大分歧。霍克思译本带有明显的本土化倾向，将"世人都晓神仙好"译为 Men all know that salvation should be won，"神仙"一词是个道教概念，是中国特有的文化，而译文中的 salvation 一词与西方基督教密切相关，意为"灵魂的拯救"，也就是说，他将《好了歌》理解成了现世享乐和灵魂得救之间的矛盾。王国维在《红楼梦评论》中认为《红楼梦》之精神就是一种解脱之道，所谓"解脱"，用我们现在的美学语言讲便是拯救，或曰终极关怀，和霍氏的"salvation"多少有些相似。[1] 这样的归化翻译有助于读者更好地理解译文，增强译文的可读性和欣赏性，但对于中国道教文化的传播可能会带来一定的障碍。与霍克思译文不同的是，杨宪益、戴乃迭夫妇将"神仙"译成 immortal，它可以指东方神圣，也可指西方长生不死的神，涵义相对比较中性。后文分别用 aspire, prize, dote on 和 won't have done with 这些词语来译"忘不了"，表达欲望之意，也就是说，他们将《好了歌》的主旨理解为人的出世与入世欲念之

---

[1] 引自肖维青：《〈红楼梦〉的「西游记」——〈红楼梦〉英译趣谈，合肥：安徽文艺出版社，2015年，第38—39页。

间的矛盾。

### （三）人名的翻译

《红楼梦》里出现了几百号人物，很难做出准确的统计。要给每一个人取一个名字，而且要取得好、有意味，在小说创作中作者得颇费一番心思。《红楼梦》中好些人物的命名都是利用谐音，隐名埋姓于音，音义结合，暗含双关，妙趣横生。比如小说开篇和结尾都很重要的两个人物：甄士隐（真事隐）、贾雨村（假语存），即"将真事隐去""用假语村言敷衍出一段故事来"，表达了作者的某种创作思想。再如小说中的贾家四姐妹：元春、迎春、探春、惜春，这四个名字中的"元迎探惜"就是"原应叹息"的谐音，揭示了他们的命运。还有很多非主角人物，如詹光（沾光）、卜固修（不顾羞）、卜世仁（不是人）、傅试（附势）、王仁（忘仁）、冯渊（逢冤）、娇杏（侥幸）、霍起（祸起）等等，他们的命名都是根据作者创作故事情节的需要谐音而成，非常形象。

在通篇小说的人名翻译中，霍、杨两个译本都采用了音译法，但也有区别。霍译的音译法是使用汉语拼音转写小说中四大家族的主子以及管家和清客的姓名，例如贾政（Jia Zheng）、贾宝玉（Jia Bao-yu）、林黛玉（Lin Dai-yu）、王熙凤（Wang Xi-feng）、甄士隐（Zhen Shi-yin）、贾雨村（Jia Yu-cun）、薛潘（Xue Pan）等，而杨译的音译法主要用的是威妥玛式拼音法，例如贾政（Chia Cheng）、贾宝玉（Chia Pao-yu）、甄士隐（Chen Shih-yin）等。威妥玛式音标在1958年中国大陆推广《汉语拼音方案》前广泛被用于人名、地名注音，影响较大，但1958年后，逐渐废止。霍克思用汉语拼音拼写中国人名的做法也是符合20世纪60年代国际上提出的人名地名拼写"单一罗马化"的规定的，也就是说，在国际交往中，使用非罗马字母的国家需确定一种统一的罗马字母对人名和地名进行转写。相应地，中国国务院也于1978年批准了将《汉语拼音方案》作为人名地名的转写依据，要求使用汉语拼音转写汉语人名和地名。因此，霍克思的译法对汉语拼音走向世界做出了一定贡献。

但是，《红楼梦》中的人名所包含的意义不是简单的汉语拼音能够传达出来的，因此霍克思对小说中丫鬟、小厮的姓名采用的是意译法，也就是用英文词汇翻译出来，最大程度地将作者赋予人名的意义表达出来，因为这些姓名一般融合了该人物的性格特征、外部形象和生活状态等信息。例如"鸳鸯"誓死不嫁忠心服侍贾母，故译为 Faithful；"平儿"因在泼辣的王熙凤手下当差，须靠忍耐得以存活，所以译为 Patience；原为贾母之婢的"珍珠"被翻译为 Pearl，后因其心地纯良、恪尽职任又被送去服侍宝玉，被宝玉改名为"袭人"，取自"花气袭人"之诗句，因而译为 Aroma（芳香）。杨宪益、戴乃迭夫妇对于意义双关的人名在音译之外也有加注释，方便译语读者理解，例如"甄士隐"被译为 Chen Shih-yin（Homophone for "true facts concealed"），"卜世仁"被译为 Pu Shih-jen（Homophone for "not a human being"），等等，这些都是很好的做法。但杨戴夫妇对于"袭人"的加注有理解错误，译为 Hsi-jen（Literally "assails men"），加注的字面义为"袭击男人"，显然是错误的，正确理解应为上文所述取名之源——陆游诗句"花气袭人知昼暖"。第 11 回中贾琏因巧姐生病，搬到外书房去睡，同厨子之妻多姑娘发生苟且之事，"因这媳妇妖娆异常，轻狂无比，众人都叫他多姑娘儿"。杨戴夫妇将其译成"And because she was such a remarkably good-looking wanton, everyone caller her Miss To."对比之下，霍克思对人名"多姑娘"的翻译真是神来之笔："Because of her pneumatic charms and omnivorous promiscuity, this voluptuous young limmer was reflected to by all and sundry as the Mattress."用"Mattress"（意指"床垫"）戏称一个人尽可夫的荡妇，真是恰如其分。再有，贾府四位小姐的大丫鬟，即元春的"抱琴"、迎春的"司棋"、探春的"侍书"、惜春的"入画"，以"琴棋书画"列名，深谙其中涵义的霍克思将她们的姓名分别译成了 Lutany, Chess, Scrib, Picture，既忠实原文又雅致脱俗。将这些姓名用英语翻译出来，不仅能反映这些人物的特点，还可以反映那个时代普通老百姓的各色生活状态，令人拍案叫绝。

## 第二节　影视作品翻译赏析

在国际上的文化艺术交流中，电影和电视剧都是十分重要的艺术形式。一方面，我们国家大规模地引进外国的影视作品，另一方面，我国的影视作品也在不断地输出到国外，影响力在不断增强。这种日渐频繁的艺术交流使得影视翻译的作用更加突显出来。影视翻译和文学翻译一样，不仅涉及语言转换，还包含文化移植，能传播文化，反映社会和生活状态，使观众获得艺术上的享受。因此，影视翻译要求译文与原片在语言、文化、风格上保持等值，还要考虑观众的期待、审美和接受程度。观众不仅期待译文优美流畅，还要求它能准确、传神地传达原片特有的文化现象和意义深远的文化意象。

影视翻译中谈论最多的当属片名翻译和字幕翻译，它们的翻译质量将涉及到文化交流和商业利益，因此需认真对待。

### 一、片名翻译

电影片名是对电影内容的高度浓缩和概括，它最先进入观众的视野，是观众对电影的第一印象。影视片名的翻译既要符合语言规范，又要富有艺术魅力，既要忠实于原片名的内容，又要体现原名的语言特色，力求达到艺术的再创造。[1] 好的片名

---

① 引自包惠南：《文化语境与语言翻译》，北京：中国对外翻译出版公司，2001 年，第 92 页。

翻译不仅能吸引观众的眼球，还能帮助观众理解电影内容和主旨。从商业效果来看，片名翻译得好，可以对宣传电影和提高票房起着推波助澜的作用。

值得一提的是，在将外文电影片名翻译成中文时，我们比较善用四字结构，言简意赅，朗朗上口，整齐匀称。例如 *A Walk in the Clouds*（《云中漫步》）、*Dances with Wolves*（《与狼共舞》）、*Home Alone*（《小鬼当家》）、*Forest Gump*（《阿甘正传》）、*The Fugitive*（《亡命天涯》）、*The Bodyguard*（《护花倾情》）等。

下面我们再来看几例中外经典电影的片名翻译，以作赏析。

获得 2013 年奥斯卡最佳影片奖的电影 *Argo* 在中国大陆被译为《逃离德黑兰》。Argo 来自于一个希腊神话，其本意是一艘船"阿尔戈号"，该船是由希腊英雄在雅典娜的帮助下建成的，英雄们乘坐此船取得了金羊毛，之后将船进献给雅典娜作祭品被焚毁。电影讲述的是 1979 年美国中央情报局的特工在伊朗发生革命之际，以拍摄电影 *Argo* 为名，成功将美国外交官带离德黑兰的故事。片名译成《逃离德黑兰》很好地概括了主题，切合影片内容。但是该片在中国香港译为《救参任务》，"参"在粤语中指"人质"，但内地观众大多不明白此意；中国台湾将其译为《亚果出任务》，取 Argo 的读音音译而成，但无法表达影片内容主旨，欠妥。

电影 *Waterloo Bridge* 如果被直译为《滑铁卢桥》，观众肯定会认为这是一部与拿破仑有关的战争片，但其实这是一部感人至深的爱情片。该影片描述了第一次世界大战期间，年轻漂亮的舞蹈演员玛拉与青年军官罗伊一见钟情并私定终身的故事。在无意中获悉罗伊战死沙场之后，玛拉痛不欲生，但后来为了生存而沦落红尘。当罗伊再次出现的时候，她因无法面对而又不想玷污他们的爱情和罗伊家族的声誉，于是来到初次与罗伊相识的地方，丧生于车轮滚滚的滑铁卢大桥上。该影片的正式片名为《魂断蓝桥》，"魂断"正暗示了故事的悲剧性结局，而"蓝桥"是中国古时情人聚散之地，是极具中国民族文化特色的，容易使中国观众联想到陕西省蓝田县的"蓝桥相会"的情景，能使他们领悟到这是一部爱情悲剧片。

中国香港电影《无间道》中的"无间"是指无间地狱，出自佛经故事。在这个空间的魂灵将无法轮回，不间断地遭受大苦，"无间道"就是"通往无间地狱的道路"之意。如果直接翻译为 *Avicinar Aka*（无间地狱），对此寓意不明白的西方观众可能会看得一头雾水，因此最后电影片名被译为 *Infernal Affairs*，infernal 有"地狱的，恶魔般的"意思，英文片名即意为"地狱般的事情"，虽说没有"无间道"那么有味道，但也能很好地传达影片的主题：两位主角分别在警察局和黑帮开展地狱般的卧底工作。

电影《卧虎藏龙》被翻译为 *Crouching Tiger Hidden Dragon*。在中国，虎和龙都是充满活力和能量的动物，同时又是正义和吉祥的象征，而西方认为龙是邪恶的生物，但是随着中西文化交流的加深，越来越多的西方人已能明白龙在中国文化中的意义，因此片名翻译保留了 dragon 的字眼和形象，使用了异化翻译策略。后来，事实证明非常成功。

电影《老炮儿》的正式英文译名为 *Mr. Six*。这样翻译的好处是能引起观众对 Mr. Six 身份的好奇：六先生是何许人也？不好之处在于"六先生"不等于影片中的"六爷"，也就是说，"先生"还不够"爷"的张力，更不及"老炮儿"的豪迈和沧桑感。"老炮儿"是北京俚语，指老混混、老流氓，他们脾气火爆，做事不计后果，但一般也不会做出杀人放火的恶行，也不会做坑蒙拐骗这样不仗义的事。外国影评中出现频率最高的对于"老炮儿"的表达是 ex-gangster，而影片中老炮儿确实已不再是当年叱咤风云的混混，现已过着悠闲的胡同生活，因此用 ex- 没有问题，老炮儿当年确实有着一群出生入死的朋友，可以说他是一个 gang 的成员，所以 gangster 也比较合适。但考虑到"老炮儿"的地域色彩，译成 An Ex-Gangster in Beijing 更贴切。

## 二、字幕翻译

观看电影、电视剧是人们日常生活中的一种重要娱乐方式，这也是人们追求精神生活的一种表现。近年来，许多优秀的英文影视作品都受到了广大中国观众的喜爱，如《泰坦尼克号》《阿凡达》《老友记》《生活大爆炸》《功夫熊猫》系列等。这些影视作品之所以能被国内观众接受和认可，字幕翻译起到了不可或缺的传播作用。字幕翻译是影视翻译中的重头，它可以大大缓解观众因听不懂看不懂源语字幕而导致的理解困难。字幕翻译看起来轻松简单，也经常被误认为只是文字语言的转换，但事实并非如此，它还是一个跨文化交际的过程，要求译者把源语文化通过目标语传达给目标观众，帮助他们理解影片中所传达的文化信息。下面我们来欣赏一下《功夫熊猫》系列电影里字幕中的文化信息翻译。

《功夫熊猫》系列电影包括《功夫熊猫1》《功夫熊猫2》《功夫熊猫3》，是由美国梦工厂动画影片公司制作的以中国功夫为主题的美国动作喜剧电影，分别于2008年、2011年和2016年上映。影片以中国古代为背景，其布景、服装以至食物均充满中国元素。《功夫熊猫》系列电影是围绕一只笨手笨脚的面条店学徒熊猫阿宝展开的系列故事。《功夫熊猫1》讲述的是笨拙的熊猫阿宝经历了一系列阴差阳错之后被选去代表它所生活的"和平谷"将邪恶的大龙永久地驱除出去的故事。为了战胜威胁"和平谷"的邪恶力量，阿宝在师父的调教下最终成为了一个拥有着足够的武术技巧、可以打败强大敌人的顶级战士神龙大侠。《功夫熊猫2》中，阿宝成为了神龙大侠后，跟随功夫大师与盖世五侠一起保护着和平谷，过着宁静的生活。然而，好景不长，阿宝面临着一次新的、更可怕的挑战，一个大恶人孔雀沈王爷拥有了一件秘密且强悍的武器，他妄图毁灭功夫、征服中国！阿宝必须回首过去并揭开身世之谜，才能找到打败敌人的关键力量。《功夫熊猫3》接续前作《功夫熊猫2》的剧情，神龙大侠阿宝努力探寻自己的身世之谜，重遇生父，并发现了离散多年的同胞的下落。但就在此时，邪恶力量开始席卷中原大地，妄图残害所有功夫高手，于是，阿宝迎难而上，学着将那些笨手笨脚的熊猫村民训练成一班功夫了得、所向披靡的功夫熊猫。

电影主题是中国功夫，所以充满了中国元素，如功夫、熊猫、太极、书法、庙会、斗笠、宫殿、轿子、包子、豆腐、面条、筷子、山水风景等，都是典型的中国符号，因此在字幕翻译上尽量使用归化翻译策略，最大限度地使用目的语读者可以接受的表达，让中国观众易于理解和欣赏。这种翻译策略主要体现在称谓名称和功夫名称的翻译以及中国古语和网络流行语的使用上，无一不切合中国文化。

（一）称谓名词的翻译

中西方由于不同的社会制度和文化背景，在称谓的使用上也是不同的，西方社会崇尚人人平等，晚辈可以直呼长辈的名字，而中国则对长幼尊卑的划分非常严格，晚辈对长辈不可直呼其名，必须谦卑恭顺，必要时还需使用敬词。《功夫熊猫2》里的几个称谓词翻译均体现出了人物的特征和地位，紧密贴合本影片的功夫主题、时代背景，极具武侠风格。如影片中的第一大反派 Lord Shen 被译为"沈王爷"，既能体现其高贵的出身，又带有一丝阴郁色彩。Dragon Warrior 译为"神龙大侠"，Furious Five 译为"盖世五侠"，都使用了中国武侠剧中对功夫了得的武士的称呼，还有"龟仙大师"（Master Oogway）和"羊仙姑"（Soothsayer）中"仙"气，颇具中国神话气息，翻译得非常贴切形象，符合了中国观众的语言表达习惯，也拉近了观众和电影之间的距离，增强了亲切感。

（二）功夫名称的翻译

一部美国电影以中国功夫为主题，足以说明中华民族的传统文化在世界上的影响力有多大，武术文化受到了世界人民的崇尚。影片中也展现了中国的拳法，如虎拳、鹤拳、猴拳、螳螂拳、蛇形刁手，这些都是中国功夫文化的起源。影片字幕中也不乏经典的功夫名称翻译，如 Feet of fury（旋风腿）、Eight-point acupuncture cuffs（八针连环锁）、Sparrow Kick（麻雀回旋踢），不禁让人回想起金庸和古龙先生的武侠小说中的经典招数，对观众来说具有很强的可接受度。

（三）中国古语的使用

该系列电影反映了中国社会文化生活，因而在字幕的翻译中也常有使用中国的古语、古诗词等。例如《功夫熊猫1》中禅宗大师乌龟说了句"One meets its destiny on the road he takes to avoid it."，颇具禅意。如果简单译为"往往在逃避命运的路上与之不期而遇"则太过直白，较难体现该句的深奥性，而采用古语"子欲避之，反促遇之"或者"欲避之，反促之"，以古语的深邃难懂体现原文的深奥性，恰到好处，能够传达其应有的内涵，使观众回味无穷。乌龟大师说的另一句经典的英语谚语是"There is a saying that yesterday is a history, tomorrow is a mystery, but today is a gift, that is why it's called the present."此句结构工整，present是个双关词，既可表示前文的gift（礼物），也可表示"现今"之意，而译文"昨日之日不可留，明日之日未可知，今日之日胜现金，这就是为什么今日叫'现今'"也完美地再现了原语的语言结构，对仗工整，双关修辞翻译到位，甚为巧妙。

### （四）中国网络流行语的使用

网络流行语是指在一定社会时期广泛流传且能够反映当时的社会文化、风土人情的语言。《功夫熊猫》的三部系列电影里都使用了网络流行语来翻译某些台词，以迎合年轻观众的口味。例如《功夫熊猫1》中熊猫阿宝说"When I was young and crazy"被译为"当我还是愤青的时候"，"愤青"来自于网络流行语，带着浓厚的中国味，表示年少轻狂。《功夫熊猫2》中羊仙姑非常喜欢沈王爷的丝绸衣服，好几次扯着他的衣服摸一摸啃一啃，因此沈王爷怒斥羊仙姑说道"Would you stop that！"，字幕翻译为"走开！你这个'丝绸控'！"，仿照了时下流行的"微博控""手机控"等，表示"不做某件事就觉得少了点什么"的感觉，令人捧腹大笑。还有"Ok，keep it cool，keep it cool"被译为"好的，淡定，淡定。"等等。《功夫熊猫3》里也有好多这样的例子，如阿宝教徒弟失败，沮丧地往回走，这时师父突然出现，把他吓了一跳，他说"Would you stop doing that again？"，翻译为"吓死宝宝了。"，这正是当下年轻人非常流行的网络语言，放在这里一点都不突兀；美美拉着阿宝跳舞时说"Try to keep up."，此句被译为"跟上姐的舞步。"，一个"姐"字非常符合美美热情泼辣的性格；一群熊猫宝宝在厨房里闹腾，猪大婶不屑地说了句"Skittish"被译为"熊孩子"，也是非常接地气。这样的例子不胜枚举。

《功夫熊猫》系列影片是雅俗共赏的好片，题材为中国人所熟知，易懂也有趣，小孩子看了可以励志，大人看了可以从中悟出一些人生哲理。总之，该片是一部成功的传递中国文化的外语片，值得观看欣赏。

### 拓展阅读

## "红学泰斗"周汝昌

周汝昌于1918年4月14日生于天津，是中国红学家、古典文学研究家、诗人和书法家，是继胡适等诸先生之后新中国红学研究第一人，被誉为当代"红学泰斗"。他的红学代表作《红楼梦新证》是红学史上一部具有开创意义和划时代意义的著作，奠定了现当代红学研究的坚实基础。他还在诗词和书法等领域造诣颇深，贡献突出，曾编订撰写了多部专著。周先生于2012年5月31日凌晨在北京逝世，享年95岁。他的女儿按照他的遗愿，不开追悼会，也不设灵堂，让他安安静静地走。

周汝昌先生从小就醉心于文学艺术，少年时常听母亲讲《红楼梦》的故事，后来又从母亲手里看到了古本《石头记》。本已在诗词、书法、戏曲、翻译等领域颇有建树的周汝昌，在著名学者胡适先生的影响下，又步入了"研红"之路。1947年，在燕京大学读书的周汝昌收到兄长周祜昌的信函，说他看到亚东版《红楼梦》卷首有胡适的一篇考证文章，其中有敦诚与敦敏皆系曹雪芹生前挚友的新论说，因此想让周汝昌去燕京大学图书馆查证。周汝昌抱着试试看的心态，查遍图书馆，终于找到了相关史料，在敦敏诗集中发现了一首《咏芹诗》，随后他把这一发现写成了一篇《曹雪芹生卒年之新推定》的文章，引起了胡适先生的注意，他当即写信给周汝昌。自那以后，胡、周两人常书信往来，一起切磋讨论《红楼梦》，这才有了胡、周的师生缘分，也成为了红学史上的一段佳话。

周汝昌因痴迷《红楼梦》，将他的书斋取名叫脂雪轩。痴方能执著且锲而不舍。曹雪芹"十年辛苦不寻常"，创作了《红楼梦》；周汝昌"五十六年一愿偿，为芹辛苦亦荣光"，用了近60年研究《红楼梦》。几十年来，他的研究硕果累累：1953年出版了代表作《红楼梦新证》，以丰富详实的内容将《红楼梦》实证研究体系化、专门化，此书被誉为"红学史上一部划时代的著作"；另一部代表作《石头记会真》是他历经50余年对11种《红楼梦》古钞本的汇校勘本，堪称当今红学版本研究之最。周先生还出版了《曹雪芹》《红楼梦与中华文化》《献芹集》等数十部专著，涉及红学领域的各个层面。尤其是晚年，研究成果呈现井喷的态势，令不少后学钦佩不止。周汝昌先生青年时期双耳逐渐失聪，1975年左眼因视网膜脱落而失明。右眼则需靠两个高倍放大镜重叠一起才能看书写字，后来右眼仅存的那一丝视力也不复存在，创作方式不得已而改成了口述，由女儿兼助手周伦玲转为记录。可以想见，能取得如此丰硕的学术成果，周先生要付出多少艰辛！

周汝昌除了是个红学家，还是个中华文化学家。他对中华文化和学术真理坚守不渝。他在其自传体色彩的著作《天地人我》中这样写道："我喜欢'国货'，喜欢民族风俗，我喜欢民族建筑、民族音乐……对这些方面，也许有些人看我很保守、落后，甚至冥顽不化。不了解这一切，很难理解我为何后来走上了红学道路，为何又如此地执著痴迷，甘受百般挫辱而无悔意，也不怨尤。"周先生一生淡泊名利，生活清贫，一直蛰居在一幢小楼内，过着俭朴至极的晚年生活。他的脂雪轩内陈设简单，唯一现代化的设备就是一台电脑，是他的女儿周伦玲帮他打印文稿用的。但周先生对于物质从来都没有任何要求，只是沉浸于学术研究著述的快乐之中。

"百读红楼百动心，哪知春夜尚寒侵。每从细笔惊新悟，重向高山愧旧琴。只有英雄能大勇，恨无才子效微忱。寻常言语终何济，不把真书换万金。"这就是这位泰斗级红学者的精神写照。

# 第三节　日本动漫作品翻译赏析

提及"动漫",出生于 20 世纪 70 年代之后的人大脑中多少会浮现出一部或者多部喜爱的作品。对于 80 后、90 后以及现在的 00 后来说,动漫,尤其是日本动漫,更是他们童年生活中不可分割的一部分。日本是世界第一动漫强国,其动漫作品的剧情极具创新性和趣味性,发展模式具有鲜明的民族特色,其人物具有非常逼真的亚洲人的美和各种特色鲜明的文化影子,这些都是其他国家动漫望尘莫及的。动漫是日本的第一产业链,在全球没有国家可超越。鉴于日本动漫的特殊性及其在全球地位的重要性,本章专门用一小节来赏析经典的日本动漫作品的翻译,主要是片名的翻译。

## 一、动漫的含义及内涵

20 世纪 80 年代初,我国首次引进了一部深受孩子们喜爱的动画片《铁臂阿童木》。《铁臂阿童木》是由日本现代漫画创始人之一、被尊为"漫画之神"的手塚治虫先生于 1952 年创作的作品。该动画在日本本土连续播放了 4 年,是第一部真正意义上的日本国产电视系列动画,掀起了收视热潮并改变了人们对动画片的态度。此后,我国又引进了家喻户晓的《聪明的一休》,这部经典动画影响了 70 年代的一代人。之后,《圣斗士星矢》《机器猫》(现译为《哆啦 A 梦》)、《灌篮高手》《名侦探柯南》《樱桃小丸子》《蜡笔小新》等动画片蜂拥而至。近年,特别是国际知名导演宫崎骏的系列作品更是深受大家的欢迎和喜爱,掀起了其作品每部必看的现象。如今,日本动漫业已形成一个产业化链条模式,并逐步走向成熟。

那么,何为动漫?动漫是动画和漫画的合称与缩写,它以独特的表现方式在传播媒介的出现和快速发展的背景下,深受全世界小孩和年轻人的喜爱。作为一种起源于日本的流行文化,动漫不仅包括动态的漫画影像制品,还包括静态的漫画杂志和书籍,两者相辅相成、互相融合,并逐渐形成了现在的较为完善的动漫产业链,包括影视动画、卡通产品、网络游戏、海报贴画等等。动漫是通过视觉影像效果,利用静态与动态的图像结合,采用文字语言符号、动作表情等表现方式形成的一种大众化娱乐消费产品。在提供语言知识和语言使用知识的同时,客观地展现了该民族的人文思想、精神气质,对了解一个国家的政治、经济、文化、生活习惯等起着重要作用。

由此可知,动漫文化的内涵包括:第一,它以动漫形象为基础,以现代传媒为支撑,虚拟化特征明显;第二,它是一种消费型的媒介文化、大众文化,其娱乐化、商品化的特征表现明显;第三,结合文化本身所包含的信仰、道德、习俗等内容，具有民族地域化特征。动漫文化的功能包括：第一，政治功能，动漫作品的选材、主题、角色设定、语言行为动作的表达等都具有漫画作者自身的民族特征和地域文化特色，具有强烈的政治民族性和政治传达功能；第二，经济功能，动漫是一种娱乐化的商品，随着动漫产业链的形成，一系列动漫衍生产品的生产和经营销售使得这项功能表现得更加明显，必然给动漫文化产业带来全球化的发展和巨大的行业利润；第三，娱乐功能，借助动漫的虚拟化特征，动漫作品可以表达出夸张的表情动作、风趣幽默的语言、理想化的人物和故事情节，从而达到轻松愉悦的效果；第四，教育功能，动漫文化是一种极具感召力的大众文化，它所传达的价值观和精神品质影响广而强烈。积极健康的动漫作品能够对受众产生积极正面的作用，对他们的价值观、道德伦理、思想行为等产生正能量影响。例如，国内动漫展示的传统道德品质，好莱坞动漫展现的英雄主义与奋斗精神，以及日本动画大师宫崎骏的作品中反映的对社会责任意识和人文情怀的强烈诉求等，都对观众产生了深远的影响。

### 小贴士

#### 宫崎骏

宫崎骏（Miyazaki Hayao，1941— ）是日本著名动画导演、动画师及漫画家。他出生于东京都文京区，1963年进入东映动画公司，从事动画师的工作。1985年与高畑勋（Takahata Isao）共同创立吉卜力工作室，出品动漫电影，以精湛的技术、动人的故事和温暖的风格在世界动漫界独树一帜，受到全世界各种族、各国籍、各文化的各类观众的一致好评。他的动画作品大多涉及人类与自然之间的关系、和平主义及女权运动。宫崎骏在日本动画界占有超重量级的地位，在全球动画界更是具有无可替代的地位，迪士尼称他为"动画界的黑泽明"，《时代周刊》评价他为全球最具影响力的人物。

他导演的动画片有《龙猫》《风之谷》《天空之城》《幽灵公主》《千与千寻》等，都获得票房和口碑双丰收，得到奥斯卡、威尼斯、柏林等国际电影奖项，而他也成为家喻户晓的动画界知名导演。

2013年9月6日下午，宫崎骏召开记者招待会，宣布正式引退。洛杉矶时间2014年11月8日晚，第6届荣誉奥斯卡终身成就奖颁奖礼举行，宫崎骏被授予该项荣誉。2015年2月23日，宫崎骏获第87届奥斯卡金像奖终身成就奖。

## 二、日本动漫的片名汉译

动漫虽为一种特殊的影视作品，但其片名翻译的目的与一般影视作品无异，最终目的都是宣传和销售，从而获得利益的最大化。它的成功与否从某种程度上说关系到

## 翻译文化

整部作品的成败。同样地，在翻译动漫片名时，必须深入了解作品的内容和文化背景，尊重原片名，以及考虑受众者的语言习惯和接受能力，加强片名对观众的影响力。

日语的语言构成相对多样化，不仅包括汉字，还有平假名、片假名及罗马字。众所周知，日本是一个岛国，其语言的发展由于地理位置原因受到一定的限制。一个民族如果长期使用同样的语言，对语言的理解度就会提高，加上信息的共享，已经没有必要用详细的语言来说明事物或事件。在日语中，如果使用冗长语言的话，会被认为是一个反应慢且不善于观察的人，所以在日语中常出现省略的语言或爱用暧昧含蓄的词汇。这也体现在日本的影视作品及动漫当中，如「風立ちぬ」(《起风了》)、「耳をすませば」(《侧耳倾听》)，这些片名省略了格助词、主语等。近年，日语受英语等外来语言的影响较大，并且随着日本动漫的国际化，在动漫片名中出现了很多外来语（即片假名用语）和罗马字，因为对于作者和发行商双方来说，选择英文片名更能顺应国际市场的形势，扩大影响，如「ワンピース」(one piece)(《海贼王》)、「GTO」(《麻辣教师》)等。

在日本动漫作品名的汉译中，有的会采取直译法，如「鉄腕アトム」(《铁臂阿童木》)、「クレヨンしんちゃん」(《蜡笔小新》)、「名探偵コナン」(《名侦探柯南》)、「東京ラブストーリー」(《东京爱情故事》)等，少数会使用音译法。由于汉字是表意文字，使用音译不仅要忠实地表达原文的发音，还要表达正确的含义，因此相对来说使用的频率不高，多出现于以人名或特殊地名命名的动漫当中，如「ドラえもん」(《哆啦A梦》)、「NANA」(《娜娜》)等。另外，也有使用原名移植法的。由于日语本身就有大量的汉字，并且有的日语的汉字与汉语的繁体字完全一致或者相近，所以在能够找到相对应的汉字并不改变原片名的前提下，大多会直接借用原词。原名移植的翻译手法能够体现异域文化特色，更为吸引观众，如「犬夜叉」(《犬夜叉》)、「幽游白書」(《幽游白书》)等。

但也有很多动漫片名的翻译需要用到意译法，对原文不作逐字逐句的翻译，也不拘泥于原文的形式和结构，主要是为了迎合特定观众群的审美情趣，传递独特的文化元素。例如，「ワンピース」(one piece)从字面来看是"一片"之意，在漫画当中寓意为"一个秘密宝藏"。如果直译就会使人感到莫名其妙，而根据片中少年路飞为了成为新的海贼王和小伙伴们踏上征途的整个故事情节着手，意译为《海贼王》就更合情合理，也更能吸引观众。

名导演宫崎骏的大作之一「となりのトトロ」，如果直译为《邻家的totoro》，由于其原名不够响亮，不能立刻引起观众的注意，而且片名当中的"totoro"为何物也不为观众所知。译者根据片中可爱的森林精灵的形象赋予了totoro一个新的名词"龙猫"作为名字，顿时使整部作品生动形象起来，让观众有想象的空间，十分引人入胜。如今，只要一提到龙猫，那可爱的精灵模样就会浮现在众人眼前。

大热漫画「花より男子」(《花样男子》)的片名借用日本谚语"花より団子"而

来。该谚语的原意为"与花相比饭团更重要",即要脚踏实地而不要华而不实之意。作者把"团子"改为发音相同的"男子",就是想表达"与花相比男子更重要"的意思,这也是一种幽默的手法,让人忍俊不禁。中文译为《花样男子》,虽未翻译出原文的幽默感,但也生动地体现了对剧中帅气男孩们的赞美之意。

「一休さん」(《聪明的一休》)讲述的是曾经是皇子的一休不得不与母亲分开,到安国寺当小和尚,并且用他的聪明机智解决无数问题的故事。他用自己的机智和勇气帮助贫困的人、教训仗势欺人的人,让坏人们得到应有的惩治。他的才智常常令大人们佩服不已,更能教会小朋友们许多日常生活的常识。「さん」在日语当中是代表人称谓的统称,相当于中文当中的先生、小姐、女士之类,如果直译为《一休桑》,可能会让观众摸不着头脑,不知道该剧的主题是什么。在前面加上"聪明的"一词之后,则准确地传达出了该动漫的信息与内容,让观众明白这是一部与"一休"这个人物相关的动漫,对年轻的父母和孩子有一定的暗示作用,起到了相应的宣传效果。类似的还有「けいおん」(《轻音少女》)等。

### 三、中国大陆与中国香港、中国台湾的译名比较

由于中国大陆和中国香港、中国台湾的社会制度、文化背景、语言习惯等的不同,翻译理念和方法也存在着较大的差异。同一部动漫影片的译名在上述不同地区也会出现明显差异,有不少学者就此问题进行过研究。燕莉在《英文影视片名翻译的策略》一文中就两岸三地的电影片名翻译的特点进行了分析,指出"大陆的翻译多采用忠实原作品名的翻译方式,很多采用直译方法;香港多采用意译,而且受商业因素影响很深;而台湾则在一定程度上强调影视片名的文化内涵。"[1] 韩媛媛在《论电影片名在中国大陆及港台地区的翻译比较》中指出"大陆的译名尽可能地保留'原汁原味';香港的译名多使用一些诸如'雷霆''魔鬼''致命''激情'的字眼,以满足本土观众寻求娱乐刺激的心理需求;而台湾的译名则喜欢套用固定词汇,如文艺片多冠以'生死恋''真爱''真情'等约定俗成的字眼来吸引观众。"[2]

上述特征在日本动漫作品的译名当中也有所体现。如「鉄腕アトム」在大陆被译为《铁臂阿童木》,而在香港的译名为《无敌小飞侠》,台湾则译为《原子小金刚》。香港的译名当中还经常出现粤语词汇,如「スラムダンク」在大陆译为《灌篮高手》,台湾译为《篮球飞人》,而香港则将"扣篮"这一词语采用粤语方言"入樽"来进行翻译,片名被译为《男儿当入樽》,很有地域特色。

由于香港盛产警匪片和商业爱情片,在动漫片名的翻译上也带有一定的武侠警匪等色彩,并且如上文所提经常加入方言,且更加注重片名的商业价值。但是在台

---

[1] 燕莉:《英文影视片名翻译的策略》,载《吉首大学学报(社会科学版)》,2005年第4期。
[2] 韩媛媛:《论电影片名在中国大陆及港台地区的翻译比较》,载《合肥工业大学学报(社会科学版)》,2008年第8期。

湾，动漫的译名在注重商业价值的同时，更加追求浪漫色彩，特别是少女言情漫画的片名，必定会译为符合台湾人审美观的唯美名称。如上文提及的「花より男子」，大陆译为贴近原文意思的《花样男子》，而台湾则采取了意译的手法，翻译为《流星花园》。漫画「イタズラなキス」，大陆直译为《恶作剧之吻》，而台湾则译为《淘气小亲亲》，可谓"不煽情会死"。

译名的差异是地域差异的产物。从翻译目的论的角度来看，因译名面对的是不同文化体系中的译语观众，其具有不同的文化特点和审美取向，所以采用不同的翻译策略是必然的。从整体来看，中国大陆的思维方式仍趋于保守内敛，在翻译过程当中受到国内文化传统和大环境的制约较多，所以翻译的自我发挥的余地较少。而文化开放的港台地区更加注重商业娱乐价值，因此翻译的自我发挥的余地很大。[1] 所以，直译、音译和意译孰优孰劣可谓各有千秋。直译和音译的优点是忠实于原文，有助于读者理解原作者的思想情感；意译的优点是符合目标语言的语言习惯，让目标语的受众更容易理解和接受。如果单从商业角度来说，意译往往对片名加以大刀阔斧的改动，并同时借用成语、谚语甚至网络语言等来博取眼球，所以生动的意译方式往往比较为死板的直译更被观众接受，特别受到好奇心旺盛的年轻人的欢迎。我们应该看到各种翻译手法的长处和短处，取长补短。在充分理解原作品内容的基础上，结合观众的审美需求和目的语的文化特点以及商业价值进行翻译，才能使译名达到"信、达、雅"的境界，最大程度地满足受众人群的需求。[2]

## 四、动漫《哆啦A梦》赏析

近年来，日本漫画以及动漫作品作为日本文化的重要组成部分，已经受到世界各国的广泛关注。越来越多的年轻人由于喜爱日本漫画而关注日本、学习日语。现如今，漫画和影视动画片之间的关系非常密切，相互作用和影响。一部或一章新的漫画在杂志和图书上刊登不久，就可能在电视或电影上看到同一作品的出现；同样，如果一部在电视或电影上反响良好的动画片，在放映不久就可能出现在漫画杂志或漫画书刊上。在当今世界上，可能还没有其他任何一种大众传播媒介像这两种媒介一样结合得如此紧密。这种相辅相成的模式促进了动画和漫画的发展，并推动了其产业发展、扩张了其产业规模（如动漫的周边产品：玩具、文具、食品、服装等）。在众多动漫作品当中，本文选取一部经久不衰的动漫「ドラえもん」(《哆啦A梦》)作为赏析。

（一）《哆啦A梦》故事简介

「ドラえもん」（中文：哆啦A梦；英语：Doraemon）是日本著名漫画家藤

---

[1] 胡璟艺：《浅析英文电影名在中国两岸三地翻译的区别及特色》，载《海外英语》，2012年第7期。
[2] 韩雯：《试论日本动漫片名的汉译方式》，载《语文学刊外语教育教学》，2012年第12期，第66—67页。

子·F·不二雄[①]笔下最经典的动漫作品,由1969年开始刊登在小学馆面向小学一年级至四年级的学年杂志上,此作品最初定位的观众群是小学生,经过40多年的发展,《哆啦A梦》的接受群体已远远超出了小学生的范围。当首部《哆啦A梦》动画片于1979年在日本播出时,全日本掀起了哆啦A梦的热潮。据日本《每日新闻》的调查报道,在《哆啦A梦》前24部电影作品中,共有7500多万观影者,其中很多家长是看着《哆啦A梦》长大的,如今他们又带着孩子一同观看这个经典角色的新故事。

《哆啦A梦》从一个小学生的视角出发,构建了一个和现实生活中普通小学生相同的身份关系群体。从横向的老师、同学、家长等的任务设定,到纵向的详尽的家族史,《哆啦A梦》非常完整地展现了一个小学高年级学生眼里的社会人物关系体系。[②]

主要出场人物及性格特征:

哆啦A梦:心软、乐于助人、做事很拼、吃不到铜锣烧时脾气会暴躁;
野比大雄:学习成绩差、懒惰、依赖性强、喜欢恶作剧但很善良;
源静香:聪明乖巧、成绩优秀、心地善良、善解人意、有洁癖;
胖虎:情绪暴躁、霸道,是个粗鲁的孩子王;优点是勇敢、有正义感,勇于承担责任;
骨川小夫:欺软怕硬、狡猾、爱炫耀、关键时刻很勇敢;
野比大助:大雄的父亲,普通上班族;
野比玉子:大雄的母亲,标准的家庭主妇。

由此可以看出,《哆啦A梦》的主要角色的人物性格、身份和人物关系的组合设定是具有普遍意义的而不是特别个例,反映的是一个小学生的真实生活环境以及真实心理情感需求。在片中,大雄对父母和老师是敬畏的,对同学有爱慕、害怕还有厌恶的心理,而对自己的小伙伴哆啦A梦却是完全的依赖。这种角色群体设置的逻辑和发生在其中的故事都以真实生活环境为基础,让受众可以很快理解、接受、认同并被吸引。

---

① 《哆啦A梦》最初是由日本漫画家藤本弘和安孙子素雄共同创作的漫画作品,当时两人从各自的名字当中拿出一个字,取了"藤子不二雄"这个共同笔名。1988年两人因为对漫画风格和题材兴趣不同而各自单飞。分开后藤本弘用藤子·F·不二雄作为笔名继续坚持创作《哆啦A梦》系列,而安孙子素雄则使用笔名藤子不二雄A开始创作黑色风格的漫画。
② 叶风:《动画片〈机器猫〉的角色设计》,载《电视字幕(特技与动画)》,2005年第5期,第31—32页。

翻译文化

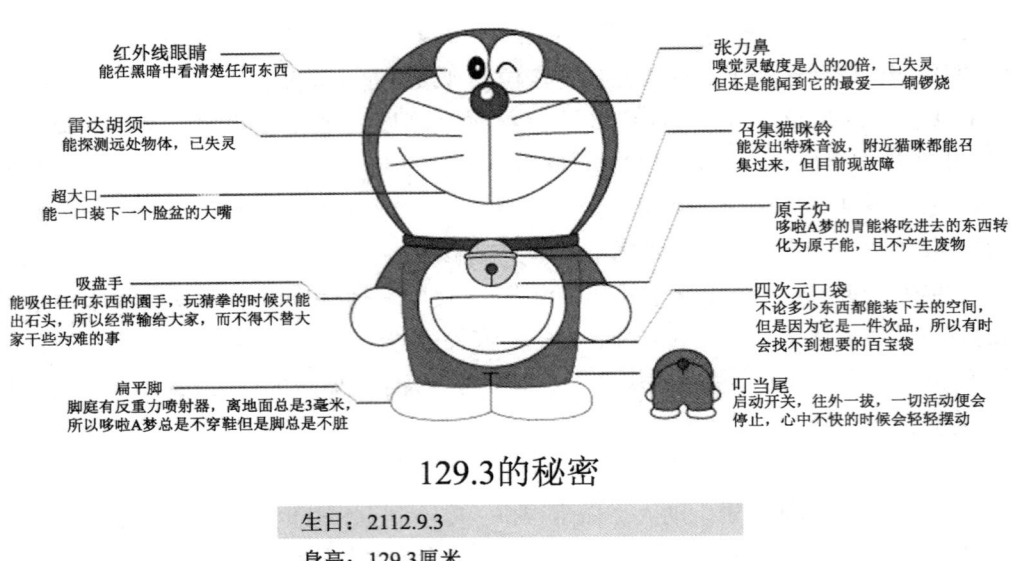

**哆啦A梦各部位说明：**

- 红外线眼睛：能在黑暗中看清楚任何东西
- 雷达胡须：能探测远处物体，已失灵
- 超大口：能一口装下一个脸盆的大嘴
- 吸盘手：能吸住任何东西的圈手，玩猜拳的时候只能出石头，所以经常输给大家，而不得不替大家干些为难的事
- 扁平脚：脚庭有反重力喷射器，离地面总是3毫米，所以哆啦A梦总是不穿鞋但是脚总是不脏
- 张力鼻：嗅觉灵敏度是人的20倍，已失灵但还是能闻到它的最爱——铜锣烧
- 召集猫咪铃：能发出特殊音波，附近猫咪都能召集过来，但目前现故障
- 原子炉：哆啦A梦的胃能将吃进去的东西转化为原子能，且不产生废物
- 四次元口袋：不论多少东西都能装下去的空间，但是因为它是一件次品，所以有时会找不到想要的百宝袋
- 叮当尾：启动开关，往外一拔，一切活动便会停止，心中不快的时候会轻轻摆动

### 129.3的秘密

| | |
|---|---|
| 生日： | 2112.9.3 |
| 身高： | 129.3厘米 |
| 体重： | 129.3公斤 |
| 胸围： | 129.3厘米 |
| 功率： | 129.3马力 |
| 遇见老鼠时起跳高度： | 129.3厘米 |
| 遇见老鼠时跳跑速度： | 129.3公里/小时 |

**图 5-5  哆啦A梦的内部结构和功能**

特别是哆啦A梦这一角色，它没有"阿童木"神气，没有"奥特曼"威猛，也没有"花仙子"漂亮，甚至有些憨萌，偶尔也会急躁、情绪低落、好色（多次偷窥静香洗澡）、贪吃（见到铜锣烧就不要命）、撒谎（经常为了圆谎不得不动用口袋里的法宝），甚至怕老鼠（仿佛老鼠是天敌一般），但它具有普通人的真诚、义气、善良、负责和正义等美好品质。哆啦A梦的角色设置对受众来说是心里期盼的在遇到困境时可以依赖的虚拟形象。它同时具有人、机器、猫的三种特性，三者合一使得它也有性格、脾气、爱恨和缺点等。正是这个特点让受众觉得这一角色是可接近、可理解、可期盼的。它既是可以沟通交流的朋友，又是可爱有趣的宠物，同时也是解救"我"出困境的救星。

哆啦A梦的主要内部结构和功能详见图5-5。依据作者藤子不二雄的解释，129.3厘米是当时日本小学四年级学生的平均身高，选择这个平均身高契合了当时刊登漫画杂志《小学四年级》的读者定位。同时，作者还把哆啦A梦的体重、腰围、遇见老鼠时的弹跳高度及奔跑速度都设为129.3。这些有趣的设置成为孩子们讨论和关注的话题，使小学生们更容易理解和接受，更容易在心理上把角色当作身边的小伙伴，使角色在心理上融进受众者的真实生活。

每年 6 月和 12 月，日本媒体调查公司 Video Research 都会对日本 42 个地区 3 岁至 12 岁的儿童进行卡通形象的认知与好感度调查。哆啦 A 梦连续多年蝉联第一，是"知名度和受欢迎程度最高的卡通形象"。据《朝日新闻》统计，《哆啦 A 梦》45 卷本的漫画已在全世界出版了约 1.7 亿册。

2002 年，美国《时代》周刊评选出 25 位最能代表亚洲形象的"亚洲英雄"，日本共有 5 人上榜[①]：哆啦 A 梦是唯一一位漫画英雄。在哆啦 A 梦的上榜评语中，《时代》周刊这样写道："美国神话学家坎贝尔认为英雄是那些敢于踏上征途、翻越障碍，用某种方式说出我们心中的普遍情感，让我们可以更有所为，变得更好的人。按这个标准，常常浮躁笨拙但却无往不胜、眼神中闪动着永不服输的光芒的肥猫哆啦 A 梦完全符合，它让人们不再抑郁，带来微笑。"最重要的是，"它把就算现在失落也一定能幸福的信息传递给全亚洲"。2008 年，日本外务省任命哆啦 A 梦为日本首位"卡通形象大使"，并举行了盛大的任命仪式，哆啦 A 梦正式成为日本文化的代言人。《哆啦 A 梦》从诞生至今已逾 40 年，虽然偶受非议，同时又面临着后起之秀们的挑战，但始终无人能取代其作为日本国民漫画偶像的地位。

（二）"哆啦 A 梦"译名的变迁

「ドラえもん」这一动漫角色的中文译名从引进之初到现在至少出现了 5 种不同的称谓，下面我们对各种译名进行简单的介绍和分析。

1. 叮当

在「ドラえもん」的初创之时，我国的香港和台湾地区就出现了它的盗版。1992 年「ドラえもん」的正规版本由玉郎漫画（后改名为文化传信）出版，ドラえもん被译为"叮当"。香港地区从 1982 年到 1999 年播放的动漫版「ドラえもん」，作品名同样译为"叮当"，而台湾地区的片名译名更为直白和口语化，译为"超能猫小叮当""机器猫小叮当"等等。这是因为动漫当中的ドラえもん不仅仅是一个猫型的机器人，而且近似一个守护神，有求必应，而"叮当"从文化方面来说在香港地区和台湾地区是一个平安的象征。正是因为这类相似的文化背景，译者才脱离了原片名，采取了"叮当"这个译名。

2. 机器猫

中国内地在 20 世纪 80 年代末期，多将「ドラえもん」译为"机器猫"或"小叮当"。20 世纪 90 年代之后，人民美术出版社取得了日本小学馆的代理权，开始发行「ドラえもん」正版漫画并译为"机器猫"。随后，中国中央电视台也将动漫版「ドラえもん」的片名定为"机器猫"。由于ドラえもん原本就是一个蓝色的猫型机器人，在汉语当中没有完全一致的对应词，考虑到动漫的受众大多数是少年儿童，在引进动漫之初取一个生动亲切的译名很容易激发他们的想象和观赏意欲。内地的

---

① 另外四位是棒球选手铃木一郎、足球运动员中田英寿、电影导演北野武、作家小田实。

"机器猫"这一译名是受了台湾地区"机器猫小叮当"的影响，由于内地没有"叮当"可以祈福这一特殊的文化背景，因此去除了"小叮当"一词，选取了"机器猫"一词。这一译名对于出生在70年代的人来说最为熟悉。

3. 阿蒙

前文提到中央电视台以"机器猫"作为动画片「ドラえもん」的片名，其主角被翻译为"阿蒙"。其中"蒙"取自于和日语发音「もん」非常接近的汉字，而"阿"则出于中国的语言文化习惯，在人名之前放"阿"字来表示称谓的词头，如"阿彪""阿龙"等。由此可以看出，"阿蒙"这一译名不是纯粹的音译，而是音译和意译相结合的产物。

4. 铜锣卫门

20世纪90年代，地方台播放动画片「ドラえもん」时，译名仍然为"机器猫"，但主人公的名字却出现了"叮当""小叮当""机器猫"和"铜锣卫门"这4种。"铜锣卫门"这一译名保留和反映了一定的异域民族特征和语言风格习惯，让受众感受到了一种异国的情调。其中，"铜锣"指的是ドラえもん爱吃的日式传统甜点铜锣烧（ドラ焼き）[①]，而"卫门"是日本旧时常见的人名，与"えもん"发音也相对应，并且「ドラえもん」作者藤子·F·不二雄的许多作品主角都以某某"卫门"为名。"铜锣卫门"这个词对中国人来说既不传神又不达意，所以这个译名并不盛行，知道的人也不多。

5. 哆啦A梦

这是遵从「ドラえもん」的作者藤子·F·不二雄的遗愿翻译的译名。他希望他笔下的这个可爱的蓝色猫型机器人在所有发行地区统一使用同一个名字，即ドラえもん，于是台湾地区于1997年将作品及角色名称音译为"哆啦A梦"，香港和内地也紧随其后。在21世纪初，影视单位也将作品和角色同一更名，自此内地和港台地区统一了译名并开始流行。

采取音译有着更深层次的含义。Doraemon这个名字由Dora和emon两个部分组成，其中Dora有"神赐的礼物"之意，而emon是日语「衛門」的读音，因此Doraemon（哆啦A梦）还可有"守护天使"之意。另外值得一提的是，在"哆啦A梦"之前还出现过"多拉A梦"这个译名。如果用广东话来读"多拉A梦"这个词，"多"和"梦"的发音与日语「ド」和「もん」的发音几乎相同，由于广东话当中没有相当于日语「え」发音的汉字，所以采用英文字母"A"来表示。但此译名用普通话读起来却和日语发音相差甚远，因此，「ドラえもん」最终被译为"哆啦A梦"。

---

① 关于「ドラ」还有另一说法，即「ドラ」并非来自铜锣烧，而是来源于「ドラ猫」（野猫的意思）。因为作者在当初构思作品之时，灵感来源于一只野猫。

这个译名不仅尊重了作者的遗愿，也很好地体现了音译对源语和目的语的尊重①。

## 本章小结

本章对经典文学作品和影视作品的翻译进行了赏析，透过经典作品的翻译了解两种语言背景下的文化及其差异。处于中国古典小说巅峰级别的《红楼梦》，以其作者细致的描写让读者看到了封建社会末期统治阶级的腐败，是中国封建社会没落时期的缩影。英国译者大卫·霍克思和中国译者杨宪益夫妇对该作品进行了全文翻译，对文化信息、语言风格及人名等方面的传译采用了不同的处理方法，除了因为他们语言使用的风格不同之外，还因为他们的翻译目的以及所处的社会意识形态不同。影视作品的中外交流也越来越活跃，它们对于文化的传播，形式更直观更生动。片名的翻译能直接影响受众的观影意向，从而影响影片的票房和成功。字幕翻译质量的好坏也会直接影响观众的理解以及文化因素的传播。

## 【案例分析题】

1. 请对比分析《红楼梦》第16回里的一个句子的两种英译本，你更喜欢哪一种？为什么？

原文：那薛老大也是"吃着碗里的看着锅里的"。

杨译：Hsueh Pan is another of those greedy guys who keep one eye on the bowl and the other on the pan.

霍译：You know what cousin Xue is like：always "one eye on the dish and the other on the saucepan".

2. 《红楼梦》第11回里王熙凤的贴身丫鬟平儿评价调戏王熙凤的贾瑞说道："癞蛤蟆想天鹅肉吃……"请赏析以下两种译文，说说两者在语言风格上的不同之处：

杨译：A toad hankering for a taste of swan ...

霍译：A case of the toad on the ground wanting to eat the goose in the sky ...

3. *Gone with the Wind* 是美国著名女作家玛格丽特·米歇尔（Margaret Mitchell）的长篇小说，它早期的中文书名是《飘》，后来拍成电影，其中文译名为《乱世佳人》。你倾向于哪个译名？请分析你的理由。

4. 1965年上映的美国电影 *The Sound of Music* 大获成功，一举荣获第38届奥斯卡金像奖10项提名并获得最佳影片、最佳导演等5项大奖，它在中国大陆、中国香港和中国台湾三地的中文译名分别为《音乐之声》《仙乐飘飘处处闻》和《真善美》。请分析这三种译名的优点和/或缺点。

---

① 戴丽娜：《日本动漫「ドラえもん」中文译名所体现的翻译策略》，载《浙江外国语学院学报》，2012年第1期，第40—42页。

5. 电影字幕翻译成功的一个重要因素是译者要保持影片中人物的说话风格与其身份特征一致。简·奥斯汀的小说《傲慢与偏见》被搬上荧幕后，出现了多个版本的中文字幕。请对比分析达西（Darcy）向伊丽莎白（Elizabeth）求婚场景中的一句台词的两种汉译本：

原文：It was the lack of propriety shown by your mother, your three younger sisters and even, on occasion, your father.

译文 A：是你母亲、妹妹们和你父亲表现得不得体。

译文 B：令堂和令妹们表现得不得体，甚至令尊也是。

【思考讨论题】

影视字幕翻译的质量参差不齐。根据你的影视观赏经历，你觉得字幕翻译主要存在的问题有哪些？有人说翻译质量差是因为价格低，你怎么看？

# 第六章　翻译专业概况

> 翻译就意味着征服。
> ——尼采

【学习目标】

1. 了解以英国、美国和澳大利亚为代表的国外翻译专业发展概况，能简述其学科特点。

2. 了解中国香港、澳门、台湾地区以及中国大陆翻译专业发展概况，能简述其学科特点。

3. 重点把握我国翻译专业学科建设可以从国外及中国香港、澳门、台湾地区翻译专业学科体系建设中借鉴的经验。

4. 了解翻译服务业的内涵，把握翻译服务业的发展趋势，确立自身发展目标。

【教学提示】

1. 分析以英国、美国和澳大利亚为代表的国外翻译专业教学体系的特点，提出对我国翻译专业教学体系发展的可借鉴之处。

2. 介绍英国、美国和澳大利亚最具影响力的翻译机构及教学机构。

3. 分析中国香港、澳门、台湾地区翻译专业教学体系的特点，提出对中国大陆翻译专业教学体系的可借鉴之处。

4. 解释翻译服务业的概念，分析行业发展现状及未来对人才需求的发展趋势。

翻译在不同语言、不同生活习性的人开始交往的蛮荒时代就已经发生。最早的翻译实践活动可追溯到上万年前，人类之间开始使用不同语言进行交流之时。至今

翻译文化

西方已有两千多年有文字记载的翻译活动，我国有文字可考的译事始于周朝，据今也有3000年的时间。翻译活动的历史虽然悠久，但是翻译的职业化却是最近100年的事。1919年巴黎和会首次打破了法语在国际会议和外交谈判中的垄断地位。1945年联合国成立，同声传译最终成为联合国的口译工作模式，并在国际上被确立为一种专门职业。然而，翻译在我国正式成为高校本科专业却是最近十几年的事。在此之前，翻译仅作为专业方向存在于大学教育中。

在我国高校，翻译被在正式列入本科专业目录始于2006年，广东外语外贸大学、复旦大学和河北师范大学获教育部批准，试办翻译本科专业（BTI）。2007年设置首批翻译硕士（MTI）试点教学单位15所。至2017年，全国共有253所大学开设本科翻译专业，205所大学开设翻译硕士专业。翻译专业在我国起步较晚，国外一些起步较早的翻译专业的建设发展的理念和经验值得我们借鉴，同时，在中国具体教育环境下，如何形成根植于本土文化、与社会发展相协调的翻译专业，是我们需要认真思考并走出自己创新之路的一个课题。

## 第一节　国外翻译专业发展掠影

### 一、英国翻译专业建设概述[①]

英国从20世纪五六十年代开始了正规的翻译教育。目前，英国翻译学科的教学呈现出以下几个特点。第一，授课模式多元化。除远程教育外，还有全日制、非全日制、"三明治式"课程，即课程学习与工作交替进行，利用工作闲暇接受训练。第二，人才培养多样化。英国大学翻译学科的人才培养类型灵活多样，根据学生意愿和社会对人才的不同需求，分为三种类型：应用型、学术型、混合型。第三，口译笔译协调化。翻译学科可以大体分为笔译方向和口译方向。英国大学翻译学科在这两个大方向上发展比较均衡协调。第四，专业方向具体化。英国大学的翻译学科在专业划分上，不仅仅局限在传统的口译、笔译、翻译学等专业上，还有很多具体的专业方向，如会议口译、社区口译、商务翻译、字幕翻译、医疗翻译等。

英国翻译学科的研究也发展良好，呈现出以下几个特点。第一，翻译学科交叉发展。英国大学的翻译学科发展不仅局限在自身领域，而是与其他学科联系在一起，互相渗透，多学科交叉发展，出现了翻译与语言学、文学、文化、计算机、媒体、商务等的结合。第二，翻译软件支撑发展。英国大学翻译学科的研究发展有各类软件作支撑，其中比较普遍的是语料库语言分析和计算机辅助翻译（CAT）两类软件。

---

[①] 本节数据引自郑淑明、李学颖：《英国翻译教学与研究概览》，载《中国翻译》，2014年第2期，第48—51页。

第三，翻译协会蓬勃发展。目前，英国已经拥有很多翻译协会，一方面维护翻译工作者的利益，一方面保证译员的翻译质量，规定翻译界的规章制度。其中，最有名的是英国翻译协会（ITI）和英国特许语言学会（CIOL）。第四，翻译行业飞速发展。近些年，英国大学为社会输送大量翻译人才，英国政府对翻译愈加重视。从 20 世纪 80 年代起，英国翻译行业有了飞速发展。

英国是一个翻译大国，也是翻译强国。在翻译教学方面，英国具有多元化、具体化、多样化、协调化的特色；在翻译研究方面，英国具有多学科、强软件、多协会、强行业的特色。英国翻译教学和研究概况对我国翻译专业建设有一定的启示作用。比如在翻译教学方面，我们要加强师资力量建设、突出特色分支教学、注重汉语文化课程；在翻译研究方面，我们要发展多种交叉学科、扩大软件建设投入、增强协会对翻译质量的重视。

## 小贴士

### 英国利兹大学翻译学中心

利兹大学（The University of Leeds）是英国的顶尖学府，在教学和科研方面享有世界级声誉。利兹大学历史悠久，其前身是 1831 年的利兹医学院，1904 年获批成立为独立的大学。经过一个世纪，利兹大学已经发展成为世界知名学府，至今共培养出 6 位诺贝尔奖获得者，以及包括张国荣在内的众多著名校友。

利兹大学现代语言文化学院下设翻译学中心，是英国历史最悠久的顶尖高级专业翻译学系之一，在全世界享有盛誉。专家团队组成学校的师资力量，传授英语与其他 10 种语言的互译技巧，包括汉语、阿拉伯语、法语、德语、意大利语、葡萄牙语和西班牙语等联合国和欧盟主要工作语言。利兹大学翻译学中心的教学以未来学生职业发展需求为导向，培养学生成为真正的专业口译、笔译及声像翻译实用人才，具有很强的专业针对性，同时也培养学生掌握一定程度的翻译理论基础。翻译硕士专业包括会议口译硕士（MA Conference Interpreting & Translation Studies，MACITS）、应用翻译硕士（MA Applied Translation Studies，MAATS）、声像翻译硕士（MA Audiovisual Translation Studies，MAAVTS）、职业语言及跨文化交际硕士（MA Professional Language and Intercultural Studies，MAPLIS），并设有翻译学博士（PhD in T&I Studies）。其中，会议口译硕士专业得到 AIIC（国际会议口译协会）的认可，与欧盟等国际组织积极合作，为学生提供最先进的资源和培训项目。中心专业设置非常灵活，学生可自主选择所学科目。利兹大学翻译学中心的很多学生毕业后被大型国际企业、政府机构以及国际组织录用，其中包括英国广播公司（BBC）、联合国（UN）、世界银行（World Bank）、世界贸易组织（WTO）、SAP 软件公司等。

> 小贴士

### 英国特许语言学会

英国特许语言家学会（Chartered Institute of Linguists，CIOL）是一个享誉全球的国际权威学术组织。该学会成立于1910年，总部设在伦敦。英国特许语言家学会中国考试中心是皇家特许语言家学会在中国大陆地区设置的唯一的专门性考试服务机构。高级翻译文凭（Diploma in Translation，DipTrans）是英国特许语言家学会推出的全科性质的翻译资格证书，号称国际翻译界的"金文凭"。文凭持有者可以据此在英国、加拿大、澳大利亚、新加坡、中国香港以及其他太平洋国家和地区的相关政府部门登记注册，从事专职翻译工作，也可以据此在欧美发达国家许多重点院校进一步深造，以及在英国许多重点大学冲抵学分，免修研究生学位主干课程。与此同时，它还是加拿大、澳大利亚、新西兰等国技术移民的首要选项。

## 二、美国翻译专业建设概述[①]

美国的翻译研究历史并不长，最早始于20世纪初。由于美国民众的孤立主义和中心主义思想根深蒂固，对外国文化不屑一顾，也不重视外语的学习。因此，翻译历来不受重视，被认为是外国移民的事情。直到第二次世界大战后，政府及民众才意识到美国中心主义和孤立主义的问题，翻译研究才逐渐受到重视，并取得一定进展。

美国最早的自成体系的翻译教学机构为1955年在加利福尼亚的蒙特雷成立的蒙特雷外事研究学院。该学院提出了一项广泛的笔译和口译规划，并为文化交流、语言及国际研究提供研究生学位，培养学员进行汉语、法语、德语、俄语和西班牙语的翻译工作，强调所学习语言的熟练程度和对其他国家及其文化传统的了解。

20世纪70年代，美国翻译教学继续得到发展。耶鲁大学、普林斯顿大学、哥伦比亚大学、得克萨斯大学、宾厄姆顿大学等都先后开设了翻译研讨班和翻译课程，并对从事文学翻译、翻译史和翻译理论研究的学生授予学位。1975年，在后来当选为美国文学翻译工作者协会（ALTA）会长的M. William的主持下，阿肯色大学设立了文学翻译硕士学位。这也是美国较早授予翻译硕士学位的高校。

从20世纪80年代起，美国部分高校开始设立翻译培训项目，用于培养专业口笔译人员及开展口笔译人员活动，美国的翻译教学及其研究也取得丰硕成果。美国已经形成三个非常有影响力的翻译研究中心，即蒙特雷国际研究院、乔治城大学和纽约州立大学。在不少高校，一些专门的翻译研究机构逐渐形成，旨在培养从事翻译

---

① 本节数据引自金玲：《美国高校的翻译课程教学研究》，载《教育评论》，2012年第2期，第165—167页。

研究和高层次的翻译人才，并授予翻译专业硕士及博士学位。某些高校还在翻译研究的特定领域具备较强的实力，或在翻译人才的培养方面具有一定的特色。

美国高等院校的翻译专业特色明显，其翻译课程设置具有专业化、特色化、系统化的特点，其翻译教学能以学生为中心，以社会需求为导向，充分利用翻译工作坊，培养出色的译员。此外，翻译教学研究备受重视，翻译教学者们通过研究译员的翻译思维，为有效的翻译教学提供了重要的信息和视角。

我国的翻译教学可以借鉴美国经验。首先，翻译教学应该结合学校的办学特色，开设一系列适于专门用途的英语课程，将翻译教学与计算机、医学、法律等专业结合，达到培养高端翻译人才的目的，又能提升整个学校的办学品位。其次，我国翻译教学应改变传统做法，以学生为中心，甚至可以模拟美国翻译教学的方法，建立翻译工作坊，师生共同探讨翻译的规则与艺术。最后，应重视翻译教学的研究，以研促教，提高翻译教学的有效性，并不断探讨培养翻译高层次人才的翻译教学新途径。

## 小贴士

### 美国蒙特雷国际研究院

蒙特雷国际研究院（Middlebury Institute of International Studies at Monterey，MIIS）成立于1955年，前身为蒙特雷高级翻译学院，2015年改名为蒙特雷国际研究院，专业特色是国际政治、环境政策、国际商务、语言教学、翻译和同声传译。语言教学和口译、笔译专业堪称世界最强。

蒙特雷国际研究学院下设"翻译及口译研究院"（Graduate School of Translation, Interpretation, and Language Education），与巴黎高等翻译学院、英国纽卡斯尔大学口译学院并称为世界三大顶级翻译学院。蒙特雷是国际一流的口笔译专业培训中心，也是美国为数不多的可授予硕士学位的翻译学院，不仅培养了外交、商贸、科学等领域的顶级翻译人才，也为联合国、欧盟以及各个国家政府机构培养了大批优秀的专业翻译人才，涉及语种包括中文、法语、德语、俄语、西班牙语，以及日语、韩语7大语种。设有翻译硕士（Master of Arts in Translation，MAT）、翻译及口译硕士（Master of Arts in Translation and Interpretation，MATI）、会议口译硕士（Master of Arts in Conference Interpretation，MACI）和翻译及本地化管理硕士（Master of Arts in Translation and Localization Management，MATLM）4个硕士学位。为了培养译员的综合素质，蒙特雷不仅设置了培养基本功的双语听说口笔译课程，同时开设了涉及贸易、法律、商务、语言文化、国际政策等包罗万象的全方位背景知识课程。全面的课程设置以及强化的实景训练使蒙特雷的学生能够在短期内迅速提升口笔译能力，并受到联合国、欧盟以及各大国际组织、政府机构的青睐。

## 三、澳大利亚翻译专业建设概述[①]

澳大利亚自身多元文化的特点促使其国内翻译需求旺盛，从而形成了独具特色的翻译教学体系。朱锦平（2009）通过调查澳大利亚19所大学和学院网页上的翻译教学课程设置，认为澳大利亚翻译教学体系具有以下特点：

第一，学制灵活，培养模式多样，职业教育和学位教育相互衔接，互为补充。澳大利亚的翻译教学项目可分为三大类型：学位项目、文凭项目和证书项目。这些项目得益于澳大利亚的高等教育体系：大学和遍布全国的职业技术进修学院（Technical and Further Education，TAFE）相结合的模式使得翻译人才培养模式多样化，不同等级的教学项目定位也各不相同，基本可以满足各层次学习者的需要。值得一提的是，在调查的19所院校中，TAFE学院就占了9所，这在很大程度上说明了翻译职业教育的地位。能够进行翻译教学的TAFE学院提供的均为证书或文凭项目，学生在取得证书或文凭后可以申请更高一级的学历，可以开设翻译专业的大学基本上既提供学位项目，又提供证书或文凭项目。

第二，课程设置结构合理，内容丰富，专业导向明确，特色鲜明。在澳大利亚，各个项目的课程设置各有不同，但都是根据自身的专业方向和定位对课程进行量身定做。口笔译技能和专业定位有机融合，提供不同的培养途径。比如会议口译硕士和口笔译硕士教学是培养高级口笔译人才，更强调以实际职业为导向。课程基本涉及三大模块：口笔译技能培养和实践模块、口笔译理论模块、相关百科知识模块。核心口译课程着力培养口笔译技能，有些项目中还包括社区口译、法务口译、医疗口译等专门课程。而翻译研究硕士专业侧重培养翻译研究人才，课程设置更为强调学术研究能力的培养。在核心课程设置中，既有口笔译技能的培养模块，也有口笔译理论、语言学知识、科学研究的方法等课程。

第三，课程设置与考试认证体系紧密结合，翻译市场规范有序。在澳大利亚，译员若想从业就必须经过专门机构的认证。这一要求对规范翻译市场，促进翻译职业健康发展功不可没。成立于1977年的澳大利亚国家翻译人员认证署（National Accreditation Authority for Translators and Interpreters，NAATI）是澳大利亚唯一官方认可的职业口笔译资格认证机构。在澳大利亚，职业翻译认证考试不涉及具体专业领域，在全国范围内都得到了接受和认可。澳大利亚的翻译项目课程基本都与NAATI密切挂钩，翻译课程在入学要求、课程目标、课程安排上经常可以看到与NAATI标准有关的描述，例如课程设置属于准口译级别或初级职业口译级别，学生在学成后可以参加相应级别的认证考试。

澳大利亚的翻译教学体系虽然并非完美无缺，但它还是可以给国内翻译教学界

---

① 本节引自朱锦平：《从澳大利亚高校的翻译教学看专业化翻译教学体系的建构》，载《解放军外国语学院学报》，2009年第5期，第76—80页。

带来一些启示的，特别是其非高端的翻译教学。培养模式专业化、课程设置多元化、评价机制规范化、翻译教学的良性发展关乎整个翻译行业的未来。通过对澳大利亚翻译教学项目的考察，可以发现其在学制安排、专业设置、认证考试等方面的一些优点，这对我国翻译专业的专业化、多元化和规范化建设都有积极的启发作用。

### 小贴士

#### 澳大利亚麦考瑞大学翻译学专业[①]

麦考瑞大学位于澳大利亚悉尼市，建于1964年，是澳大利亚排名前10的大学之一，以其优异的教学成果、灵活的教育体制、一流的科研水准享誉国内外，吸引世界各地的优秀学生前来求学深造。

硕士课程（Master of Translating and Interpreting）是麦考瑞大学语言学系一门著名的专业学科，也是麦考瑞大学的优势专业之一。麦考瑞大学翻译学专业共授两个学位：1年制的研究生证书学位和1.5年学制的硕士学位，主要有翻译硕士、高翻硕士、会议翻译硕士、翻译教育学、翻译及国际关系双学位、翻译及语言学双学位等。

麦考瑞大学翻译专业课程设置严谨，注重整体性，但不乏灵活性。以翻译硕士课程为例，该课程主要涉及翻译理论、口笔译实操、演讲技巧、翻译研究方法、写作技巧等基本课程，必修课程辅之以大量选修课，在向学生讲授翻译基本知识的同时，拓展学生对专业相关知识的积累，提升其跨文化交际能力。授课采用大班讲座（Lecture）和小班授课（Tutorial）两种模式，面向学生毕业后的从业需求配置教学资源，培养学生各项翻译素质。

麦考瑞大学翻译专业的教学特色是以实践教学为主导，比重占总授课量的70%，理论占30%，教学内容涉及政治、商业、教育、医疗、经济、军事、移民等，旨在培养学生全面广泛的口译、笔译技能，强化学生在诸多行业领域的翻译实践能力。该专业的所有授课课程都得到了澳大利亚国家翻译人员认证署（NAATI）的认可，麦考瑞大学已经取得在本校安排并进行NAATI考试的资格。

### 小贴士

#### 澳大利亚国家翻译人员认证署

澳大利亚国家翻译人员认证署是澳大利亚唯一的翻译专业认证机构，在世界上也享有声誉。澳大利亚也是世界上第一个在翻译领域建立国家级认证的国家。NAATI

---

[①] 本小节内容参考张志勇、郑义：《澳大利亚翻译人才培养对我国MTI教育的启示》，载《沈阳师范大学学报（社会科学版）》，2016年第40期第1卷，第149—152页。

翻译文化

每年举行一次年度考试（Annual Test），根据规定，下列人士有资格参加三级笔译考试：持有大学本科（degree）或专科（diploma）毕业证书者；有二级翻译资格者；有相关工作经验者（有雇主证明）；大学在校学生即将完成学业者（最后一学期，有学校证明）。

在澳大利亚，大多数的政府机构和私人公司在聘用翻译时，都要求有至少三级翻译的资格。三级口译考试形式由对话、试译与交替传译三大部分组成，不论三级口译还是笔译，考试的通过率都很低，是翻译行业具有高含金量的资格证书。NAATI在海外也设有考点，包括中国、新西兰等国家。

## 第二节  中国香港、澳门、台湾地区翻译专业发展掠影

### 一、中国香港翻译专业建设概述[①]

由于其独特的地理位置和一个多世纪的英属殖民地的历史，香港成为了一个多语言、多元文化汇集的地方。翻译在香港的日常生活和专业领域中都担当着极其重要的角色。因此，培养翻译人才就成了香港高校翻译人才培养的核心目标之一。在香港9所高等院校中，有7所设立了翻译学系或专业，提供翻译文学士学位课程以及研究生课程。这7所高等院校是中文大学、浸会大学、岭南大学、理工大学、城市大学、香港大学和公开进修学院。中文大学和浸会大学还设有翻译学研究中心，岭南大学设有文学与翻译研究中心。

上述7所院校所设立的翻译学士学位课程包括了主修课程和副修课程。在主修课程中，既有翻译实践课，也有翻译理论课；既有传统的文学翻译课，而更多的却是实务翻译课；既有笔译课，也有口译课。副修课程包括一些与翻译直接或间接有关的学科，例如中国语文及文化、中西方文化比较、英语语言学、法语、日语、德语、新闻与传播、政治与行政、工商管理及法律、金融及财政、计算机应用等。此外，这7所高等院校大多数都开设了翻译硕士学位课程和翻译博士学位课程。

从前面所述7所高等院校的学年校历及招生手册中可以看到各校翻译课程有几个共同点：第一，注重实务翻译技巧的训练；第二，注重双语研究（包括普通话的训练）；第三，重视相关学科知识。这些课程设置体现了多元化和跨学科的特点，因而也就具备了培养复合型人才的基础。浸会大学翻译专业所做的调查显示，该专业的学生经过4年的语言、翻译、文化、学术研究、专业知识和电脑应用技术的训练，毕业生可从事的工作包括政府、商贸、法律等各类部门的笔译、口译、报纸杂志的编

---

① 本节数据参考张美芳：《香港高校的翻译教学给我们的启示》，载《外语与外语教学》，2001年第1期，第42—44页。

辑、电子传媒（新闻报道、信息处理等）、公共关系、翻译管理、翻译研究、翻译教学等等。

香港翻译教学的蓬勃发展有其历史和现实的社会原因。虽然香港居民几乎全部是中国人，但是在英国统治时期，其法定语言却是英语。1974年港英政府曾制定语言条例，规定中文和英文同为香港的法定语言。而实际上，官方语言和一切的法律文件依然是英文。1988年10月，香港成立了双语法律咨询委员会，次年通过第一部用中英双语制定的法律，并决定今后所有新的主要立法均采用双语文本，其他原有法律也将出版中文版本。此后，政府与市民的书信往来、商业信函也都是中英文并重。在香港回归后，由于香港政府推行双语教育，大量教科书需要改写或增加成双语版本。再者，香港商家在内地开拓市场，需要大量的两文三语人才（即懂英文、中文，会说英语、粤语、普通话的人才）。

## 小贴士

### 香港中文大学翻译教育[①]

香港中文大学（The Chinese University of Hong Kong）设有翻译研究中心和翻译系。翻译研究中心成立于1971年，主要工作内容是研究汉英互译，向国外输出中国文学佳作，同时发展该中心与国外学术团体的合作。该中心的主要出版物包括《译丛》（Renditions）、《译丛丛书》（Renditions Books）与《译丛文库》（Renditions Paperbacks）。

香港中文大学于1972年设立整个华文地区第一个翻译系，隶属中文系，后成为独立教学单位，授课对象为全日制、兼读翻译本科学生及硕士研究生。1984年开始招收在职硕士研究生，授课内容包括比较句法学、译著选读、实用翻译、翻译理论、口译、翻译工作坊等，学生修完规定课程并完成约3万字左右的长篇译作，通过评审后即可获得硕士学位。该系于1994年开始招收主修翻译的本科学生。主修英文或中文的学生在确保修满规定主修课程的基础上，通过翻译系每年4月举行的录取考试，录取后便可修读专修学科的翻译课程，修满规定学分后，毕业时便可获得"英文及翻译"或"中文及翻译"学士学位。香港中文大学翻译系经过逐年的扩充，现已发展成为设有学士、硕士等层级翻译教育学位、囊括汉英翻译、法德翻译、日汉翻译等多语种互译的香港两大翻译系之一。

香港中文大学翻译学位基本还在沿用英式教育体系。本科教育学制自2012年

---

① 本小节内容参考：（1）刘靖之：《香港的翻译与口译教学》，载《中国翻译》，2001年第3期，第36—43页。
（2）谭载喜：《翻译与翻译研究概论——认知·视角·课题》，北京：中国对外翻译出版有限公司，2012年，第142—155页。
（3）刘树森：《香港中文大学翻译研究中心与翻译系简介》，1994年第5期，第51—54页。

**翻译文化**

由3年改为4年。本科教育颁发的是荣誉学士学位。荣誉学士学位分为一级荣誉学位（First Class Honours）、二级一等荣誉学位（Second Upper Honours）、二级二等荣誉学位（Second Lower Honours）、三级荣誉学位（Third Class Honours）、及格、不及格。如果未达到荣誉学位标准，但成绩及格，则只能颁发普通学士学位（Ordinary Degree/Pass Degree）。要想得到荣誉学士学位，就需要更好的成绩、更高的学分。一等荣誉学士学位一般只占整个学位比例的5%，获得此学位的学生本科毕业后继续深造可以跳过硕士研究生课程直接入读博士，而且许多研究生院只接受荣誉学士申请。

香港中大翻译学位教育的硕士层级分为修课型硕士（MA/Taught Master）和研究型硕士（MPhil / Research Master）。两者在学位性质、学制要求、培养目的和方式等方面都有所不同。

表6-1 香港中文大学翻译硕士教育层级分布

| 学位性质 | 学制 | 培养目的 | 培养方式 |
| --- | --- | --- | --- |
| 修课型硕士 MA/Taught Master | 1年或1年半 | 修课为主、研究为辅 | 课堂讲授，本科教育的延伸 |
| 研究型硕士 MPhil/ Research Master | 2年或以上 | 研究为主 | 与博士基本相同 |

需要指出的是，香港目前翻译硕士学位课程均无香港政府经费资助，学生必须自费。香港中文大学翻译专业可颁发博士学位。全日制博士学位学制为3年，以研究为主，修课为辅。与内地博士培养机制相类似，需要完成必修学分以及学位论文。

## 二、中国澳门翻译专业建设概述[①]

1553年，葡萄牙人踏上澳门。四个多世纪以来，经过宗教和商贸活动的洗礼，澳门换就了一个相当独特的文化面貌，许多层面都呈现出中葡文化触碰所形成的特质或留下的痕迹。澳门是一个多语言并有着多元文化的地区，有"三文四语"之称。三文包含中文、葡文和英文，四语即普通话、粤语、葡语和英语。

澳门的经济、教育、博彩、旅游等事业的发展有赖于周边地区和国家的合作交流。在对外交流过程中，翻译逐渐成了澳门的社会生活中不可或缺的媒介。随着澳门的回归，翻译的需求越发扩大了。为了解决翻译上的需求，在1993年，澳门政府在澳门理工学院设立了语言及翻译高等学校。在2000年率先开办了一项以公职翻译员为对象的英语培训班，该课程为期3年，分初、中、高3级。由于反应非常热烈，澳门理工学院在2001年开办了三年制的中英翻译高等专科学位课程。

此外，澳门大学在翻译教学和研究方面也取得了长足的发展。该校除了在本科二至四年级开设翻译课程外，从2004年开始，还在英语硕士研究课程中增设翻译研

---

① 本节数据参考张美芳：《澳门翻译的历史与现状》，载《中国翻译》，2006年第1期，第39—43页。

究课程，使该校英文系逐渐形成翻译学、语言学和文学三足鼎立的学科模式。目前，该校英文系已有做翻译研究的博士生，形成了从本科到博士的翻译专业完整学位课程体系。其中，翻译本科课程包括翻译中的英汉语言对比、翻译的理论与实践、传媒翻译、实用文献翻译、口译等；翻译研究生课程包括翻译研究导论、英汉语言文化对比研究、专题翻译研究、翻译研究与语篇分析、翻译文化与历史、翻译中的语言及意识形态、翻译名著评赏、传媒翻译研究、高级商务翻译、社会文献翻译研究、交际口译研究、会议口译研究等。

澳门大学自20世纪80年代后期开始设立可授予学士学位的翻译课程。翻译学士学位课程一般分为8个学期，包括语言（中文、葡文、英文）、文学、历史、信息、政治、法律及公共行政、笔译和口译等科目。澳门大学自2004年起在英文系增开翻译硕士课程，学制为2年，课程设置相对侧重理论研究，包括翻译研究、翻译名著赏析、交际口译研究等课程，培养目标是在培训学生语言实践能力的同时，提高学生语言文化素养，培养学生独立思考、熟练运用各种翻译策略解决各类翻译问题的能力。澳门大学是澳门唯一一所拥有翻译学博士学位授予资格的大学。澳门大学的全职博士生通常都有奖学金，因此，对全职博士生的入学筛选非常严格。导师除了重视申请人在本科和硕士研究生阶段的成绩外，还要求申请人提交博士研究计划书，以考查申请人的研究基础和研究兴趣及能力。博士生入学一年或一年半后，要通过资格考试才能成为博士候选人资格。

## 三、中国台湾翻译专业建设概述[①]

台湾设置翻译专业的大学不多。台湾第一个翻译研究所成立于1988年，即私立辅仁大学外国语文学院翻译学研究所，目前该所可以授予笔译和会议口译暨笔译两种硕士学位，所涉语种为中、英、日、德、法。1996年，台湾师范大学翻译研究所成立，同年成立的还有私立长荣管理学院翻译系。

台湾的翻译专业课程设置有两大特点。第一，重实践能力。以辅仁大学翻译学研究所笔译方向硕士生2年的课程安排为例：专业课共32学分，其中22学分是实践课；口、笔译学生都要上的共同课程共26学分，其中14个学分是实践课。也就是说，全部课程中近70%是实践课。而且，这些实践课里，除第一年4个学分的一门选修课（外语作文）以外，全部都是实打实的翻译训练。此外，台湾的两家翻译（学）研究所都要求学生必须在所学语言国家居住至少3个月（笔译方向）或半年到一年（口译方向），以确保学生具备该语言的实际运用能力，并熟悉有关国家的社会文化习俗。

第二，重实务，重市场需求，针对性强。各校根据自身特点有不同的服务对象，

---

[①] 本节数据引自何瑞清：《对翻译硕士（MTI）笔译方向课程设置的思考——以国外和台湾笔译硕士课程为参照》，载《北京第二外国语学院学报》，2011年第12期，第37—41页。

如商贸科技、文化交流、国际会议甚至汉学研究等，课程亦体现相应特点，而且比较实用。台湾师范大学翻译研究所二年级分理论组和实务组，实务组再细分为专业笔译取向和产业笔译取向。另外，台湾辅仁大学跨文化研究所按照具体方向分 A/B/C 三个模组，每个模组的选修课不同。A 模组开设的选修课为基础逐步口译（一年级）和进阶逐步/同步口译（二年级）；B/C 模组安排的选修课不同，前者侧重财经法律，后者侧重文学和科技。台湾辅仁大学翻译学研究所和跨文化研究所笔/口译（英译中、中译英）分成两门课，由不同老师执教，体现和证实了细化培养方向的必要性。

统计数据表明，台湾院校比大陆院校给予了翻译实践细分课程更高地位，更重视专业/方向必修课程，更加重视"翻译实习"；而大陆院校职业技能基础课专业多于应用课程；有些院校选修课中的翻译实践课程选择依据不清，没有明显的专业方向；在课程设置上重点偏差或不突出，求全而不求专。这些问题需要引起注意。此外，在课程设置上，我们要严格区分不同的学历层次，也要强调专业性，不能仅仅根据师资特色和生源情况来设置课程，而更应该按照专业方向合理设置课程。

### 小贴士

#### 台湾辅仁大学翻译研究所[①]

台湾仅有 3 所大学设置翻译专业：台湾辅仁大学翻译研究所、台湾师范大学翻译研究所和台湾文化大学长荣管理学院翻译系。台湾辅仁大学外国语言学院于 1988 年正式成立岛内第一个翻译研究所。相较于大陆和香港，台湾辅仁大学翻译研究所的成立晚了 10 余年，因此在课程设计和规模管理方面多借鉴于较早成立的翻译系所。台湾翻译专业入学考试时要求学生需要掌握 2 至 3 门语言，其中必须包括中文，这是一个大前提。入学考试分口试和笔试，对学生的基本词汇、语法以及分析能力等翻译基本功进行综合测试，把关严格。入学后学生需修满学分，完成各类考试及论文才能毕业。比较特殊的是，翻译研究所要求学生要有对象语言国家的居住经历，如果没有，则必须在第一学年结束后在对象语言国居住 3 个月至一年，才能继续修完后面的学业。翻译研究所也会尽力向学生提供机会，帮助他们完成"留洋"的经历。辅仁大学翻译研究所重视培训学生"理解"与"表达"能力，要求学生博览群书，增强对时事、地理、现代史及国际经济、政治、科技、外交等方面的知识，并向学生推荐主流新闻媒体，让学生在了解各种时事的同时，积累各种翻译素材。

---

① 本小节内容参考曹建新：《台湾大学翻译专业人才的培养》，载《外语教学与研究》，1998 年第 4 期，第 75—77 页。

## 第三节　中国大陆翻译专业的发展掠影

### 一、翻译专业在中国的发端

　　我国有记载的译事可追溯到古代的周朝对夏、商翻译活动的记述。那时的翻译完全是为了生活和交流的需要而产生的自发活动，以口译为主，具有很强的实践性，但并没有上升到理论程度。周朝的记载中把这些从事翻译的译员称为"舌人"。汉、唐至北宋持续了一千多年的佛经翻译掀起了我国历史上第一次翻译高潮。在这一过程中，佛经翻译家们分别从翻译目的、对译者素质的要求、如何运用翻译技巧提升译文质量等方面不断总结翻译经验，奠定了我国翻译理论的基础。19世纪末迎来了我国翻译史上以严复为代表的又一次翻译高潮。严复提出的"信、达、雅"译事三原则开创了我国近代翻译理论的先河，对我国译界影响深远。新中国成立后我国翻译事业蓬勃发展，一些西方有影响的翻译流派理论也引入中国。根植于本土文化，借鉴西方翻译成果，我国的翻译理论和翻译实践都在不断深化发展。[①]

　　专业化的翻译培训是翻译职业化的人才保障。翻译人才的培养一直是伴随着翻译活动的进行而开展的。中国历朝历代一直都十分重视翻译人才的培养。在汉唐佛经翻译时期，"译场"[②]除了是翻译佛教典籍的场所外，还是一所培养佛经翻译人才的学校。到了元代，中国政府设置了"回回国子学"[③]，用比较正规的办法训练通晓波斯文、阿拉伯文等语言的翻译人才。这是中国官方最早有组织进行的翻译教育活动。明代诞生了我国历史上第一所由官方设立的培养翻译人才的专门机构——"四夷馆"[④]。

　　清代继承明朝传统，改"四夷馆"为"四译馆"。晚清时期，政府成立"京师同文馆"以及"江南制造局"。京师同文馆于1862年创办，是清朝政府在北京设立的一个教育和翻译机构。京师同文馆是中国官方承办的第一个以西方语言文字、西方

---

[①] 本节内容参考柴慧芳：《从中国翻译史看中国译论的发展》，载《山西广播电视大学学报》，2007年第2期，第59—60页。
[②] 译场是我国古代佛经典籍集体合作翻译的组织机构，在西晋时期已有雏形，东晋开始出现官办形式，唐朝达到历史顶峰，到了宋朝，译场活动基本结束。引自徐天池：《论佛经翻译的译场》，载《四川师范大学学报》，2007年第4期，第91—92页。
[③] 元代的中央官学大致有三种类型：一是学习儒家典籍的国子学；二是学习并推广蒙古新字的蒙古国子学；三是学习波斯文和阿拉伯文的回回国子学。引自高晓芳：《元代外语教育说略》，载《外语教学与研究》，2005年第2期，第108页。
[④] 明代，中原与周边民族、国家间朝贡、贸易往来，需要大量的翻译人员。为了培养翻译人材，明朝专门设置了四夷馆。四夷馆是我国历史上最早为培养翻译人材而官方设立的专门机构，主要负责翻译朝贡国家往来文书，并教习周边民族、国家的语言文字。引自任萍：《记我国最早的翻译学校——明四夷馆考察》，载《上海翻译》，2007年第2期，第53期。

近代科学知识为教育内容和翻译内容的教育和翻译机构，是近代西学输入的开端[①]。1902年，京师同文馆并入京师大学堂并改名为译学馆。

江南制造局，又称江南制造总局、上海制造局、上海机器局或"沪局"，由曾国藩、李鸿章等人于1865年9月在上海创办，是晚清最大的集军舰、枪炮、弹药、水雷等制造于一身的综合性军工企业，设有多个附属机构。江南制造局不仅是晚清时期大型军工企业，而且是著名的教育和翻译机构[②]。

特别值得一提的是，马建忠在1894年写了《拟设翻译书院议》，提出要创办专门培养译书人才的高等学府。这是世界上首次提出把翻译作为专业人才来培养的构想，是翻译职业培养的最早提议。

## 二、翻译专业学位在中国大陆的设立

自从新中国成立以来，特别是实行改革开放政策后，中国对各类翻译人才的需求日益增加。这一时期的翻译理论建设主要是围绕翻译学科建设和翻译人才培养展开。针对这一主题，来自国内各大院校的众多学者发表了各自的看法，为建立有中国特色翻译学科体系贡献力量。这些不同学派之间的、关于翻译学科建设的思想和理念构成了中国翻译理论话语体系中不可或缺的部分。

回顾中国译学学科的建设，从1951年董秋斯第一个提出建立中国翻译学起，到1987年谭载喜在第一次全国翻译理论研讨会上发出的"必须建立翻译学"的呼喊，再到2004年上海外国语大学设立翻译学二级学科硕博学位点，最终到2006年复旦大学、广东外语外贸大学、河北师范大学获批招收第一批翻译专业本科生（BTI）以及2007年翻译硕士专业学位（MTI）设置方案审议通过。随后，我国的翻译专业建设以及翻译教学取得了突飞猛进的发展。截止到2015年底，全国已有196所高校获批设置翻译本科专业，获准设置翻译硕士专业学位的高校已达206所[③]。

几十年来，中国译学界围绕"翻译学是否存在""什么是翻译学""翻译学该如何发展"等话题展开了激烈的辩论，经历了翻译专业学科建设的萌芽、酝酿、创建等阶段，形成了独具中国特色的翻译学科建设理念。这场讨论还在继续，中国的翻译学体系还需不断完善。目前，我们已经从翻译学本科到翻译学硕士再到翻译学博士建立起一个完整的学术型翻译学科体系。我们是否也应建立一个从BTI（翻译学士专业学位）到MTI（翻译硕士专业学位）再到DTI（翻译博士专业学位）的应用型翻译学科体系？另外，在中国高等教育中占有半壁江山的高职院校是否也应开设翻译专业？高职院校的翻译教学该如何开展？翻译专业人才的就业前景如何？这一系列问题都值得我们深入思考。

---

① 引自赵旻：《京师同文馆的发展历史及其贡献》，载《中国文化研究》，2000年第3期，第66页。
② 引自张美平：《江南制造局的翻译及其影响》，载《中国翻译》，2010年第6期，第38页。
③ 具体名单见中国翻译协会官方网站 http://www.tac-online.org.cn

### 小贴士

**中国翻译协会**[①]

中国翻译协会（Translators Association of China，TAC，原名"中国翻译工作者协会"，简称"中国译协"）成立于1982年，与翻译及翻译工作相关的企事业单位、社会团体及个人自愿结成的全国性、行业性、非营利社会组织构成中国译协的组成结构，是我国翻译领域唯一的全国性社会团体，其会员包括分布在全国各省、市、区的单位或个人。下设社会科学、文学艺术、科学技术、军事科学、民族语文、外事、对外传播、翻译理论与翻译教学、翻译服务、本地化服务10个专业委员会。业务主管部门为中国外文局。协会常设工作机构为秘书处、行业管理办公室，均设在中国外文局对外传播研究中心。2006年中国译协受国家人事部和中国外文局全国翻译专业资格（水平）考试办公室委托，负责全国翻译专业资格（水平）考试证书登记与继续教育工作的具体实施。

## 第四节 翻译专业的就业前景

经济全球化的今天，随着中国国际地位与影响力的显著提升，越来越多的国际政治、经济活动、文化交流以及大型赛事在我国举行，对翻译的需求量日益增加，翻译领域不断拓展，涉及经济、政治、文化、科技、商务等领域。国家机关和企事业单位内部的翻译和外事部门、出版和影视翻译等文化产业、翻译辅助工具和机器翻译研发等信息技术产业，无不需要翻译人才为其做出努力。翻译作为交流媒介，面向社会提供专业支持，在全球化的时代背景之下，服务于社会发展的各个领域，构成语言服务行业的核心，在推动中国国际影响力的过程中发挥着越来越重要的作用，战略地位日渐突显。[②]

### 一、我国翻译服务业的主要发展特征及其趋势

近年来，我国翻译服务行业发展迅速，不仅规模和数量得到不断扩大和提升，产业结构也应需求的变化而发生了改变。综合2012年至2015年对语言服务行业发展的报告内容，以及中国翻译协会的相关调查报告，近年来翻译服务行业的发展趋势主要体现在以下几个方面。

首先，整个行业保持乐观的迅猛发展态势。在全球语言服务行业蓬勃发展的大

---
① 具体名单见中国翻译协会官方网站 http：//www.tac-online.org.cn
② 引自中国翻译研究院等：《中国翻译服务业分析报告2014》，第1—4页。

背景之下，中国的语言服务行业也进入了快速发展时期。从产值上来看，截止到2009年12月，全国在营语言服务企业每年的业务产值保守估算可达到120亿元以上，约占全球外包语言服务市场产值的7%。① 从下面表格中的翻译服务企业的数量变化来看，2004年至2012年，翻译服务企业数量始终维持10%以上的增幅。

表6-2 翻译服务企业数量消长统计（2004—2012）②

| 年　　份 | 数　　量（家） | 增　长　率（%） |
| --- | --- | --- |
| 2004 | 1652 | 22.10 |
| 2005 | 1837 | 11.20 |
| 2006 | 2087 | 13.61 |
| 2007 | 2388 | 14.42 |
| 2008 | 2837 | 18.80 |
| 2009 | 3290 | 15.97 |
| 2010 | 3722 | 13.13 |
| 2011 | 4281 | 15.02 |
| 2012 | 4873 | 13.87 |

其次，翻译服务业中译外的业务需求量不断增长。《中国翻译服务业分析报告2014》显示，截至2013年底，64%的翻译服务企业中译外业务量占业务总量的一半以上，中译外的需求显著高于外译中。这表明，全球化时代，各国在政治、经济、社会生活、文化科学等诸多领域的交流合作日益增强，相互之间的依存逐渐加深，中国在国际政治、经济、文化格局中的影响不断提升，世界要了解中国，中国要"走出去"，对翻译服务行业不断增强的需求成为必然。从全球一体化到跨国交流、从企业经营到个体发展，对语言服务业的需求将渗透到社会的各个层次、各个角落。语言服务业以翻译服务业为核心，翻译服务业的专业人才有赖于翻译专业人才的培养，翻译专业的重要性及其前景不言而喻。

第三，整个语言服务行业随着市场需求的变化，其产业结构也发生相应的变化。翻译行业不断适应新的社会经济发展态势，互联网信息技术的发展以及跨国企业的不断涌现，使得翻译服务行业的产业结构形式发生了改变，打破了传统的英语专业一统天下的局面，其他小语种，如日语、俄语、德语、法语、西班牙语、韩语等，也获得了前所未有的巨大需求。在国际经贸交流合作中，精通英语并掌握其中一门小语种的人才尤其受到用人单位的欢迎。《2015年译云语言服务大数据报告》显示，

---

① 引自郭晓勇：《中国语言服务行业发展状况、问题及对策》，载《中国翻译》，2010年第6期，第34—37页。
② 引自中国翻译研究院等：《中国翻译服务业分析报告2014》，第6—7页。

36%的译者掌握2门以上的外语。市场对翻译的需求虽然仍以英语为主，占总需求的75.1%，但是互联网为小语种翻译提供了更多的机会，需求比例为24.9%。[①]

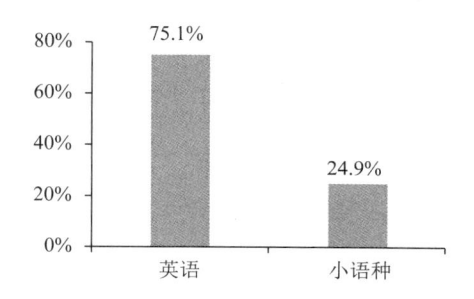

图 6-1　翻译语种需求一览表

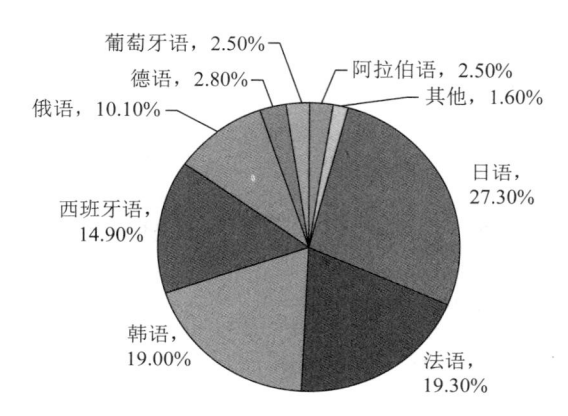

图 6-2　小语种翻译需求一览表

## 二、社会及行业发展对翻译人才的素质要求

我们先看几家企业对翻译人才的招聘要求：

表 6-3　某投资管理工作股份有限公司招聘要求[②]

| 岗位名称 | 岗位职责 | 任职要求 |
| --- | --- | --- |
| 英文翻译 | 与各国商会进行英文沟通；翻译、文字书信；从事商务商务谈判。 | 英语六级以上，口语流利，善于沟通；以英语专业与国际贸易类专业优先；有商务谈判活动策划经验的优先；热爱航空行业，具有航空经验者优先。 |

---

① 本小节数据引自《2015年译云语言服务大数据报告》(http://www.cbdio.com/BigData/2016-02/15/content_4612319.htm）
② 内容来源：http://jobs.zhaopin.com/603440720250168.htm?f=sa

表 6-4 某国际广告有限公司招聘要求 [1]

| 岗位名称 | 岗位职责 | 任职要求 |
| --- | --- | --- |
| 英文文案 | 负责公司各类节目文案的翻译与撰写；<br>公司微信公众号的内容发布与维护；<br>完成公司领导交办的其他相关工作。 | 国际新闻相关专业毕业，英语八级；<br>中文文笔好，具有新媒体从业经验优先考虑；<br>良好的沟通及协调能力。 |

表 6-5 央视某媒介研究有限公司招聘要求 [2]

| 岗位名称 | 岗位职责 | 任职要求 |
| --- | --- | --- |
| 英文翻译 | 公司资料、文件的翻译与整理，会议口译服务；<br>根据总经办的工作需要，准备相关资料，跟进各项事务进度及整理汇总；<br>董事会文件准备与存档；<br>负责对外商务沟通及重要来宾的接待工作；<br>参与合同起草和审定，使之符合法律规范；<br>协助安排相关会议，并做好会议通知、记录；<br>负责重要文件及资料的处理和建档、保管工作；<br>协助总经办及董事会日常事务；<br>有法务相关工作经验者优先。 | 具备良好的英文听、说、读、写能力，在英语国家学习或工作过；具备较强的沟通和协调能力，能熟练运用电脑办公软件；<br>面容较好，气质佳，为人诚实可靠、品行端正，保密意识强，工作踏实肯干，具有良好的团队协作精神；<br>具备一定的法律常识；<br>有较强的组织、协调、沟通及人际交往能力以及敏锐的洞察力，2年以上工作经验者优先。 |

以上我们列举了3家比较有代表性的企业对翻译人才招聘的具体要求，虽然相对于每天成百上千的翻译专业人才招聘信息，这只不过是大海中之一滴，但从中可见一斑。从招聘翻译人才的具体要求中我们可以看出，尽管招聘的具体职位有所不同，不论是英文翻译还是英文文案，不管是口译还是笔译，对翻译从业人员的基本要求都包括：基础文字的处理经验，中文表达的基本功底，专业领域知识，翻译项目运作流程的熟悉，多种翻译工具的使用，以及良好的沟通能力等。

各行各业都需要翻译人才，然而并不是学习外语的人都能成为专业的翻译人才。一名合格的翻译人才所必备的基本素质主要包括以下几项：

第一，语言能力，也是核心技能。要求翻译人才不仅精通一门外语，更要有优秀的母语能力作为根基，达到双语之间熟练的应用、写作和转换。

第二，工具应用能力。要求翻译人才能够熟练操作电脑，掌握各种辅助翻译工具以及相关文字编辑和排版工具的使用等。

第三，全面的知识体系。优秀的翻译人才不仅精通语言，还要具有相对宽泛的知识体系，最好具备与某个专业领域相关的完善的知识背景。

---

[1] 内容来源：http://jobs.zhaopin.com/312284313250412.htm?f=sa
[2] 内容来源：http://jobs.zhaopin.com/000353951250437.htm?ff=100&ss=301

第四，学习能力。优秀的翻译人才需要具备快速掌握新知识的能力，才能跟上时代的步伐，以适应千变万化的信息时代。

第五，职业素养。优秀的翻译人才需要具备较强的自我管理能力、团队协作能力和沟通能力，在职业生涯中遵循基本的职业道德，表现出高度的职业责任感。

近年来社会及行业发展对翻译人才的需求提出了更高的要求，主要呈现几大趋势：翻译专业化；翻译难度越来越高；中译外比例提高；对小语种的需求比例增加。

为了规范翻译市场，明确行业要求，加强行业管理，2003年推出的由国家人事部委托中国外文局负责实施与管理的全国翻译资格（水平）考试已列入国家职业资格证书制度并在全国范围内推广，英、法、日、俄、德、西、阿7个语种二、三级口笔译共29种58个科目考试已在全国范围内成功推行。[1] 该项考试为公平、客观地评价翻译人员的翻译水平和能力提供了保证。翻译资格证书越来越受到用人单位的认可，参加翻译专业资格考试的人数近年来不断攀升，参考的人员不仅包括高校的学生，还包括企事业专业从业人员。

### 三、我国翻译人才缺口严重

在中国的经济发展、文化传播急需"走出去"的今天，对高质量的翻译的需要不断增加，然而翻译短缺却是阻碍国际合作与交流的一大障碍。国家新闻出版总署署长柳斌杰认为，在某种程度上讲，翻译比单纯的创作更为艰巨，翻译人才的缺乏是目前中国出版业在引进来或走出去中遇到的最大的瓶颈，也是中国文化传播中遇到的瓶颈。[2] 中国外文局常务副局长、中国译协第一常务副会长郭晓勇在一次记者采访中说道，中国翻译工作当前面临的最大挑战无疑是合格的翻译人才短缺问题，而且"不是一般意义上的短缺，是极度短缺，尤其是能够承担日益扩大的对外文化交流任务的高素质、专业化的翻译人才严重匮乏"。[3]

近年来，虽然我国翻译服务行业迅速扩展，但合格的翻译人才还远未能满足我国经济发展、文化交流的需求，翻译人才短缺是我国翻译服务行业急需解决的问题之一。作为中坚力量的老一辈翻译家，或相继离世，或力不从心，而优秀的中青年翻译家则严重不足，造成中间"断层"。面对翻译人才极度短缺的现状，在中国译协、中国外文局等单位的呼吁下，近几年来，教育部已经在一些高校进行试点，设立翻译本科及硕士专业，翻译课程从外语教学的辅助课程转为独立的专业学科，系统培养翻译专业人才。国家新闻出版署也在酝酿并设立国家级的翻译大奖，鼓励在

---

[1] 引自郭晓勇：《中国语言服务行业发展状况、问题及对策》，载《中国翻译》，2010年第6期，第34—37页。
[2] 引自杨雪梅：《直面翻译窘境新闻出版总署署长柳斌杰四答许明龙》，载人民网：北京，2009年9月24日电，http：//media.people.com.cn/GB/193277/193279/11992416.html。
[3] 引自华春丽：《中国译协：中国合格翻译人才"极度短缺"》，载新华网：北京，12月6日电，http：//news.xinhuanet.com/politics/2012-12/06/c_113936710.htm。

文化传播翻译领域方面做出突出贡献的优秀翻译人才。[①]

翻译专业的教育体系正在不断完善，翻译人才的认证评价体系也在不断推广，行业协会、高校培养方向与用人单位需求相适应的产学研结合模式在不断探索，积极培养翻译专业人才，以填补未来社会经济、文化发展需求的人才缺口已成为翻译服务行业刻不容缓的重要任务。

## 四、我国翻译人才的培养及其就业领域

中国与世界的不断融合为翻译人才提供了广阔的就业前景。对翻译人才培养体系的不断完善为培养翻译人才提供了制度上的保障，社会经济文化的发展极大地拓展了翻译人才的就业领域。

为了加快培养适应社会发展需求的翻译人才，缓解翻译领域人才严重短缺的问题，国家有关部门正在逐步建立起连接行业协会、高等院校和用人单位的产学研结合模式，以建立更加有效合理的翻译人才教育体系，培养适应社会发展需求的翻译专业人才。中国翻译事业的面貌近30年来发生了非常大的变化，翻译专业教育体系、翻译人才的评价认证体系正在不断完善。翻译教育从过去作为外语教学的辅助手段发展成为培养职业翻译人才和翻译研究人才的独立学科专业，在高等教育中的地位有了重大突破，翻译学科体系日趋完善；以翻译为核心的语言服务业已发展成为新兴产业。

从就业领域来看，翻译专业人才未来可选择的就业范围非常广阔，如国家机关以及政府部门的涉外机构、各类涉外金融机构、商务管理公司、专业翻译机构、出版机构、新闻机构、旅游业、高级宾馆酒店、外语语言培训中心、大中专院校及科研部门等都需要各类优质的翻译专业人才。

中国译协的调研资料显示，从需求的职位来看，企业需求排名最高的是高级译审，其次是翻译项目经理、高级翻译、市场经理，同时对多媒体工程师、文档排版员、技术经理、技术写作人员也有相当的需求。服务领域从高到低依次是技术文档翻译、公司网站与联机帮助翻译、软件本地化、文档手册排版、技术文档写作。[②]此外，口笔译职员、海外项目经理、国际市场开拓人员、文字排版、外语类培训、外企高级文秘、公司文员等也是企业发展较为急需的职位。

全球化与信息时代的今天，作为语言服务行业的核心，翻译专业的重要性越来越突出，翻译人才的价值日益突显，而优秀的翻译人才资源目前仍然存在严重缺口。这对于翻译专业的学生来说是一个非常难得的机遇。广阔的就业前景已经在我们面前铺开，等待我们的就是——用实力迎接机遇。

---

① 引自华春丽：《中国译协：中国合格翻译人才"极度短缺"》，载新华网：北京，12月6日电，http://news.xinhuanet.com/politics/2012-12/06/c_113936710.htm。

② 转引自徐飞：《传统英语专业培养的转向：培养英语语言服务人才》，载《绵阳师范学院学报》，2015年第4期，第52—56页。

## 本章小结

英国的翻译教学采用多元化模式授课，根据学生意愿和社会需求灵活培养不同类型翻译人才。翻译学科交叉发展，翻译软件支撑发展，通过翻译协会规范行业发展。美国的翻译课程设置具有专业化、特色化、系统化的特点，其翻译教学能以学生为中心，以社会需求为导向，充分利用翻译工作坊，培养出色的译员。翻译教学研究备受重视，翻译教学者们通过研究译员的翻译思维，为有效的翻译教学提供了重要的信息和视角。澳大利亚的翻译教学学制灵活，培养模式多样，职业教育和学位教育相互衔接，各个项目的课程设置各有不同，但都是根据自身的专业方向和定位对课程进行量身定做，翻译市场规范有序。中国香港、澳门、台湾地区因其特殊的历史发展进程，翻译在日常生活和专业领域中都担当着极其重要的角色，培养翻译人才是港澳台地区高校翻译人才培养的核心目标之一。迎合市场需求，注重翻译实践，翻译教学和研究同步发展是港澳台地区翻译专业发展的共同特色。国外及中国香港、澳门、台湾地区翻译专业的发展为中国大陆地区的翻译专业建设及翻译教学提供了诸多可借鉴之处。在世界融合的背景之下，以翻译为中心的语言服务行业快速发展，而我国优秀翻译人才缺口严重，翻译专业就业前景广阔。

## 拓展阅读

### 国际翻译日

1991年，国际翻译家联盟（FIT）公关委员会提出了国际翻译日（International Translation Day）的设想。同年，FIT理事会采纳了这一设想，决定在每年的9月30日举行庆祝活动，表达翻译职业的自豪感，提高翻译职业在本国的地位。国际翻译日的设立不仅提升了翻译的职业地位，加强了国际间翻译合作的凝聚力，更突显了翻译行业在全球化的进程中所起到的重要作用。从1992年开始，FIT根据国际形势的发展，每年提出不同的翻译日主题：

表6-6 国际翻译日主题一览表

| 年份 | 主题 |
| --- | --- |
| 1992 | Translation — the Vital Link  翻译——至关重要的纽带 |
| 1993 | Translation, a Pervasive Presence  翻译，无处不在 |
| 1994 | The Many Facets of Translation  翻译面面观 |
| 1995 | Translation, a Key to Development  翻译发展的关键 |
| 1996 | Translators and Copyright  翻译与版权 |

续表

| 年份 | 主　　题 |
|---|---|
| 1997 | Translating in the Right Direction　正确的翻译方向 |
| 1998 | Good Translation Practices　翻译的敬业精神和专业化 |
| 1999 | Translation — Transition　翻译——转变 |
| 2000 | Technology Serving the Needs of Translation　服务于翻译需要的技术 |
| 2001 | Translation and Ethics　翻译与职业道德 |
| 2002 | Translators as Agents of Social Change　翻译工作者是社会变革的促进者 |
| 2003 | Translators' Rights　翻译工作者的权利 |
| 2004 | Translation，Underpinning Multilingualism and Cultural Diversity　多语并存与文化多元性 |
| 2005 | Translation and Human Rights　翻译与人权 |
| 2006 | Many Languages — One Profession　多种语言——同一职业 |
| 2007 | Don't Shoot the Messenger!　请勿迁怒于信使！ |
| 2008 | Terminology：Words Matter　术语学——词语至关重要 |
| 2009 | Working Together　携手合作 |
| 2010 | Translation Quality for A Variety of Voices　多样化的语言，高质量的翻译 |
| 2011 | Translation：Bridging Cultures　翻译之桥，沟通文化 |
| 2012 | Translation as Intercultural Communication　翻译与跨文化交流 |
| 2013 | Beyond Linguistic Barriers – A United World　跨越语言障碍，回归同一世界 |
| 2014 | Language Rights：Essential to All Human Rights　语言权利——一切人权之基础 |
| 2015 | The Changing Face of Translation and Interpreting　变化中的翻译职业 |
| 2016 | Translation and Interpreting：Connecting Worlds　翻译：连接世界 |
| 2017 | Translation and Diversity　翻译与多样化 |

　　从每年不断变化的国际翻译日的主题内容可以看出，翻译的主旨由强调翻译的重要性、翻译方法以及对译者的要求，发展为倡导世界翻译界的融合与同一，更加突显了翻译在当今世界的重要功能。这些变化的主题一方面表达了国际译联希望通过翻译促进文化交流、提升人文素养的美好愿望，另一方面显示了在信息技术不断发展、全球化进程不断加快的过程中，正是通过翻译消除了交流的障碍，沟通了文化，翻译在世界发展中的桥梁作用得到越来越多的肯定和认同。

**【思考题】**

1. 中国在与世界融合发展的过程中应该建构怎样的翻译人才培养体系？
2. 高职院校翻译人才培养应突出哪些方面的特色？

**【工作坊】**

1. 你认为香港中文大学的翻译教育在教学方法和教学内容上优于内地的翻译教育吗？说出你的理由。
2. 你认为我校培养的翻译专业人才适合当地社会发展需求吗？为什么？
3. 我们可以从国外翻译专业人才培养模式中吸取哪些有益的经验？请举例说明。
4. 信息化时代，我们应该如何结合高科技发展带来的便利提升翻译效率和准确度？
5. 翻译课程是否只需要从语言转换的角度向学生讲授翻译技巧？还需要向翻译专业的学生补充哪些方面的知识，才能使其成为一名优秀的翻译人才？说出你的理由。

# 第七章 翻译行业情况简介

> "通过译文评价一部文学作品当然不理想。问题就是没有别的方法。无论译文多么精彩,还是远不如原文……我个人希望愿意搞翻译工作的人越来越多。问题是翻译工作的报酬太低,缺乏吸引力。"
>
> ——马悦然

【学习目标】

1. 了解国内外翻译产业发展的基本情况;
2. 了解翻译行业文化及翻译协会概况;
3. 了解国内外翻译职业资格证书。

【教学提示】

1. 以介绍我国的翻译产业现状为主;
2. 着重讲述翻译产业文化以及发展前景;
3. 为学生的语言服务类职业发展提供指引。

## 第一节 国内外翻译产业发展情况

我国的翻译服务行业萌芽于20世纪80年代,当时我国刚刚实行改革开放政策。随着市场经济的蓬勃开展、改革步伐的不断深入和市场经济体制的建立,我国与世界各国在政治、经济、文化、科技、教育等领域的交流日益频繁,各行各业对翻译服务的需求不断增加,全方位、高层次、多领域的对外开放为翻译行业提供了一个广阔的发展平台，翻译作为一种服务商品逐步登上了社会的舞台。2002年，中国正式加入世贸组织，投资环境的改善和不断完善的基础设施吸引了大批外商来华投资；北京奥运会和上海世界博览会的成功申办，使我国的对外合作达到了历史高峰，并给予翻译这个新兴产业得以迅猛快速发展的契机。现在，翻译服务作为一个独立的行业，在整个社会结构中已雏形显现并渗透到各行各业和全国各个地区，成为社会政治、经济、文化的重要组成部分。

## 一、国内翻译产业的发展

据《中国翻译服务业分析报告2014》数据统计，我国翻译服务行业在2000年到2013年的14年间，发展呈逐年增长的趋势。从事翻译服务的企业数量的增长率一直维持在较高水平上。2013年底，全国从事语言及相关服务的企业约为5万家，主营业务为翻译的，即"翻译服务企业"，5000余家。翻译行业整体发展迅速，前景乐观。在相关翻译服务企业当中，内资私营企业占到了总数的85%以上，其中有限责任公司是内资企业最为主要的经营形式。从翻译企业的全国分布情况来看，北、上、广、苏、鄂等5个省市集中了约70%的企业，其中又以北京和上海所占比例最高。也就是说我国的翻译服务企业大部分集中在我国的大型城市和东部地区，这种地域上的分布不均衡也直接导致了行业发展的地域不均衡。众所周知，我国北、上、广及东部沿海地区为经济发展的发达地区，这些地区的翻译市场份额大、翻译服务的业务量大且翻译服务需求集中，这充分表明翻译服务业的发展与政治、经济、文化的繁荣发展有着密不可分的联系，从而使得这些省市地区的翻译企业的营业额也相对高于其他省市地区。

从翻译服务企业的规模来看，我国翻译市场小企业多，大企业少。目前，注册资金在500万元以上的企业寥寥无几，80%以上的翻译服务企业的注册资金都在50万元以下，这可以看出我国的翻译服务企业经营规模普遍偏小。因此，所产出的营业额也相对来说较小。市场以营业额为500万元以下的小微型企业为主。

从人员配置上来看，我国翻译服务企业的规模总体偏小。翻译企业全职人员少，绝大多数企业的全职服务人员在50人以下，很大部分服务都是依靠兼职人员来完成。全职人员当中，又以30岁以下的年轻人居多，经验丰富、素质高的全职人员较少。

以上分析可以看出，我国翻译服务业的重要组成部分都是小微企业，服务能力不强，市场拓展能力有限，难以投入资金进行技术研发和创新以及新技术的应用，在体制和机制上较其他现代服务行业也有明显的差距。因此，在与国际同行的竞争中缺乏核心竞争力。

### （一）翻译产业的人力资源状况

翻译服务产业是一种知识密集型产业，对人员的智力、专业化水平和素质要求都比较高。翻译人员既要精通两门语言和文化，又要具备多个专业领域的知识，必要时还需要懂市场，懂技术。

据《中国翻译服务业分析报告2014》数据显示，目前我国翻译服务企业的从业人员绝大多数具有大学本科或硕士学位，其中本科学位所占比例最高，其次为硕士、博士，而大专以下的员工所占比例最小。可以看出，我国的翻译服务行业是一个高学历、高素质人员相对集中的行业，对从业人员的专业素养要求较高。但是，由于我国的翻译服务企业规模小，营业额不高，为了减少雇佣成本，中小企业一般常设的专职高端译员很少，而全职译员的薪资待遇也不高，有的甚至仅仅达到社会的平均工资水平，这在某种程度上和翻译服务行业从业人员的高学历、高素质的身份不相匹配。翻译服务企业的员工在工作初期相对稳定，但随着时间的增长以及待遇薪资问题，员工的流动性加大，能够长期留在这个行业的人不多，人才流失严重。由此可以看出，我国翻译企业对翻译兼职人员的需求量大于专职人员，大多数的企业将大部分业务交与兼职翻译人员完成，体现了我国翻译服务行业的中小型规模的特征，并体现了企业对兼职翻译人员的依赖性。

在我国，目前社会上多数人和一部分翻译服务企业还不能真正从学术角度理解翻译，没有真正意识到翻译是一个高度专业化的职业，思想意识还停留在"懂外语，就能做翻译"这一层面上，这种思想误区直接导致了我国翻译从业人员的素质高低不齐，翻译质量无法得到保障。我国对翻译从业人员的准入条件没有统一的、限制性的规定，只要愿意，只要懂得一门外语，无论是谁都可以从事翻译工作，客观上给不符合翻译工作的人提供了可乘之机。为了降低营业成本，一些小型翻译公司随意找一些略懂外语的人来敷衍客户的事情也时有发生，这就导致了翻译市场的混乱。另一方面，由于一部分兼职翻译人员不具备专业水准、缺乏翻译技巧、自身知识水平不足，在工作当中出现很多错译、误译、漏译，给客户带来不必要的经济损失，更有甚者有的翻译内容直接影响到中国的国家形象。近年来，由于翻译问题造成的涉外贸易合同纠纷时有发生，给国家和企业造成了严重的经济损失。翻译纠纷案件数量的逐年增长也严重影响了翻译市场的健康发展。

## （二）翻译行业的行业范畴和语种比例

纵观我国翻译服务性企业的业务范畴可以发现业务类别是相对集中的，主要涉及的业务内容都包含翻译服务、语言服务咨询等，个别企业还会开展翻译工具/软件开发、出国劳务、翻译人员海外派遣等个性化的业务。传统的翻译仍然是企业的主营业务，但随着全球一体化的节奏加快，企业经营业务的多元化需求越来越高，新型语言服务业务在翻译服务业中的比例将会越来越高，并且专业化分工也会更加精细。

有趣的是，与翻译服务型企业业务类别相对集中不同，该行业的业务所涵盖的行业领域却相对分散，从经济支柱产业的电力、热力、燃气、水生产到科学研究和技术服务，从金融业到制造业以及高新的信息技术产业，甚至文化、体育、娱乐业都有涉及。所以我们才一再强调翻译行业是一个专业服务行业，需要较高的专业水平。在人才培养上，各院校可以遵循市场规律和需求，设置一些相关专业翻译课程，有针对性地为社会培养专业翻译人才。借鉴国外翻译产业的发展史，可以看出在初级和中级翻译阶段可以对专业不细分，但到了高级翻译阶段就必须明确方向和领域。翻译服务型企业只有走专业发展之路才能够保证翻译的质量，迎合市场的需要。

在翻译服务行业所涉及业务的语种比例上，使用频率最高的目标语言是英语，其次为简体中文。随着中国经济的腾飞，中国在国际上的战略地位越来越重要，简体中文的使用概率也随之越来越高。在译入语中，英语占比最高，但在译出语种当中，简体中文比例最高，且以较大优势超过了英语。在企业当中使用频率较高的其他语种还有日语、繁体中文、蒙古语、西班牙语、俄语和韩语6个语种。特别是日语在中国翻译服务市场中有相对于其他非通用语种更大的市场需求，这种需求来自于中日两国之间政治、经济、历史和文化交流。

## 二、国外的翻译产业发展

翻译是一个历史悠久的传统行业，是各种文明间进行交流的一种手段，是人类文明传承的一支重要力量，同时也是人类历史上最古老、最复杂的社会实践活动之一。随着全球经济一体化进程的不断加快，国际间的对外交流与贸易往来日渐频繁，翻译的作用日益凸显，翻译已成为全世界最热门的产业之一。而且随着网络应用范围的扩大以及国际间电子商务市场的日渐成熟，翻译已突破了狭义的文化交流的范畴，逐步进入普通人民的日常生活和交往领域，成为了不同语言地域间的政治、文化、经济交流的重要组成部分。

### （一）澳大利亚

澳大利亚是传统的移民国家，不同文化背景、种族身份、风俗习惯的各国移民聚居，实现有效的语言沟通以解决各种社会矛盾是其基本需求。因此，澳大利亚政府在1977年成立了澳大利亚国家翻译人员认证署，这是澳洲唯一的翻译职业资格认

图 7-1 澳洲的多语言文化环境

证官方机构，旨在为不同程度的翻译人员提供官方标准，创立全国性的注册和颁发上岗资格系统，提供超过 60 种语言的翻译服务。澳大利亚政府推行"社会语言服务政策"（Language Services Policy），在社会生活的方方面面都考虑到对翻译的需求：在澳大利亚的每个旅游景区，你会看到配备各种文字的景点标识和介绍（汉语包括繁体和简体）；在居民区，垃圾分类的宣传手册分印为各个不同的语言版本供人取阅；而新移民在生活中遇到各种语言问题时，政府都能够提供免费的翻译服务，比如就医，打官司，甚至只是找个钟点工。

（二）美国

近十余年来，美国政府极为重视语言翻译工作。2000 年克林顿政府颁布了旨在消除语言沟通障碍的《第 13166 号行政令》。奥巴马上台之后，于 2012 年 3 月又颁布了《语言沟通计划》，对不同语言与文化背景的公职人员的语言规范进行了明确要求，对笔译和口译的标准、翻译材料的重要性分级等多个问题进行了严格的界定，对翻译人才培养、翻译行业发展、翻译标准与职业道德、翻译争端解决机制等各个方面进行规范与约束。

美国对翻译行业的管理主要依托翻译协会等行业组织来进行。各类翻译行业协会与各种社会评估组织发挥着积极作用，如美国翻译家协会（ATA）、美国文学翻译家协会（ALTA）、美国司法翻译工作者协会（NAJIT）、美国国家翻译中心（NTC）、美国国家虚拟翻译中心（NVTC）、美国现代语言协会（MLA）、业界语言圆桌协会（ILR）以及相关行业研究机构（如 IBISWorld）等。这些机构通过认证考试、行业规范、职业手册、评估报告、行业预测等各种形式，对翻译行业进行全方位的引导、规范与监督。

图 7-2　美国翻译家协会（ATA）成员著作

虽然美国高校外语院系开设笔译与口译课程已有相当长的历史，但翻译课程体系建设直到"二战"结束之后才受到重视。1949 年乔治敦大学首先设立了专门的口译与笔译方向。1964 年，爱荷华大学开始允许写作专业学生选择翻译作为专业方向。之后，一些知名大学如普林斯顿大学、耶鲁大学等纷纷效仿，翻译课程也就在写作专业中普及起来，但当时的课程主要以文学翻译实践为主。1968 年蒙特雷国际研究学院在原有外国语言与文化教育的基础上开始开展翻译专业的硕士学位教育，重点培养会议口译和非文学文本笔译人才。一些学校除了开展翻译硕士教育之外，还提供考取翻译证书的教育。1971 年，纽约州立大学宾厄姆顿分校在全美率先开展翻译博士学位教育，之后又推出了职业翻译人才课程计划，而且在比较文学、社会科学、商业管理等 3 个专业中将翻译作为一项辅助技能进行教学。这些教育改革发挥了不同院系的特色，将翻译理论与具体专业的翻译实践结合起来，具有明显的跨学科性质。肯特州立大学现代与古代语言系则与应用语言学学院联合起来，在法语、西班牙语、德语专业中培养商业领域和政府机关需要的翻译人才。

美国高校翻译人才培养主要包括学位教育、证书教育、非学历培训等 3 种类型。2010 年数据显示，全美前 10 大外语学习语种分别是西班牙语、法语、德语、日语、汉语、意大利语、俄语、阿拉伯语、拉丁语和希伯来语，基本反映了美国高校翻译人才在语种上的分布情况。根据美国翻译家协会网站公布的数据（ATA 2012），全国共有 55 所高校获得翻译资格认证。然而，美国文学翻译家协会对此排名似乎并不认可，在其公布的十佳翻译教育机构中，不少院校并没有获得美国翻译家协会资格认证。

由于没有全国统一的官方机构进行终审认定，美国各培养机构自行确定应用型翻译人才的培养方向，显现出较大的自主性和灵活性。培养方向中，笔译方向居多，主要包括笔译研究、法律翻译、商务翻译、医学翻译、网页翻译、翻译与本地化管理等，多与具体职业需求相关。口译方向则主要包括会议口译、医学口译和庭审口译等，其分类标准并不具有唯一性：有的与职业相关，如医学翻译、银行翻译、医学口译、法律口译等；有的与翻译方式有关，如同声传译、交替传译等。美国应用型人才的培养方向设置如下图：

| 笔 译 | | | 口 译 | |
|---|---|---|---|---|
| 笔译研究 | 广告翻译 | 外交翻译 | 口译研究 | 社区口译 |
| 法律翻译 | 商务翻译 | 学术翻译 | 同声传译 | 医学口译 |
| 金融翻译 | 汽车翻译 | 网页翻译 | 交替传译 | 听证口译 |
| 银行翻译 | 土木工程翻译 | 翻译与跨文化交际 | 会议传译 | 庭审口译 |
| 营销翻译 | 医学翻译 | 翻译与本地化管理 | 联邦传译 | 法律口译 |

注：本表根据各高校官方网站所发布的信息制作而成。

图 7-3　美国应用型人才的培养方向设置

2012 年 5 月美国最大的行业研究机构 IBISWorld 公布的报告显示,即便当前美国经济处于低谷期,翻译行业仍然保持着稳定的增长势头。自 2003 年以来,对翻译行业的需求一直保持平稳增长,并且从 2012 年到 2017 年这种势头仍将持续,翻译岗位将从 2012 年的 61989 个增长到 2017 年的 76520 个。美国劳工部有关 2006 年到 2016 年的职业预测报告称,口译与笔译岗位将增加 24%,远远高于所有行业岗位增长的平均值。

### (三)加拿大

加拿大素有"翻译之国"的美誉,其翻译业的发展历史可以追溯到 16 世纪中期的法国统治时期。法国航海家雅克·卡蒂尔(Jacques Cartier)为了与当地土著顺利交流,将两名印第安部落酋长的儿子带回法国学习法语,他们成为了加拿大最早的译员,并编著了加拿大译者的第一部词汇学专著。

作为世界上较早的开发利用语言资源、发展语言产业的国家之一,加拿大政府颁布了一系列语言法律法规,对加拿大整个社会、文化、价值观念产生了深远影响,并直接导致语言产业在该国的兴起。时至今日,加拿大语言产业已经毫无争议地走在了世界的前列,政府对该产业的重视、引导、投入及监管已经形成了一套具有加拿大特色的语言产业体系。

20 世纪 70 年代以来,加拿大语言产业得到了迅猛发展,走在世界前列。其中政府对该产业的重视、引导、投入和监管起到了关键性作用。由加拿大政府及相关部门牵头实施的"官方语言行动计划""语言部门提升计划"和"语言产业倡议行动"极大地推动了其语言产业的发展,使语言产业成为加拿大最具特色的产业之一,也引领了世界语言产业的发展方向。

由于特殊的殖民历史,居住在加拿大的大都为英、法后裔,以及为数较多的少数民族,包括其早期居民印第安、因纽特人,以及来自德国、意大利、中国、乌克兰和荷兰移民。法语与英语同为加拿大的官方语言,而当地居民很多都说两种以上的语言。近年来说法语的人口数量有下滑趋势,而加拿大政府正致力于挽救这个局面。

在加拿大,译员的就业机会多,条件好,报酬高,除了其国内最大的翻译机构——加拿大联邦翻译局,几乎所有行业的大型机构都设有内部的翻译部门。其翻译业俨然成为其他国家无法与之比较的庞大产业,翻译协会数量多、体系健全,其中知名的翻译协会包括国际会议口译员协会(AIIC)、魁北克职业口译员协会(APIQ)、魁北克职业口笔译家协会(CPTIAQ)、加拿大口笔译联盟(CTIC)等。加拿大的译员一般以省为单位建设自己的组织,10 个省里有 8 个建立了翻译协会,堪称世界上翻译职业组织最健全的地方。

这些翻译协会以会员方式制管理。以加拿大规模最大的翻译协会魁北克职业口笔译家协会为例,其会员分为"持证会员"和"预备会员"两种。申请者通过协会的入会考试成为预备会员后，只有通过协会举办的资格证书考试才能晋升为持证会员。这个资格认证在协会经过多年努力后获得了政府认可。

图 7-4　国际会议口译员协会宣传画

加拿大之所以较早地发展了语言产业，主要原因来自于其官方语言政策和人口构成。加拿大有着特殊的英、法殖民历史背景，这使其国家内部一直面临着文化和语言纷争的困扰。在经历了一个长期的思考与论证后，1969 年 7 月，加拿大政府推出了第一部《官方语言法》。该法案规定英、法两种语言共为加拿大官方语言，不仅在议会和法律面前享有平等地位，而且在整个联邦事务管理中地位平等。1973 年 6 月，加拿大国会通过了《关于公共服务中官方语言使用的特别议案》，重申了 1969 年《官方语言法》的内容，并规定公共部门的工作人员有根据自己意愿使用任意一种官方语言的权利。1982 年，加拿大制订了《人权和自由宪章》，明确规定公民具有使用少数民族语言接受教育的权利。1988 年 7 月对《官方语言法》进行了调整和修正，巩固了英语和法语在联邦内部的平等地位，确保与二者相关的语言权利得到尊重，由宪章来保障实施。这部法案赋予了某些已经在联邦制度内实施多年的政策的立法基础，特别强调在联邦政府内使用两种官方语言作为工作语言。2005 年 11 月通过的《官方语言法修订案》（重点强调英语和法语的推广）成为了加拿大官方语言政策的又一个新的里程碑。加拿大的《官方语言法》及其修订案在法律中赋予了英、法两种官方语言的平等权利，这对两种语言在现实生活中的具体实践影响巨大。它意味着在几乎所有涉及公共服务或官方活动中，都必须提供双语服务：公共会议及政治辩论中需要提供口译服务；所有的法案、档案、法令和条例都必须用两种官方语言编写和出版，法院也需要使用这两种官方语言；所有的联邦机构必须做好使用两种官方语言与公众沟通的准备；由联邦机构提供的所有服务也需要使用这两种官方语言来进行，等等。为了在联邦机构中贯彻执行《官方语言法》，加拿大政府特别指派加拿大财政委员会负责开发、协调相关的联邦指令和项目。这一系列的法律法规为加拿大语言产业的形成和快速发展提供了大的客观环境。

尽管加拿大从1867年取得自治权起便有了翻译行业的工作，但该行业真正的组织机构直至1934年联邦政府成立加拿大政府翻译局时才得以出现。翻译局隶属于加拿大公共事务和政府服务部，主要为联邦政府提供语言翻译服务，服务对象包括加拿大国会和联邦政府内部130多个机构，以及加拿大各级省、地、市的管理部门和一些国际机构组织。1969年加拿大《官方语言法》和1977年魁北克的《法语宪章》出台，使加拿大的翻译行业正式得以起步。2003年，加拿大政府开展了为期5年的"官方语言行动计划"，旨在强化《官方语言法》的执行力度，提升加拿大社会的双语特征。2008年，"官方语言行动计划"结束之后，加拿大公共事务和政府服务部又发起了"加拿大语言部门提升计划"，该提升计划的目标是大力扶持技术劳动力的发展，增强加拿大语言部门的能力。该计划主要包含两项内容，一是在大学设立翻译类奖学金，二是开展"语言产业倡议"行动。前者的目的显而易见，即鼓励相应的教育机构培养更多的翻译人才，吸引更多的学生来选择翻译这个专业，为翻译领域培养更多潜在性的从业人才，以满足不断增长的需要。同时，越来越多的专业翻译人才也会给公共部门和私人企业带来正效应，帮助他们扩大自己的沟通和生产能力，进一步促进产业的发展和壮大。在这一目标下，加拿大政府计划在2008—2013年间注资800万加元，以保证翻译奖学金活动的顺利进行。对于语言产业倡议这一行动而言，加拿大工业部通过该倡议行动建立了相应的问责制框架，确定了围绕语言产业的3个中心轴，即语言翻译、语言培训和语言科技，定期发布调查和评估报告。这些报告主要关注产业倡议的关联性、设计与交付、进展与成效以及投入的成本与收益分析等问题。在"语言部门提升计划"的扶持下，加拿大政府计划在2008—2013年间为产业部投入1000万加元，用以加强与该倡议相关的网络和协调活动以及为语言产业倡议开拓市场和创建品牌等的具体实施，重点资助语言产业的开发研究，组建加拿大语言产业协会（AILIA），发展语言产业相关项目。政府还对语言产业倡议额外追加1000万加元，由加拿大国家研究理事会负责管理，用来提高语言产业中语言科技部门的研发。2012年加拿大政府翻译局还委托世界著名会计师事务所——普华永道会计师事务所——进行了关于加拿大翻译行业的基准和比较分析研究，旨在评估加拿大语言产业满足国家和政府需求的能力，为优秀的语言服务企业和处于国家级或国际级同等规模的其他组织提供对比基准。

加拿大翻译产业主要包括从事翻译业务和其他涉及口译、手语翻译、命名和配音等业务的企业，在北美产业分类系统中，这些业务部门被分配了相同的代码。由于官方语言政策和人口分布，加拿大在翻译市场上处于领导者地位。虽然其人口只占全球人口的 0.5%，但却占有全球翻译市场 10% 的份额。据估计，其中有 90% 的翻译是英语法语之间的翻译，这也反映了加拿大官方语言的地位。目前，加拿大翻译工作者协会（CTTIC）、加拿大语言产业协会和加拿大翻译产业部门委员会（CTISC）是加拿大语言产业主要的管理机构和协会。除此之外，每个省还有笔译和口译人员的个体协会，定期举行会议并提供培训机会。

根据《加拿大语言产业经济评估报告》，2004 年各行业直接从事翻译、命名和口译工作的人数共计 13545 人。其中，几乎一半以上的翻译、命名和口译人员在魁北克省工作，同时约 47% 的翻译专业人员服务于从事其他行业的企业。政府公共管理部门也是翻译、命名和口译人员一个重要的就业方向，共提供 2246 个职位。其中，近四分之三的职位是联邦政府的工作职位。加拿大政府翻译局的存在使联邦政府成为了翻译行业的主要雇主。

加拿大翻译行业具有女性从业人员多、自雇从业人员比例大两大特点。从加拿大全国范围来看，女性在语言产业中占主导地位，人数达到总从业人员的 6800 户；自雇职业也在翻译行业中占有很大比例，达到 3800 人，其中三分之一左右的人员是全职自雇人员。

图 7-5　加拿大翻译行业女性从业者多

2012 年普华永道会计师事务所的《加拿大翻译局基准与比较分析报告》还显示，加拿大对翻译行业的需求高于对全国其他行业需求的平均水平，从事翻译行业的劳动力受教育程度和收入也相应地高于全国平均水平的大专教育程度和收入。

### （四）欧洲

1945 年联合国成立以后，规定以英语、法语、俄语、汉语、西班牙语为 5 种正式工作语言（1973 年增加了阿拉伯语）。联合国秘书处也配备了一支强大的翻译队伍——口译和笔译员共 470 多人，而联合国日内瓦办事处则有多达 600 多名口译工作者。

联合国记录的欧洲语言和方言加起来有上千种，而目前用于翻译的只有 60 种。据美国著名语言行业调查机构 Common Sense Advisory 统计，世界上的 7 种语言将得到发展，这些语言被称之为超语言，其中包括英语、法语、意大利语、德语、西班牙语、日语以及汉语。

过去 20 年里，欧洲的语言组成发生了巨大变化，现在这些变化仍在继续。1995 年至 2007 年，欧盟官方语言增加了一倍多，区域和少数民族语言都经历了实质性的复苏。总体而言，在欧洲使用的语言数量的增加超出 10 年前人们的想象。一些成员国内，所有教学阶段的语言学习和语言使用的模式发生了明显的变化。欧洲国家外语教育系统最频繁的变化包括教学时间分配的增加和教授外语人员的年龄层的下降。许多双语教学的科目被介绍到了一些国家，从而增加了学生们的语言能力。

在几乎所有的欧盟成员国，学生从小学起就要求学习一门外语。在其中几个国家里，学生在小学教育的第一年就要学习外语，在比利时（德语区）和德国，学生甚至在学前阶段就开始学习外语。近几年，在几乎整个欧洲，小学学生学习至少一门外语的比例有所上升。多数欧洲国家一半以上的学生（有些国家更多）在小学就开始学习至少一门外语。在 13 个欧洲国家中，所有学生在义务教育阶段都必须学习英语。在有些国家，要求学习英语的时间更长，甚至延伸到高中教育。因此，在所有这些国家中，初高中阶段学习英语的学生的比例高于 90%。在一些英语不是必修科目的国家，学生选择英语作为外语的比例仍接近 90%。

图 7-6　口译员培训

根据这些数据研究得出结论，在几乎所有的欧洲国家中，对英语的学习最为普遍。为了方便不同文化背景和语言的与会者进行交流，会议口译扮演着不可替代的桥梁角色。世界专业会议口译协会（AIIC）的统计数据显示，欧洲会议口译使用的语言主要有英语、法语、西班牙语、德语、意大利语，网站上数据显示欧洲有 1797

个会议口译者。

由于移民数量大，欧洲国家内存在多种语言。据估计，英国2006年有200万以上的人不说英语，而且这个数字还会增加。而许多服务需要电话，电话口译十分重要。电话口译既在私营部门发挥作用，也在公共服务部门发挥作用。电话口译的费用较高。据估计2007年全球顶尖的15个电话口译公司创造的产值达2.13亿。这一数字中15%产自欧洲。

欧盟内部政府组织的翻译中心在2007年翻译总量达732673页，产值为1339万欧元。欧洲议会有口译者大约430人，自由译员2500人。法庭上的口译员有73人。负责口译的欧洲委员会有口译员500人，自由译员2700人，产值达1亿欧元。负责笔译的欧洲委员会产值达1216万欧元。①

据欧洲译协联盟（EUATC）2005年的数据统计，欧洲约有1500个翻译公司，他们的年平均营业额在30万欧元。2006年，翻译公司的整体市场份额约占市场总收入的25%，2016年占到30%—40%。而自由译者（直接为客户工作）在翻译行业中的市场份额将从75%下降到60%。② 主要的原因是每个项目需要越来越多种的语言。调查结果也显示了自由译者面临的激烈竞争。

## 小贴士

### 翻译市场需求分析

※ 从全球经济一体化主流需求划分
资本国际化：法律、财经等10多个领域
中国制造：机械、工程等20多个领域

※ 从客户需求划分
参考级：读懂，并用目标语言基本描述清楚
专业级：准确表达，语言流畅
母语化：准确体现原文意思，并母语化表达

※ 从语言方向和语种划分
整体来看，外译中占60%，中译外占40%，部分出现中译外倒置
从语种看，英文占60%—70%，其次是德语、法语、西语、俄语、日语、阿语等

※ 从人才能力结构上划分
复合型：外语能力＋专业能力

---

① 引自 https://www.euatc.org/
② 同上。

翻译文化

小语种：德语、法语、西语、俄语、日语、阿语等
口译：陪同口译、商务口译、会议口译

**小贴士**

社会对职业翻译的要求

图 7-7　职业翻译综合能力结构图

※ 语言能力：双语能力（核心技能）——精通双语并能熟练应用、写作、转换
※ 工具应用能力：熟练掌握各种辅助翻译工具以及相关文字编辑和排版工具等
※ 知识体系：相对宽泛，最好具备在某个专业领域相对完善的知识背景
※ 学习能力：快速掌握新知识的能力，应变能力强
※ 职业素养：自我管理能力、团队协作能力、沟通能力、基本的职业道德和高度的职业责任感

## 第二节　国内外翻译行业协会概况

90 年代以来，在国际经济一体化的大背景下，随着我国对外开放的不断深入和信息化的高速发展，我国的翻译工作已经从原来的以国家事业单位为工作主体的形式转变成一个新兴的行业登上了经济舞台。翻译行业在 21 世纪快速发展壮大，在经济往来、文化教育、国际政治、科学技术等方面担任重要角色，是国家软硬实力建设的一个组成部分。[①]

对于一个健康和完善的行业的发展来说，信息的沟通和交流是一个重要环节。

---

① 引自黄友义：《推动翻译立法，促进翻译行业的健康发展》，载《中国翻译》2011 年第 3 期，第 29 页。

在翻译服务行业内部，成立一个具有信息沟通和行业事务调节功能的行业组织是必要之需。在商业竞争激烈的当今社会，翻译公司不可能单枪匹马在市场上取得成功。翻译需求急剧增加、各种新型技术的出现，以及客户的需求变化，使得翻译公司必须迅速了解市场，及时做出应对。因此，翻译公司之间的合作以及翻译公司与其他领域公司之间的合作日趋频繁，由此推动了翻译协会的发展。翻译协会作为行业组织，在政府与企业之间建立沟通协调的纽带，制定行业标准和规范，建立行业自查、企业自律、政府监管、社会监督的良好社会秩序，提供职业资格认证，团结和组织行业内部的翻译公司进行学习交流，通过组织研讨会、高峰论坛等为业内人士提供各种交流平台，也承担着面向社会介绍和传播行业、教育用户和推动行业发展的使命。[①]

随着全球化的推进，世界各国的翻译协会之间的国际交流活动也日渐增多，很多翻译公司的高层管理人员积极参与这些国内国际的翻译行业协会的活动，在了解国际性行业动态、宣传公司品牌的同时也推动和提升了翻译行业协会的地位和行业影响力。

世界上最早出现的翻译家行业组织是于1953年成立的国际翻译家联盟，紧随其后在50年代还成立了美国语言专家协会和美国翻译协会。翻译行业协会的出现和发展是市场经济的产物，也是全球一体化的结果。从国际视角来看，翻译协会种类各异、遍布全球，但究其发展史，仅有半个多世纪之久。50年代之后，全球又相继成立了一些影响力大的翻译行业协会，如加拿大翻译工作者协会、中国翻译协会、欧洲文学翻译联盟等。这些翻译协会各具特色，在本国和世界翻译研究领域和翻译市场上发挥着重要的作用。

## 一、国际翻译家联盟

国际翻译家联盟（简称国际译联，英文缩写为FIT）成立于1953年，是国际上权威的翻译工作者联合组织，享有联合国教科文组织A级咨询地位。其会员遍及50余个国家和地区的115个组织，代表全球6万名翻译工作者的利益。国际译联下设14个专门委员会、2个区域中心（欧洲和拉美）和一个论坛（亚洲翻译家论坛），秘书处设在加拿大蒙特利尔市。国际译联的出版物包括会刊《通天塔》（*Babel*；介绍口笔译领域的信息、发展和研究的国际翻译季刊），简讯 Translatio（季刊），和不定期快讯 FIT Flash。

国际翻译家联盟的主要目标是团结各国翻译工作者协会，推动其交流与合作；支持各国成立翻译协会组织；与致力于翻译或跨语言及跨文化交流的其他组织建立联系；推动翻译培训与研究的发展；推动职业标准的建立；维护全世界翻译工作者

---

① 引自吕乐、闫栗丽：《翻译项目管理》，北京：国防工业出版社，2014年，第266页。

的精神和物质利益，宣传并推动社会对翻译职业的认同，提高翻译工作者的社会地位，使翻译作为一门科学和一门艺术而得到应有的了解与尊重。[①]

国际译联每3年召开一次世界翻译大会。1987年8月，中国翻译协会第一次组团参加在荷兰玛斯特里赫特举行的第11届世界翻译大会。在这次大会上，中国翻译协会成为国际翻译家联盟的正式会员。2008年8月，第18届世界翻译大会在中国上海召开，中国翻译协会副会长黄友义在该届大会上出任国际译联第一副主席。中国翻译协会通过国际翻译家联盟这一平台与各国同行的交流与合作越来越密切，同时也开始发挥越来越大的作用。

## 二、中国翻译协会

中国翻译协会（简称中国译协，英文名称为Translators Association of China，缩写为TAC）成立于1982年，是由与翻译及与翻译工作相关的企事业单位、社会团体及个人自愿结成的全国性、行业性、非营利社会组织，是翻译领域唯一的全国性社会团体，由分布在全国各省、市、区的单位会员和个人会员组成。下设社会科学、文学艺术、科学技术、军事科学、民族语文、外事、对外传播、翻译理论与翻译教学、翻译服务、本地化服务10个专业委员会。

中国译协的宗旨是协助政府有关部门加强对翻译行业的指导与管理，规范行业行为；开展翻译研究和交流，促进人才培养和队伍建设；维护翻译工作者的合法权益；开展与国内外相关组织之间的交流与合作，为提高翻译质量、改进翻译服务、促进翻译行业健康可持续发展服务。中国译协与政府的联系较为紧密，是真正意义上的政府与企业及相关组织机构之间的桥梁。

## 三、其他主要的翻译协会

欧洲译协联盟（European Union of Associations of Translation Companies，EUATC）1994年建立于意大利，其成员国包括英国、意大利、法国、匈牙利、德国、希腊、荷兰、比利时、芬兰、挪威、西班牙和葡萄牙。这是唯一能够代表欧洲翻译产业的协会，每两年一次的会议为探讨欧洲翻译业内的问题、推进欧洲翻译业的发展提供了平台。

美国翻译协会成立于1959年，是美国最大的翻译和口译工作者的行业协会，有来自90多个国家的11000多名会员。美国翻译协会的宗旨是为翻译和口译职业提供支持，促进翻译行业振兴发展；其使命是提高会员的社会和商业价值，提供会员之间的沟通渠道，建立职业能力和职业道德标准，为会员及公众提供培训。

加拿大翻译工作者协会成立于1970年，协会的名称将笔译人员、术语专家和口

---

① 引自 http://www.fit-ift.org/。

译人员全部包容其中，这在一定程度上突显了术语专家在翻译工作中的地位。协会在成立之初就将分布在加拿大各省负责译员和术语专家认证的机构组织起来，逐渐形成一个追求统一行业标准的国家级的行业认证权威组织，将专业认证作为衡量翻译质量和从业人员能力的标准，以促进行业的发展，保护公众利益。

加拿大翻译工作者协会的前身是加拿大翻译者与口译者协会（STIC），该协会于1956年注册成立，1970年翻译工作者协会成立后，直接成为翻译者与口译者协会的法定继承机构。目前，加拿大翻译工作者协会是7个省和地区组织的联盟机构，同时，它也是联合国教科文组织加拿大委员会下属的文化、传播与信息部门委员会的成员之一。该协会的使命主要是在加拿大翻译、命名和口译领域设立国家级标准，努力维持该标准的执行并促进该标准的发展，以此确保高质量的跨越语言和文化社区的交流。

加拿大语言产业协会是受加拿大官方资助的语言产业权威协会，是全国性组织，为各种机构和语言学校提供专业的翻译服务，代表着加拿大语言产业商业利益的声音。该协会的建立是"加拿大语言行业提升计划"的一个组成部分。加拿大语言产业协会的使命是通过宣传、认证和信息共享来促进和提高加拿大语言产业在国内和国际上的竞争力。

1996年，在加拿大产业部的邀请倡议下，加拿大一些主要的翻译公司开始联合讨论加拿大翻译产业所面临的问题和挑战，通过产业部组织的一系列会议讨论，就翻译行业中的一些重大问题达成共识，组建了一个临时特别委员会，由加拿大人力资源发展部、加拿大公共事务和政府服务部以及产业内部人士提供资金赞助。1997年这个临时特别委员会正式更名为加拿大翻译产业部门委员会。它是一个非营利性组织，其成员来自专业协会、翻译机构、公司、大学、为翻译和机器翻译软件提供协助的供应商，还有联邦政府和省级政府的观察员。该委员会的目标是识别并定位加拿大翻译产业，制定其人力资源发展战略，以加强该产业的管理，促进出口，扶植产业成员间的合作，从而进一步推动产业的发展及提升产业活力。该机构的主要活动是落实标准的认证程序，按照其目标提供统一的行业标准，并确保它代表的组织成员的能力。此外，加拿大翻译产业部门委员会还处理除魁北克省以外全国的翻译认证工作。

澳大利亚翻译者协会（The Australian Institute of Interpreters and Translators Inc., AUSIT）在澳洲翻译资格认可局的推动下于20世纪90年代在堪培拉成立。作为国际译联的成员，澳大利亚翻译者协会是一个全国性的组织。澳大利亚翻译者协会与澳大利亚国家翻译人员认证署长期合作，共同编制了"澳大利亚专业翻译和口译标准"。1995年，澳大利亚翻译协会完成了"澳大利亚翻译协会职业道德规范"的编制，得到了澳大利亚国家翻译人员认证署的认可和推广。澳大利亚翻译者协会也将澳大利亚国家翻译人员认证署的认证作为翻译或口译人员的资格认证。

翻译文化

### 小贴士

**翻译需求呈现的几大趋势**

你知道吗？

※ 广东大亚湾核电站一期外文资料重 100 多吨，译成中文约 2.5 亿—2.75 亿个汉字（黎难秋《新中国科学翻译事业六十年发展简述》）。

※ 据英国《每日快报》报道，英国司法部公布数据称，为审理外国人案件，英国法庭每年支出的翻译费高达 6000 万英镑。

※ 在英国，波兰语、立陶宛语和罗马尼亚语的翻译服务需求最多，其次是俄语、乌尔都语、库尔德语、汉语、葡萄牙语、旁遮普语和捷克语。

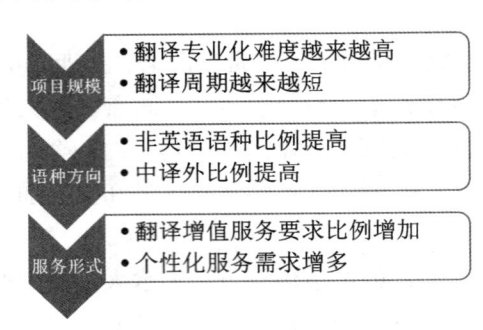

| 项目规模 | • 翻译专业化难度越来越高<br>• 翻译周期越来越短 |
| --- | --- |
| 语种方向 | • 非英语语种比例提高<br>• 中译外比例提高 |
| 服务形式 | • 翻译增值服务要求比例增加<br>• 个性化服务需求增多 |

图 7-8　翻译需求呈现的趋势

## 第三节　翻译职业资格证书

### 一、全国翻译专业资格（水平）考试

全国翻译专业资格（水平）考试（China Accreditation Test for Translators and Interpreters，CATTI）是受国家人力资源和社会保障部委托，由中国外文出版发行事业局（China Foreign Languages Publishing Administration）负责实施与管理的一项国家级职业资格考试，已纳入国家职业资格证书制度，是一项在全国实行的、统一的、面向全社会的翻译专业资格（水平）认证，是对参试人员口译或笔译方面双语互译能力和水平的评价与认定。

翻译专业资格（水平）考试，是我国翻译系列职称评审制度的重大改革。翻译专业资格（水平）考试与原有翻译专业技术职务任职资格评审制度相比，更体现了科学、客观、公平、公正的原则，报名参加考试人员不受学历、资历和所从事专业的限制。取得各级别证书并符合翻译专业职务任职条件的人员，用人单位可根据需要聘任相应职务。在资格考试体系尚未完全建立之前，新旧体系会有一个并存期。翻译专业资格考试将分语种、分级别地逐步开展。随着考试逐步推向全国，旧有的翻译专业技术职务任职资格评审制度将逐渐退出历史舞台。

设立这一考试的目的是为适应我国经济发展和加入世界贸易组织的需要，加强我国外语翻译专业人才队伍建设，科学、客观、公正地评价翻译专业人才水平和能力，同时进一步规范翻译市场，加强对翻译行业的管理，使之更好地与国际接轨，从而为我国的对外开放服务。

该考试是一项面向全社会的职业资格考试，凡是遵守中华人民共和国宪法和法律，恪守职业道德，具有一定外语水平的人员，不分年龄、学历、资历和身份，均可报名参加相应语种二、三级的考试。获准在华就业的外籍人员及中国香港、澳门、台湾地区的专业人员也可参加报名。

考试分 7 个语种，分别是英、日、法、阿拉伯、俄、德、西班牙语；4 个等级，即资深翻译，一级口译、笔译翻译，二级口译、笔译翻译，三级口译、笔译翻译；2 大类别，即笔译、口译，口译又分交替传译和同声传译 2 个专业类别。

翻译资格考试从 2003 年 12 月开始进行首次试点，在考试实施与管理及口笔译考务各有关单位的通力合作下，取得了一系列可喜的进步和值得骄傲的业绩，考试的规模稳步增长、影响力不断扩大，得到了社会各界的认可。

翻译资格考试作为一项国家级翻译人才评价体系，多次得到国家人力资源和社会保障部及业内资深专家的好评。考试在国内和国外都产生了良好的影响，是目前国家职业资格考试中做得非常成功的项目之一。

2005 年，中国翻译协会出台了《中国翻译协会会员管理暂行办法》，对个人会员入会条件进行规范。个人会员包括资深会员、专家会员、普通会员和荣誉会员。其中普通会员要求取得初级以上翻译专业技术职务任职资格，或获得全国翻译专业资格（水平）考试三级以上口、笔译证书，或在翻译学术界或翻译专业领域内有一定贡献或实践经验；专家会员要求取得副译审以上专业技术职务任职资格，或获得全国翻译专业资格（水平）考试一级以上证书，或在翻译学术界或翻译专业领域内有显著成绩和贡献，有丰富实践经验。

## 二、国际注册高级翻译师

国际注册高级翻译师（ICST）认证考试是国际翻译领域的一套职业资格认证体系，由美国认证协会（American Certification Institute，ACI）创建并在全球推行，在欧美具有广泛的影响力。ICST 是英文 "The International Certified Senior Translator" 的缩写，中文意思是国际注册高级翻译师。ICST 认证是美国认证协会对翻译和口译资格进行认证的一个官方标准。该认证体系成立于 2012 年，在这近 2 年间，ICST 旨在为不同程度的翻译和口译人员设立一个专业的标准及开发、创立一个世界性的注册和颁发职业上岗证的系统。

ICST 年薪丰厚，已成为最受欢迎的职业之一。实践证明，取得国际注册高级翻译资格对于翻译人员的职业发展机会具有极大的帮助。

报考条件（满足任一条件即可）：

① 具备英语专业八级证书或同等英语水平；

② 翻译专业硕士（MTI）或翻译方向研究生，具备 1 年以上工作经验；

③ 英语本科毕业以上学历（含本科）或同等英语水平，有一定翻译实践和较高英语水平，具备 3 年以上工作经验；

④ 全国翻译专业资格（水平）考试二、三级证书获得者，具备 1 年以上工作经验者；

⑤ 英语专业四级以上，长期从事翻译工作，具备 5 年以上翻译从业工作经验者。

## 三、澳大利亚职业翻译资格认证

作为拥有多元文化的移民国家，澳大利亚是世界上第一个在翻译领域建立国家级认证的国家。澳大利亚国家翻译人员认证署（NAATI）所颁发的翻译资格证书是历史最长的翻译职业资格证书之一，考试语种超过 60 种，认证途径多，方式灵活，认证体系较为成熟和规范，在国际上享有极高的知名度。近年来，赴澳学习翻译的中国留学生的数量有上升趋势。

澳洲政府规定，无论是自由译者还是受雇于翻译机构的译者，只有通过 NAATI 的考试认证，才能从事该职业。其资格认证主要从 5 个方面考察、评估译员的综合从业能力，这 5 个方面是能力、保密、公正、准确和正直。

NAATI 翻译资格分为 5 个等级，级别越高，通过难度越大。每一个级别都分为笔译及口译两个部分（见图 7-14）。

一般来说，澳大利亚大多数的私人公司以及政府部门在聘用翻译时，都要求译员至少具备 NAATI 三级翻译的资格，三级、四级和五级都是认证署认可的专业翻译。NAATI 考试所涉及内容包括科技、生活、医疗、工农业、金融、环境、法律等方方面面。三级口译考试由对话、试译与交替传译三大部分组成，不论三级口译还是笔译，考试的通过率都很低，是翻译行业具有高含金量的资格证书。除了在澳洲本土组织考试外，NAATI 还在海外（如中国、新西兰等）设置了考试分支机构，以方便海外优秀翻译人才应试。

## 第七章 翻译行业情况简介

NAATI职业翻译标准
（译自NAATI官网www.naatiocom.au）

| 级别（Standards） | 能力水平（Meanings） | 相关工作（Related Work） |
|---|---|---|
| 语言助手<br>Language Aide | 初级级别，并非笔译或口译人员；适合于语言水平有限仅能进行简单交流的人群。 | 柜台工作：回答普通咨询；使用英语帮助客户填写简单的表格；帮助非英语使用者指明方向或使用方法。 |
| 助理笔译<br>Parnprofessional Translator | 可进行非专业领域的笔译。 | 对不含技术或专业信息或专业名词的文本进行笔译；适合于简单笔译，翻译准确度稍欠，可忽略不计。 |
| 助理口译<br>Paraprofessionl Interpreter | 可进行非专业领域的普通会话口译。 | 普通对话口译；在无须使用专业术语或较为复杂的概念的场合下进行口译；在无须使用难度较大的语言的场合下进行口译。 |
| 职业笔译（职业初级）<br>Profesional Translator<br>(First Professional Level) | 可进行广泛题材的笔译，要求在概念上对所译材料具备正确的理解。根据译员的资质来确定他们进行单向笔译或双向笔译。 | 适合于记者招待会、报告、普通学术规范文本资料；对非专业领域的科学、技术、法律、旅游和商业题材进行笔译。要求笔译准确度到达合理水平。 |
| 职业口译（职业初级）<br>Professional Interpreter<br>(First Professional Level) | 职业口译人员最低水准，即澳利亚职业标准。可对题才广泛、涉及专业咨询的会话进行口译，可用交传方式对发言进行口译。 | 对题材广泛涉及专业咨询的会话进行双向口译，比如医患者间、推销员与客户之间、银行经理与客户之间、法庭口译等；在双语语言涉及一定难度的场合下进行口译。 |
| 高级笔译<br>Advanced Translator | 可对复杂的、专业技术含量高的资料进行笔译，达到国际认证标准。可选择特定的专业领略，通常是单向翻译，使用第一语言。 | 为专家的专业资料进行笔译，比如：国际会议文件、科技期刊文献、法律文件、外交协议等等；对其他译员的翻译文本进行校改。 |
| 会议口译（职业高级）<br>Conference Interpreter (Advanced Professional Level) | 具备足够能力对复杂的、专业技术含量高的资料进行笔译和口译。会议口译人员可在各种场合进行交传或同传。包括大型会议、高端谈判和法庭诉讼。会议口译人员资质达到国际认证标准。 | 可胜任国际会议、外交任务、贸易谈判以及其他高端谈判等口译工作；可胜任复杂的法庭诉讼口译工作；在双语语言难度较大的场合下进行口译。 |
| 资深笔译<br>Advanced Translator (Senior) | 是NAATI认证的最高级别，反映了笔译人员的能力和经验。代表着国际标准，展示了丰富的经验和领导能力。 | 可胜任高级笔译的所有工作；国际会议翻译文本的管理工作；为澳大利亚国内外的笔译服务提供建议。 |
| 资深会议口译<br>Conference Interpreter (Senior) | 是NAATI认证的最高级别，反映了口译人员的能力和经验。代表着国际标准，展示了丰富的经验和领导能力。 | 可胜任高级口译的所有工作；参与国际会议的组织工作；为澳大利亚国内外的口译服务提供建议。 |

图 7-9 NAATI 职业翻译标准

| 翻译文化 |
| --- |

### 拓展阅读

**哪些热门岗位需要翻译技能？**

翻译能力相关岗位：职业译员、语言工程师、外语编辑、国际代购、翻译管理、翻译技术、翻译市场

图 7-10　需要翻译技能的岗位

---

**顺丰月7000元招英语翻译**　深圳　　　　　　　　　　　　　6000—8000元·月

深圳中南人力资源有限公司　　　　　　　　　　　　　　　　该公司所有职位

------------------------------

英文翻译审单文员：15人，属正式员工。

此职位新员工月薪5000—6500元+五险一金和其他完善福利。

职位要求：大专以上学历；英语6级以上。书面英汉互译熟练。

------------------------------

中文审单文员：30人，属正式员工。

此职位新员工月薪4500—5000元+五险一金和其他完善福利。

职位要求：高中（含）以上学历。打字40字/分钟，数字键150个/分钟。接受能力强，有较强的责任心及团队协作精神。

------------------------------

客服文员：10名，属正式员工。

此职位新员工月薪4500—5000元（税后）+五险—金和其他完善福利。

职位要求：高中（含）以上学历。打字40字/分钟，数字键150个/分钟。

以上职位工作地点为福田保税区，以上职位需要轮班。

福利待遇：一年有1次外出旅游的机会；入职购买五险一金；入职满一年以上有5—10天带薪年假；节假日有礼品赠送；每月均有丰富的员工活动开展；每年有大量的培训课程；在公司指定地点有24小时班车接送。

图 7-11　2017 年 4 月份顺丰快递的招聘广告

## 本章小结

本章讨论了国内外翻译产业发展的基本情况。除了对本国的翻译产业发展状况的概述，本章着重介绍了美国、加拿大、澳大利亚及欧洲各国家和地区的翻译行业发展近况。本章也提供了翻译行业文化及世界各地区翻译协会以及翻译职业资格证书的相关信息。翻译行业的前景是充满光明的，目前全世界范围内仍存在翻译人才供不应求、专业翻译人才短缺的问题，同时翻译行业也是一个充满挑战、对职业素质要求相对较高的一个专业领域，做好翻译工作不仅需要出类拔萃的语言能力，更需要具备出色的综合素质。

【简答题】

1. 为什么说翻译行业对我国的国民经济和对外开放发展起着举足轻重的作用？
2. 能否用自己的语言向你的同学介绍国内外任意一个翻译职业资格证书的基本情况？
3. 你认为一名称职的职业翻译需要具备哪些素质？
4. 你对成为一名职业译员感兴趣吗？为什么？

【讨论题】

请对比中国的 CATTI 与澳洲的 NAATI，看看两个翻译资格认证有何异同？

# 第八章  如何成为一名合格的译者

> 翻译是一件严谨的工作,它并不像有些人所想象的那样,只要懂得一种外语,再依靠一部好的字典,就能把任何东西都翻译出来。
>
> ——戈宝权

【学习目标】

1. 了解对一名合格译者的能力要求及如何在翻译实践中锻炼、培养;
2. 了解译者的道德素质体现及如何在翻译实践中培养、提高;
3. 了解专业译员面临的挑战及在国际交流中所起的重要作用;
4. 了解外交部译员的选拔培养模式;
5. 了解联合国等国际组织对译员的素质要求。

【教学提示】

1. 引导学生解读实例,理解译员除双语能力外还需具备多项能力;
2. 组织学生讨论交流自己在翻译实践中的困惑及如何克服个人素质能力上的不足;
3. 帮助学生树立翻译职业观,理解翻译作为一项职业,其从业者应具备何种职业道德;
4. 引导学生了解联合国译员、外交部译员的选拔培养模式,了解行业精英的工作状态,领略翻译名家的风采,也了解其辉煌背后的付出;
5. 帮助学生了解译员的进修选拔渠道,为自己的职业生涯做好规划。

成立于1945年的联合国旨在促进世界和平。如今拥有将近200个成员国的联合国已成为一个协调世界经济、社会及环境事务的组织。多语言工作的模式产生了联合国巨大的翻译需求。进入联合国工作是许多年轻译者的梦想。一批批高素质的联合国译员以其出色表现，为世界政策的制定和和平的维护做出了贡献。

在中国，一批批德才兼备、聪颖敏捷的译员活跃在外交、外事战线上，架起中外沟通的桥梁，用口和笔向世界传递中国声音。

一批又一批的优秀译者点亮了我们心中的翻译梦。成为优秀译者，天资独到、执着追求、不懈努力都不可或缺。光环的背后隐藏着多少汗水与付出？荣耀的桂冠下是怎样的成长故事？下面就让我们带着心中的好奇和对译员们的艳羡，一起来看看一名优秀的译者应该具备怎样的能力、素质和职业道德，进而沿着翻译大咖们走过的万里挑一的历程，领略他们走进大众视野、走向事业巅峰的魅力和风采。

## 第一节　译者的能力与职业道德

几乎每个大学生都学过一门外语，但并不是每个大学生都能成为一名合格的译者。很多人以为做一个译者只需掌握一门外语即可，这实际上是一种误解。熟练掌握一门外语只是成为一名译者的基础，要成为一名合格的译者还需具备良好的理解和表达能力、较强的逻辑思维能力、随机应变的能力，以及良好的记忆力和强大的心理承受能力。

### 一、译者的能力

#### （一）良好的理解和表达能力

作为一名译者，首先要具备良好的理解和表达能力。翻译是把一种语言文字的意义用另一种语言表达出来，整个翻译活动包括两个方面：理解和表达。正确理解是正确表达的基础，没有正确的理解，正确的翻译就无从谈起。反过来，理解正确，若不能准确流畅地表达出来，也谈不上翻译。好的译者，二者缺一不可。良好的理解能力使译者能够准确地把握上下文中一句话的确切含义。而精准的表达能力又能使译者将原文的含义原汁原味地传达出来。二者在翻译中同等重要。

任何翻译都应忠实于原意，准确表达原文的思想、内容和形式。不管遵从哪种翻译理论或采用哪种翻译方法（如直译或意译），均应遵守忠实的原则，准确、完整地传达原文的意思。

20世纪50年代中期，北约总司令格林德尔到访联邦德国，时任联邦德国总理阿登纳在会谈中谴责格林德尔，表达其对美国政策的不满。但在将军即将离开波恩的饯行宴上，阿登纳态度大转，在讲话中盛赞格林德尔为实现联邦德国自由和安全作出的贡献。格林德尔将军丈二和尚摸不着头脑，于是讲了一个年轻人面试的故事：面试时，人事主管询问年轻人是否有抽烟、喝酒、赌博等恶习时，年轻人均说没有，人事主管纳闷不已，问："你难道没有一点缺点吗？"年轻人回答："我有一个缺点，总是说谎。"

将军紧接着对阿登纳说:"总理您在赞扬我功绩的时候,我知道您说的不是实话。"格林德尔本意是以幽默调节气氛,而当时译员漏翻了前半句话,只翻出后半句。阿登纳总理听完,脸色大变,宴会不欢而散。由此,翻译中忠实原则的重要性可见一斑。

另外表达能力也很重要。检验自己表达能力的最简单的方式是看自己的母语写作水平如何。如果写出来的东西总在结构、语法、句法、用词上存在问题,在翻译过程中,无疑也会出现这些问题。有些人写出来的东西主题明确、逻辑清晰、句子通顺、词汇丰富,他们在熟练掌握一门外语的基础上,翻译出来的东西也不会很差。那如何才能提高自己的理解和表达能力,从而成为一名好的译者呢?翻译名家文洁若先生在接受采访时说:"做好(文学)翻译只有勤学苦练,没有什么窍门,要多读书,提高写作水平。"

### (二)较强的逻辑思维能力

无论是讲话还是写文章都有其一定的内在逻辑关系,这就要求译者首先要对其内在的逻辑关系非常清楚,然后才能经过合理组合,将信息通过目标语言传递给听者或读者。有的人在翻译时出现误解、错译或漏译并不是因为语言能力差,而是逻辑理解能力差。有的讲话者思维清晰,译者可以毫不费力地捋顺讲话内容,而有的讲话者思维跳跃,译者有时很难准确把握讲话者所要表达的含义。这时就需要借助逻辑推理了。如果译者未能从字里行间、上下文关系上悟出讲话人的逻辑关系,出现差错就不可避免了。

### (三)随机应变的能力

译者要有随机应变的能力。随机应变能力在口译中十分重要,可以说,如果没有一定的随机应变的能力,就不可能成为一名好的口译。举个例子:一个老外本想逗大家笑一笑,花很长时间讲了一个笑话,但是台下没有任何反应。由于文化差异,译者也没太听懂这个笑话,但他急中生智,说了一句话,引得听众哄堂大笑。这位译者说:"刚才演讲者讲了一个笑话,也许大家没有听明白,我也没听明白,但是麻烦大家配合笑一下。"

说起笑话的翻译,这是翻译中最难的部分,就像电影的翻译中,喜剧电影的翻译是最难的一样。日本和美国的幽默完全不同,而英国的笑话大多需要动动脑筋,没有一定的基础很难理解。

再举一个译者随机应变的例子。美国总统福特和毛泽东会见时,正是毛泽东身体每况愈下之时。毛泽东幽默地对福特说:"我想我就要接到上帝的请帖了,但到现在还没走成。"福特没明白毛泽东的话,回答道:"没关系,我一定让基辛格赶紧把请帖给你发了。"译者如果照直翻译过去,不是成了牛头不对马嘴的外交笑话吗?这时译者灵机一动,把福特的话翻译成:"总统说,主席能活上 800 岁,不碍事的。"

译员在翻译过程中需要随机应变的场合很多。著名口译员朱彤在谈到自己的翻译时举了这样一个例子。当年克林顿总统访华,在上海有一个"三不承诺":不支持搞两个中国、一中一台；不支持台湾独立；不支持台湾加入任何国际组织。朱彤有一次给部领导做翻译时，这位部领导提到"三不承诺"，说："不支持搞两个中国、一中一台；不支持台湾独立。"很明显，遗漏了第三条。朱彤随机应变，根据自己的记忆补全了。

（四）精益求精的精神

翻译无小事，任何一点疏忽都会带来严重的后果，而且不管你干了多少年翻译工作，你都可能会出错。阎明复先生可以说是一位翻译大家了，他给毛泽东、周恩来、刘少奇、邓小平等国家领导人做了17年的俄文翻译。他在《阎明复回忆录》中讲了这样一个案例。

在1961年苏共召开二十二大之前的一段时间里，中苏双方经济、科技、技术合作部分恢复。中苏双方都停止了公开争论；两党中央信件往来增多；苏联领导人活动的一些情况也都向中方通报；在一些国际问题上，中苏两党、两国能够交换意见，进行协商，真正执行了八十一国共产党和工人党会议期间，中苏两党达成的关于协商一致的原则。

对于1960年苏联政府撤销同中国签订的合同及合作项目，1961年苏方决定向一些尚未建成的项目补足设备（其总量未超过原定水平的10%到20%）。2月27日，刘少奇接见苏联大使契尔沃年科。契尔沃年科交来当天赫鲁晓夫给毛泽东的信。信中表示，苏联愿意借给中国100万吨粮食和50万吨蔗糖，帮助中国度过困难时期。

阎明复说他所在的翻译组在这里出现了失误，他们翻译组在翻译这封信的时候，译错了一个字："в"（意为"借给"），他们理解成了"贷款方式"，译成了"以贷款方式给中国提供100万吨粮食和50万吨蔗糖"，也就是将来要以货币来偿还。

3月8日，周恩来接见契尔沃年科。周恩来对他说，当我们面临粮食供应的暂时困难的时候，我们首先动员自己的内部力量，其次利用当前的国际条件，争取以延期付款的形式从国际市场再多进口一些粮食，从而把苏联建议提供的粮食留作后备。也就是说，只有在从国际市场进口粮食发生困难的情况下才向苏联提出粮食贷款的要求。至于以贷款方式转口50万吨古巴糖的问题，如果苏联国内市场不甚急需，我们拟同意接受这批援助。

两天以后，周总理便派外贸部副部长周化民前往莫斯科商谈以贷款方式提供50万吨古巴糖的具体事宜。

又过了几天，总理秘书马列打电话问翻译组，当时赫鲁晓夫的信是怎样讲的。阎明复照实说了，信上用的是"в"。马列告诉他们，周化民在莫斯科谈判时发现，翻译组把苏方信中的"в"译错了，不是以"贷款方式"，而是"借给"。翻译组听后感到有些紧张，把这样一个关键词译错了，深感愧疚。马列没有责怪他们，反而一再安慰说，你们不要紧张，翻译错了，以后吸取教训就是了。

此事对阎明复所在的翻译组触动很大，再次体会到在外事工作中翻译无小事，任何一个词译不准确都会造成意想不到的严重后果。

### （五）良好的记忆能力和较强的心理承受能力

此外，一名好的译者还需具备良好的记忆能力和较强的心理承受能力。在口译中，尤其是在交互传译中，由于时间紧迫，翻译不可能用笔记下讲话人所讲内容，这就要求翻译具有较好的记忆能力。同时，作为翻译，在交互传译中，很多时候要跟讲话的人一起在大庭广众之下讲话，而在同声传译中要同时处理大量的信息，这些都要求翻译要有较强的心理承受能力。

## 二、译者的职业道德

任何行业，都要以一定的职业道德为准绳，以此来指导和衡量从业者的工作。为了兼顾客户和译者双方的利益，国际译联提出了具有一定普遍性的道德原则，包括保密、公正、按时、准确、尊重客户、公平交易、谢绝不能胜任的翻译任务等。中国译协也在2005年出台了《翻译服务行业职业道德规范》，明确了相关职业道德规范，如礼貌待客、热情周到、严守顾客秘密、提供优质服务等。澳大利亚国家翻译人员认证署规定，只有总分和口笔译技能测试各部分分数均达到70分才能获得相应的翻译资格，而在各部分中，职业道德部分占了50%，可见翻译职业道德的重要性。具体来说，作为一名译者，要严格遵守以下几项职业道德。

### （一）认真负责

作为一名翻译，在对所译的内容没有把握时应尽力查阅有关工具书，或向有关人员请教，切不可采取删、漏、乱译等"蒙"的手段。这样是对原作者、译文使用者、委托者及翻译人员本身极不负责的做法。

在中国历史上有个女真人建立的金国，金国上下都很向往汉文化，金主们个个都热衷学习汉文化。金主极喜爱汉人的琴（即今之古琴），连抡大斧子的金兀术都是琴史上有名的琴家，金主完颜璟是抱着一张古琴咽气的。后代琴人夸张地说，金国就是为了抢夺宋徽宗万琴堂里的古琴才兴兵灭宋的。

那年夏天的某一天，突然刮起了龙卷风，龙卷风夹带黄土沙石凶猛地卷过京城，把皇宫大殿柱子外面的漆皮刮掉一块。金熙宗吓坏了，准备设坛祭祀祈祷以消灾。他让学识渊博的汉人官员张钧起草祷告文书。其中有"顾兹寡昧""眇予小子"这种词，金主不懂，让人翻译。翻译也蒙事儿，不懂得这是表达谦逊的话，加上平常就看不起汉官，说：皇上，张钧他这是嘚瑟！借着写祷告文书讽刺骂您呐——"汉儿强知识，托文字以訾上耳！"金熙宗不信，说我也懂点汉文啊，我看不出来有这意思啊！你仔细翻译给我听。翻译弯腰说道："皇上您看，'寡'者孤独无亲，'昧'者不晓人事，'眇'为瞎眼，'小子'为孩儿——他、他这不是骂您是什么呀？"金熙宗听到一半脑袋就大了："把张钧给我拉出去砍了！"这句话的意思其实是说："看来我多少都有些糊涂，微小的我像个少年。"这种半懂不懂的翻译，当然害人不浅。[①]

（二）诚实正直

无论是口译还是笔译，都要忠实准确地将源语的信息传达给听众或读者，不能随心所欲地篡改源语内容，也不能受利益驱使颠倒黑白。下面这个例子中的译者就是一个既不诚实也不正直的人。

元朝的时候，地方上设官，名达鲁花赤，类似现在各地的书记，权力很大，都由蒙古人和色目人担任（色目人是中国元代时对来自中西亚的各民族的人的统称）。这些人根本就不愿意学汉话，平常训话全靠翻译。江南有个和尚，有几亩田产，类似庙田。这几亩田产被一个豪强看上了，想据为己有，于是对和尚的小庙进行了强迁。和尚无奈，到衙门去告状。可是地产商把翻译收买了。

这一天，达鲁花赤升堂公开审案，嘴里叽哩咕噜，问这和尚告什么状？翻译嘴里叽哩咕噜回答说："这和尚看天旱，久未下雨，他想自焚为本地求雨，大人，这是您治下的德政啊！您看民心多淳朴啊！"

达鲁花赤很高兴，嘴里叽哩咕噜说："把蒙文版的状子给我看看。"翻译拿出早已伪造的请求自焚的文书递上。达鲁花赤看了，爽快地在上面画了个圈，意思是：可！和尚被蒙着正等问话呢，就被人架起来抬到外面，豪强早就堆好了干柴，还在上面浇了油，几十个衙役举起和尚扔到柴堆上，放火点燃了柴堆。

达鲁花赤不懂汉语，和尚也不懂蒙古话，和尚就这样被翻译"自焚"了。[②]

（三）准时到位，按时交稿

译者在决定接受一项任务后，若是口译任务，要严格按照约定时间到位，不得以各种理由迟到。若是笔译，则要严格按照合同约定（书面或口头）的时间交稿。笔译任务的完成时间有时候没有口译任务那样严格，但若因各种原因未能如期交稿，也要与委托人及时沟通，共同决定延迟交稿时间。

（四）要有保密意识

无论是口译还是笔译，翻译都会接触到一些材料或信息，而这些材料或信息很可能是需要保密的，或者说在一段时间内是需要保密的。如政府、企业以及各个组织机构的领导人的讲话稿，翻译很多时候是会事先拿到的，而这些文字材料在正式会议之前，大多都是要求保密的。它们可能涉及到政策、制度以及企业的商业秘密等等。如果属于商业机密，会议之后在一段时间内可能也需要保密。总之，译员要特别注意自己的言行，若出言不慎，有可能会给自己招致法律官司。

（五）要有所为，有所不为

翻译涉及的内容包罗万象，而每个人都有自己熟悉的和不熟悉的领域，因此在

---

① 引自 http://szxushilin.blog.sohu.com/164432215.html
② 引自 http://szxushilin.blog.sohu.com/164432215.html

翻译实践中，就应该"有所为，有所不为"，只做自己熟悉领域的翻译，在自己熟悉和擅长的领域里驰骋纵横。尽管充分的自信是好的译者的基础，但也要对自己有客观的评价和认识。孟繁华教授曾指出："译者要自律，对自己有一个清醒的认识，如果觉得吃力，就不要接手这个工作，这是对读者负责，也是对自己负责。"翻译实践中，失败的翻译案例比比皆是。所以，一个有职业道德的译者应懂得"放弃机会"，而不应该太受利益驱使。否则不但毁了自己的名声，也坏了整个翻译职业的声誉。

### 小贴士

#### 国际会议口译员协会

国际会议口译员协会（International Association of Conference Interpreters，AIIC）成立于1953年，是国际上唯一一个代表顶尖会议译员的行业组织，总部位于瑞士日内瓦。因为口译员在实际工作过程当中身体及精神上都承受极大压力，为确保译员的最佳表现，AIIC颁布了会议口译员《职业标准》（Professional Standards），以保障其会员的工作条件。该标准包括规定同声传译活动最少要有两名相互可替换的译者，需要有配备专业设备的同声翻译间（booth），未经口译员同意不得对翻译过程进行录音，并对口译工作者每天的最长工作时间、翻译工作期间口译员的休息日保障等均作了具体规定。

该协会还颁布了会议口译员《职业道德守则》（Code of Professional Ethics），规定了所有会员均有义务在其作为会议口译员的工作中遵循诚信、专业和保密的标准；规定其会员在任何不向公众开放的会议中，对相关信息应严格保密，严禁会员利用会议口译员的职务之便，以获取机密信息谋取私利；规定会员不得接受超出本人能力的任务，接受任务则意味着承诺将以应有的专业水准工作；规定会员不得在同一时间里接受多项任务，不得接受任何可能有损本职业尊严的工作或职务。

## 第二节　联合国译员炼成记

美国电影《翻译风波》（*The Interpreter*）是首部在联合国总部拍摄的电影，启用了联合国代表及工作人员充当群众演员，就连前联合国秘书长安南都在影片中现身。影片围绕一场涉及在联合国总部工作的同声传译员席薇亚·布伦（妮可·基德曼饰）的政治风波而展开。影片情节跌宕起伏，包括美女翻译、政治漩涡、暗杀阴谋，刚一上映，就激发了观众对联合国口译工作的好奇。现实生活中，无论是国际组织译员，还是其他专业译员，都必须恪守职业操守，谨守中立原则，像影片中这样陷入政治暗杀纠葛之中，几乎不可能。真实的联合国口译工作虽不似电影情节般离奇曲折,却也是挑战与乐趣并存。

联合国兼职口译员海伦(Helen)就这样描述自己的翻译工作:"作为口译员,我好像过着光彩眩目的生活,我最近刚去过伯尔尼,几天后我要去里昂,然后会在日内瓦工作大概四周。是的,工作是很伟大,与来自世界各地的卓越非凡的人一起工作,而且我的确也非常热爱这份工作。但是压力很大,而且很无奈,我大部分时间都是在廉价航空 Easyjet 上度过。"[①]

在外行人眼里,同声传译员接触人员层次高,工作环境好,薪酬可观,是当仁不让的金领,但其工作的艰辛不易恐怕只有业内人士才能真正体会。而在全球的权力中心联合国大厦内,各国领导人、代表的讲话及讨论往往涉及战争、灾难及全球危机等重大议题,同声传译员终日在翻译间里字斟句酌,不容偏差,所以"联合国译员"这样一个处于翻译行业人才金字塔顶端的职位自然备受瞩目。真正的联合国译员到底是怎样的?其工作状态如何?他们又是如何选拔和培养出来的?下面,就让我们一起走进联合国,看看联合国译员是如何登上金字塔塔顶的。

## 一、联合国工作的挑战

### (一)议题广泛

联合国大会一共有 7 个委员会,涉及政治、军事、经济、文化、社会、法律、环保、海洋甚至宗教、民族、妇幼、卫生、保健预算等各个领域。安理会讨论的都是涉及世界上国际和平与安全的热点问题,口译员都必须掌握广泛的信息,了解涉及国家的历史、政治、法律制度、经济文化,并不断跟进当今世界的一些热点话题,包括国际和平安全、人权、环境保护等。译员不一定非得是某个行业的专家,但要成为 jack of all trades(万金油),了解各重要领域的基本知识,能随时担任各种领域的翻译。

1973 年 10 月,以色列对阿拉伯国家发动第四次大规模侵略战争,在联合国安理会辩论中,以色列一方的辩护说道:

"This is the last day in the year (Yom Kippur) when they (Israel) would have started a war."

"Yom Kippur"为犹太的"赎罪日",是犹太人一年中最重要的节日(类似新年),犹太人在这一天都在家休息,政府、军队、工厂、学校和各行各业都停止工作。而 the last day 在英文中既可指"最后一天",也可指"最不可能的,最不适合的,最不愿意的"。当时译者不了解犹太文化,按照字面意思错误地翻译为"这是一年中的最后一天,他们本可以发动战争"。而正确的做法应该是结合犹太文化信息,译为"在

---

① 翻译,原文引自 https://www.theguardian.com/education/2014/may/15/russian-french-un-interpreter

这一年的这一天，他们是绝不会发动战争的"。①

联合国是一个政治性的国际组织，即使表面上技术性的琐碎问题都有政治敏感性。所以译员必须具备高度的政治敏感性，有时一个细小的错译都有可能产生爆炸性的政治后果。

有联合国译员曾这样描述自己的工作：

"There are so many potential pitfalls: not getting a written statement in advance, or getting it just 30 seconds before they start speaking ... or while they're speaking. People often speak very fast, and Russians in particular are prone to send one of their delegation to check you're interpreting precisely as they want you to. It's quite nerve-wracking enough without someone standing over you. Worst of all, they may even stop you mid-flow. Then you just have to repeat what they say even if it's interpreted awkwardly."②

有许多可能出现的陷阱，例如，事先无法得到书面稿，或者在开讲前30秒或甚至演讲中途才拿到。演讲人往往语速很快。某些代表团，特别是俄国人喜欢派代表来查看译员是否按他们所想的精确翻译。没有人支持你，这令人抓狂。最糟糕的是，他们可能会中途打断你，然后让你按他们的说法来翻，尽管那些翻法有点奇怪。

再如，有一次中国代表在安理会上发言时说："我们反对的是以色列的侵略扩张政策，而不是反对犹太民族。""犹太民族"最初被译成"Jewishnation"。当时我们是不承认以色列作为一个主权国家的。"nation"一词的含义引起了一定的误解。中国代表在安理会上发言后，美国代表团人员立即来找过家鼎，问中国政府不承认以色列的政策是否有了改变。后来为避免在政治上引起误会，将"犹太民族"改译为"Jewishpeople"。

## （二）语速快、口音杂

由于联合国的会场资源和时间所限，每场会议的时长都有明确限制，因此发言者的讲话时间也有限。为了在有限的时间内完成更多的发言内容，讲话者只好加快语速。平时我们所听的图书录音，一般语速为每分钟150个英文单词，拍卖会现场拍卖员的语速是每分钟250个词，联合国一般性辩论里面的发言人最快语速为每分钟350个英文单词以上，即大约每秒钟6个英文单词。这一语速对于同传翻译员是巨大的挑战。

有联合国译员曾这样描述自己的工作：

"There are also accents to grapple with. Various French speaking African republics,

---

① 两个译例引自过家鼎：《联合国的翻译工作》，载《中国翻译》，2005年4月第25卷第1期，第53页。
② 引自 https://www.theguardian.com/education/2014/may/15/russian-french-un-interpreter

for example, have strong accents, and use flowery language and unfamiliar vocabulary. Being simultaneously webcast ratchets up the pressure, because you know there are a lot of people listening. Some events are particularly high profile: I've only done the UN human rights council once — that's a tricky one because it's political and it's webcast, and it's the UN."

（译员）还要克服口音的障碍。比如很多说法语的非洲共和国代表，口音很重，喜欢使用华丽的措辞和不常用的词汇。而同步网络直播又进一步加大压力，因为你知道有很多人在听你的翻译。再加上有些事件本身就很引人注目。有一次我为联合国人权委员会翻译，就特别棘手，因为既是政治领域，又是网络直播，而且还是在联合国。

### （三）工作压力大

联合国在招考条件中还特别声明，担任同步口译工作的人必须能承受长时间持续的压力，因为这项工作不仅要求专业能力，也需要在工作时绝对的专注及精确。

"It's always intense and it's often stressful, because these are communications that matter to people's lives so you have to get it right. The aim is to be 100% accurate but often you can't translate literally, so it's about interpreting idea by idea. If I don't understand I try and hang back a bit, think about the context and try to pull together an idea that fits the situation. You have to think on your feet – I drink a lot of coffee."[1]

（联合国翻译工作）往往强度高，压力大，因为沟通关乎民众生活，因此必须正确翻译。我们的目标是百分之一百准确但又往往不能按字面直译，而要按意思来翻译。如果我理解不了，我就尝试着回头考虑语境，得出一种符合当时情境的理解。译员必须保持才思敏捷，我往往要喝很多咖啡。

多年前利比亚前领导人卡扎菲在联大进行一般性辩论发言时，由于卡扎菲讲话随意，耗时过长，最后他的翻译在坚持了一个多小时后，突然用阿拉伯语对着现场话筒怒吼——"我不能再忍受了！"一时引起各方媒体关注。很多口译员对翻译工作的感受是，做得好无人喝彩，一出错则人人指责。

谈及译员的辛苦，老一辈翻译吴妙发在回忆时曾经谈到，翻完几个小时的会后，话都不想说了。在风景如画的会议所在地，译员却从未离开过旅馆和会场。有的代表即兴讲几句俏皮话，引用几句莎士比亚的戏剧中的对话，对译员来说都是巨大的挑战。

---

[1] 引自 https://www.theguardian.com/education/2014/may/15/russian-french-un-interpreter

图 8-1　联合国同声翻译工作厢　　　图 8-2　工作中的联合国同声翻译

## 二、入职门槛高，在职常培训

联合国在主要工作地点严格区分笔译和口译。除非通过相关的竞争性考试，否则不允许笔译人员做口译，也不允许口译人员做笔译。只有在内罗毕和曼谷这样的小型工作地点两者才可以互换。联合国招考人员在谈到对联合国译员的期待时，有以下阐述：

So our proposal is always we will offer the best interpreting we can get. We find that the role of the interpreter is not to be glamorous or to be frontline; rather, we are a little bit like goalkeeper in a football match. We should only be noticed if we make a mistake. So our idea is to be as un-present physically, if you like, as possible, and just to be unseen, but enable discussion to take place. That requires a lot of talent.

We are looking for, admittedly, for a small niche of interpreters, which is at the very top level. Our interpreters participate in the discussions on decision of heads of states or governments. It's not the same as helping someone to catch a train, which is equally important to the person who needs to catch the train, but maybe less to the country involved. So we are very demanding. We take the very best.

我们的初衷是希望提供我们所能得到的最佳翻译。我们觉得口译员不应将工作定位为展示魅力或冲在前线，而更应像足球比赛里的守门员，只有犯错误的时候才会被人留意。我们的想法是，口译员应当是看不见的，但却可以使讨论进行下去。做到这样需要很高的天赋才华。

我们想寻找的是一小部分顶级的口译员。联合国口译员参与政府和国家首脑决策的讨论，这不同于帮助别人搭乘火车。（帮助别人搭上火车对于需要搭火车的人来说也很重要，但是对于国家层面来说就没那么重要了。）所以我们的要求很高。我们只选最好的。

申请口译职位的考生必须参加相应的主要工作语言的竞争性考试。通过竞争性考试的人员进入联合国译员人才库名单，一旦有空缺职位需要招人，联合国便会从人才库名单中录取。就专业条件而言，申请参加考试者必须拥有大学学历，其主要语言通常为考生的高等学位学习所使用的语言，须拥有200小时的会议传译经历及熟悉至少另外两种联合国官方语言。例如报考中文口译员，必须是以中文为其主要（或说主动）语言，精通英语，并最好熟悉另外一门联合国官方语言。报考人年龄须在56岁及以下。

联合国重视翻译人员的不断学习和在职培训。联合国翻译所需要的知识和技能（无论是对问题的熟悉程度，政治敏感性，对联合国特有用语、特定译法的掌握，使用电脑查找资料以及分析、判断的能力）都是需要多年积累的。为此联合国内部有多项措施进行保障。中文处会有培训专员，负责安排新成员的入门培训和其他成员的在职培训，培训的方式包括对新来的同事从题材、IT工具、查找资料、工作流程等方面进行一对一辅导，初步了解联合国翻译要求，养成良好的工作习惯；对以往出现的典型性问题进行学习，组织翻译相关研讨专题讲座。中文处还会不定期组织专题讲座，邀请联合国各个实务部门和中国常驻联合国代表团的专家们，以及对某些问题有透彻研究的同事，系统介绍联合国在一段时间内所处理的重要问题。联合国还鼓励外部学习，主要是资助工作人员利用联合国以外的学习机会进行学习，学习内容既包括专业性质的，也包括语言方面的。此外联合国人事部门还组织各种培训班，既有语言方面的（免费学习各种语言），也有IT方面的，还有素质教育。

## 三、联合国译员谈翻译

### （一）过家鼎：联合国工作的最初岁月

1971年10月25日，联大通过恢复我国合法席位的2758号决议。时任外交部副部长的乔冠华率领70余人的中国代表团出席第26届联合国大会，代表团有7名翻译，包括4名英文、2名法文和1名俄文翻译。过家鼎为英文翻译组组长，章含之和唐闻生负责口译，施燕华和过家鼎负责笔译。同年12月，代表团回国，留下以黄华为首的常驻联合国代表团共40余人，英文翻译留下过家鼎和施燕华2人。此后，从1971年到1981年，过家鼎在中国常驻联合国代表团工作了近10年。

过家鼎回忆起刚到联合国的艰苦岁月。纽约人生地不熟，工作面临极大困难，因此翻译组准备充分，带去了所有能想到的物资，各种工具书、字典，十几年的《北京周报》合订本，我国政府历年的重要声明中、英文本，甚至打字机和基本的文具用品。当时代表团居住在曼哈顿东区与联合国总部仅两条马路之隔的罗斯福旅馆。旅馆地处繁华闹市，周围夜生活通宵达旦，过家鼎刚来的几个星期晚上常常难以入睡。晚上休息不好，白天又工作繁重，经常疲惫不堪。并且当时出于安全考虑，非因公不得随意外出，唯一的娱乐活动就是在旅馆收看美国电视。而为了加紧工作，周六日都不休息。①

### （二）徐高景：联合国翻译无小事

联合国中文处的笔译人员徐高景是通过联合国译员培训班考试而进入联合国国际职员后备人才库的。徐高景毕业于广州外国语学院英语系，大三时，报考了北外的联合国译员培训班，在首次报考失败后再接再厉，终于如愿以偿。毕业后，进入外交部国际司工作。1989年，入职联合国中文处，从最基础的P2级做起，现在为P4级，所有文件自译自审，译责自负。回顾自己在联合国十几年的工作，徐高景认为，联合国翻译无小事。各种会议文件政治性和政策性很强，容不得马虎。而且译者必须谦虚谨慎，勤查工具书和上网查阅资料，才能不出错。而译员工作压力大，每年联大开会期间，翻译经常要加班加点，甚至通宵达旦工作。

### （三）周晓峰：我眼中的领导人

周晓峰1998年毕业于上海外国语学院，同年进入上海市外事办公室工作，后参加北外联合国译员培训班培训两年。2009年，周晓峰顺利通过联合国译员考试，正式加入联合国工作，此后曾多次担任潘基文的中文翻译。联大会议上，周担任潘基文与习近平主席会谈的翻译。两位领导人的不同风格都给周晓峰留下了深刻的印象。"习主席的准备非常认真，讲话内容严谨、准确，在我们这样的专业人员看来，都不用再过滤和整理，直接翻译就好了，这是我们翻译员最喜欢的领导类型。"潘基文则和蔼、亲民。"刚进联合国工作那年，有一次他让秘书打电话到我们翻译室，邀请6种语言的6名翻译员上去共进午餐，部门推荐我去了。那次聊得特别愉快，感觉他没有架子，问的问题也很专业。一个在联大工作了30年的同事说，从来没有一个秘书长和翻译员有过这么近距离的沟通。"

### （四）卢嘉祥：从放牛娃到联合国翻译

卢嘉祥1970年毕业于北京外语学院英语系。小时候他是个放牛娃，因为家境不好，只上了一年小学就辍学，白天放牛，晚上自学，因为没有电，常常只能在月光下看书。谈及自己的经历，他说："我是放牛娃出身，今天能坐到联合国系统重要国际会议上，为联合国及各国领导人做翻译，甚至代表中国政府发言，这是许多农村孩子做梦也不敢想的。"

卢嘉祥认为，担任口译员不仅要把讲话的内容传达好，还要准确传达讲话者的表情和举止。上世纪，苏联领导人赫鲁晓夫在联合国大会上发言时，大发雷霆，把靴子脱下来敲桌子，当时有的译员也把自己的皮鞋脱下来敲桌子，以达到声情并茂的翻译效果。

口译工作虽然辛苦，但经常能给人带来巨大的成就感。有一次，一位法国人在

---

① 引自过家鼎：《进入联合国的最初岁月》，载《湘潮·外事风云》，2008年第4期，第41页。

会上讲法国人做事认真时，讲了一个笑话：十八世纪有个法国工程师躺在断头台上即将被斩首时，突然大喊停，行刑官问他有什么事，他说断头台的架子有个角度设计得不对，他必须指出来，否则死不瞑目。当时那位发言人的英语带着浓重的法国口音，不易听清，要把故事中的幽默感译出则更不容易。但卢处理得当，翻译恰当传情达意，得到与会者的交口称赞。翻译结束后，卢成就感满满。

## 小贴士

### 联合国译员的招考

联合国译员的编制是根据联合国每两年期的预算确定的，几十年来相对稳定，很少有增减。新译员征聘是根据现有译员的退休情况而定，招考不定期举行，最近一次是在 2017 年，感兴趣者可经常查阅以下网页："United Nations Careers"（https://careers.un.org）。

1. 对考生的要求

**语言要求**：中文为主要语言，精通英文，此为基本要求。考试主要涉及中英两种语言，录用后实际使用也主要是这两种语言。在此基础上，掌握联合国其他正式语文（阿拉伯文、法文、俄文或西班牙文）也很有帮助。在中英文考试结果基本相同的情况下，熟练掌握上述其他外语就是优越条件。但对其他外语的掌握不能仅靠自己声称，简单学过一点根本无济于事。在实际工作中，联合国确实非常需要多语种人才，特别是法文和西班牙文过关的。语言能力需在工作中能实际拿得出手，在翻译其他外文时既要保证质量，又要有一定的速度。

**学历要求**：大学毕业。联合国实际录用人员涵盖本科、硕士、博士各学历层次。高学位本身不是资本，工作经历也不是录用的考虑因素；关键还是在于考试。当然，学过的东西多，翻译经验丰富，对于通过翻译考试会有帮助。

2. 考试科目

以 2010 年的考试为例，考试一般包含以下科目：（1）英译中（1.5 小时），主题为一般性的。这份考卷是淘汰性的，如果这份考卷不及格，则该考生的其他考卷均不予评分。（2）中译英（1.5 小时），主题为一般性的。（3）英译中（1.5 小时），五份专题考卷（经济、法律、社会、政治、科技）供考生任选一份。（4）自愿加试（1 小时），从阿拉伯文、法文、俄文或西班牙文译成中文。考试为闭卷形式，不得使用辞典或其他工具书。

3. 考前准备

准备联合国译员的考试并不需要任何考前准备，没有需要考前死记硬背的内容。然而，准备工作应该是长期持久的。提高中英文和其他外文的水平要靠多年坚持不懈的努力，提高翻译水平也要靠不断实践。只要有了扎实的功底，考试是不必畏惧的。

翻译文化

# 第三节　领导人身边的翻译

每年全国"两会"期间,"总理记者会"都是压轴大戏,人民大会堂三楼金色大厅聚焦全球的目光。在万众瞩目的总理记者招待会上,总有一个不易被人注意,但又不可或缺的人物,那就是充当总理传声筒的口译员。他们经常伴随在党和国家领导人左右,忙碌而神秘;他们以精湛的语言技艺准确无误地向世界发出中国的声音,传递中国的态度;而他们称自己的工作为永远有遗憾。

除了"两会"记者招待会等大型活动的口译任务,外交部译员还承担领导人双边互访、多边外交活动的翻译工作。新中国成立后,从最初的翻译队到翻译处再到现在的翻译室[①],外交部培养了许多闪亮的翻译之星。建国之初,有被誉为"中国红墙第一翻译"的冀朝铸;其后有吴莉莉、章含之、唐闻生等,唐闻生、章含之曾在尼克松访华期间担任毛泽东和尼克松的翻译;80年代、90年代初,傅莹担任外交部翻译室英文高级翻译,担任过邓小平、杨尚昆、江泽民、李鹏等国家领导人的翻译;随后出现了中国翻译界的"三剑客":张建敏、朱彤、许晖;再往后有雷宁、戴庆利、周宇、费胜潮、张璐、孙宁等。今天的外交部翻译室,年轻人占80%以上,他们以出色的表现,得到了越来越多人的尊重和认可。外交部翻译室被誉为"中国翻译的国家队",外交部口译员代表着中国口译的最高水平。前外交部长钱其琛曾为堪称"中国翻译的国家队"的外交部翻译室题词:"外事翻译,大有可为。"

## 一、冀朝铸:中国红墙第一翻,翻译不神奇

冀朝铸被誉为"中国红墙第一翻译",曾为周恩来担任翻译17年,是新中国知名外交家,曾任驻斐济、瓦努阿图和基里巴斯、英国等国大使,以及联合国副秘书长。

冀朝铸1929年生于山西,父亲冀贡泉曾任山西省司法厅和教育厅厅长,其哥哥冀朝鼎曾任中国人民银行副董事长。1938年为躲避日本侵华的战火,九岁的冀朝铸跟随父母前往纽约,并在美国接受教育。1948年,冀朝铸进入哈佛大学就读,大学二年级时,朝鲜战争爆发,冀朝铸毅然放弃了自己在哈佛的学业,回国就读于清华大学化学系。1952年4月赴朝鲜开城参加中国和谈代表团工作。1954年4月回国在外交部工作,先后参加过"日内瓦会议""万隆会议"中国代表团的工作,亲历了中美建交和谈、尼克松访华、中美发表"上海公报"谈判等一系列重大事件。

1972年,尼克松访华,展开了为期一周、改变历史的中国之旅。冀朝铸回忆起

---

[①] 外交部成立之初,在办公厅秘书处下设立编译科,负责翻译工作,1955年,外交部有了专职的翻译科,属于外交部办公厅。1964年正式成立翻译处,下设英、法、俄、西、阿5个语种。现外交部翻译室为司级单位。

陪同周恩来总理为美国总统接机的一幕,虽时隔多年,仍记忆犹新。事前,周总理特地要求"小冀近一点,每句话都得准确地听清楚,准确地翻译"。在现场,尼克松还没完全走到舷梯下面,就远远地朝周恩来总理伸过双手,周恩来总理马上迎上去,冀朝铸也紧随其后。然后,冀朝铸替尼克松翻译出了那句有名的话:"我是跨越太平洋与中国人民握手。"

冀朝铸曾将口译员的思维比作闪电般的思维,认为翻译是语言学习与应用的最高境界,出色的翻译员既要反应迅敏,也要涉猎极广,正所谓台上一分钟,台下十年功。冀朝铸本人就极爱学习,他每天都要看英文报纸和杂志,并勤于记录新词。他说:"我哪有什么神奇的脑袋,我是每天都要花大量的时间来学习才得来神奇的。"

## 二、唐闻生:翻译不光靠嘴,忠诚最重要

早在20世纪60年代中期,周恩来总理和跟随自己10余年的第一任英语译员冀朝铸多次到北京外国语学院物色高级翻译人才,在地处京郊的北外校园一眼就看中了活泼可爱的英语系高材生唐闻生。在周总理的亲自安排下,浑身洋溢着少女青春风采的唐闻生迈着轻捷的步伐跨进中华人民共和国外交部。不出数年,唐闻生便脱颖而出,成为冀朝铸之后中国外交界最优秀的英语译员。白皙的脸庞,梳剪整齐的短发,穿一身灰蓝色的列宁装,在给毛泽东做翻译的10多年中,这一身装扮几乎没有变化过。

基辛格历史性访华,紧随基辛格从飞机弦梯走下来的,就是唐闻生。毛泽东、周恩来会见尼克松、基辛格,坐在中间的女翻译,也是唐闻生。

唐闻生是中国首任联合国副秘书长唐明照之女,她出生在美国纽约,因此基辛格第一次来访中国,就调侃唐闻生可以竞选美国总统。她曾在纽约一所颇有名气的"小红屋小学"读书,会讲一口流利的中国普通话和有着浓厚美国东部口音的英语。

唐闻生是1971年基辛格秘密北京之行、1972年尼克松访华会谈的主要翻译,因而被称为"为中国与世界对话的女人"。尼克松则称她为"我的'中国之声'!"美国前国家安全事务顾问亨利·基辛格在《白宫岁月》回忆录中,盛赞其机敏和魅力,说:"唐闻生——那个难对付的南希·唐,她生于布鲁克林,因而讲一口十分漂亮的美国英语。"

唐闻生称口译不光靠嘴,而是非常考验一个人的综合能力。自己对翻译业务不敢有丝毫懈怠,为了在最高层谈判中保持口译的反应与精准,狠下苦功,几十年天天坚持晨读。而且她认为,高端翻译人才必须"知己知彼",深入地了解到我方在说什么、想表达什么、为什么这样说,也懂得外方对这个问题是怎么想的,怎么讲他们才能理解我们在说什么。"译员要讲好中国故事,就必须了解真实的中国,甚至是上知天文,下知地理。"

翻译不是字对字的转换,而是一种再创作。具体到口译,"表面上是用口在现场进行翻译,实际上它是需要建立在丰厚基础上的综合劳动"。唐闻生认为,口译离不

开笔译的基础，离不开扎实的中外文功底，离不开有关行业的业务知识，更离不开稳定的心理素质。她认为，翻译工作是文化之间的转换，而非简单的不同语言之间的转换，翻译者的文化素养、个人情趣非常重要。

译员除了自身丰厚的功底外，事先了解领导人平时爱讲什么，最近在看什么书等也是必备要素，而且还要脸皮厚。唐闻生提到自己为毛泽东做翻译的一件往事。1975年，毛泽东会见当时的菲律宾总统马科斯夫妇。谈话中，他引用三国时期魏人李康《运命论》中的话："木秀于林，风必摧之"。唐闻生没听懂，只好告诉主席："刚才那句话我没听懂。"毛泽东便在纸上写下"木秀于林"，她这才恍然大悟。因此唐闻生后来在总结经验时曾说："不懂就问，当翻译的脸皮要厚一点。"她还说，为爱说古诗词的领导人当翻译，除了要事先了解他爱讲什么之外，自己也要有文学素养。

唐闻生认为，忠诚老实是翻译工作的第一要务。哪怕双方会谈时有人说了错误的观点，比如1+1=3，如果A要告诉B：你是大坏蛋！那么，你也得把这句话翻译给B：你是大坏蛋！并且认为说话的内容，连同生气、俏皮、高兴等等情绪也要精准传达，这样一来会谈双方才能实现真正的会谈。A说很高兴的话，你就得以高兴的口吻说给B听；A对B有意见，很生气，提出抗议，你就得以很傲慢和鄙视的口吻来翻译，B才能反驳。如果你把话翻得软绵绵的，B不会去反驳。有时候译员也要圆场。唐闻生说，以前他们下基层，生产大队的人弄错国家，译员就要圆场，譬如，有人说，北美洲的法国，译员就得问他：您刚才说的法国在欧洲吧？她认为翻译工作的高端境界是推动语言不同的双方真正会谈起来，而此时的译员是不被注意的。

### 三、过家鼎、马英九：第一次上场的尴尬

过家鼎，中国资深翻译家，人称"外交部翻译三剑客"，在外事翻译岗位上工作了34年。他从1952年到1958年在朝鲜停战谈判代表团当翻译；1958年到1962年在华沙中美大使级会谈当翻译；1962年到1971年在外交部翻译室担任口笔译工作；1971年到1981年在中国常驻联合国代表团主管翻译工作；1981年到1986年任外交部翻译室主任，主管外交部的翻译业务和翻译培训。

他回忆起第一次给总理当翻译的情形。总理向外宾介绍赵朴初先生是一位"居士"时，自己卡壳了，翻译不出来。后来翻译结束后，他查出"居士"是指僧人以外，还指在家修炼的佛教信徒，正确的翻译方式应为"layman Buddhist"。这次的卡壳让过家鼎明白，要当好翻译，不仅要有过硬的语言基本功，还要有广博的知识。

前台湾地区领导人马英九在留学回台后，被推选为蒋经国的英文秘书，从事翻译工作。马英九自1982年起担任蒋经国先生的英文秘书暨口译员，他的前任是赫赫

有名的宋楚瑜。当时前任英文秘书宋楚瑜先生已出任新闻局长多时，31岁的马英九走马上任，一做就是6年。留学归来的小马哥年轻帅气，每次蒋经国接见外宾，马英九就坐在中间翻译，每次新闻一播出，就吸引无数女性的眼光。

时隔多年，马英九依然清晰地记得自己第一次上阵的紧张心情。当时他走到蒋经国先生与外宾之间的小板凳坐下的时候，因为身材较为壮硕，膝盖顶到小茶几，差一点把茶杯撞翻，顿时尴尬不已。后来秘书室卢守忠主任告诉马英九，蒋经国先生特别交代要把小茶几与板凳间的空间拉开一点，以容纳这位新来的胖秘书。回顾自己6年的翻译生涯，马英九说自己陪见的外宾有数百位，只有一次听错。那一次经国先生谈到苏联里海边上的城市巴库，他听成了"白宫"，还好立刻就发现跟上下文不符，就改正过来了。

### 四、朱彤：勇往直前，义无反顾

朱彤，前任外交部翻译室英文处副处长，1990年毕业于外交学院，同年进入外交部翻译室工作。1995年随钱其琛副总理兼外长访问纽约；1997年任香港回归庆典翻译；1998年任朱镕基总理记者会翻译和钱其琛副总理兼外长记者会翻译；1999年任朱镕基总理访美翻译。

早在1997年的香港回归典礼上，朱彤就以其出色的翻译水平引起了港澳及海外媒体的关注。1998年，在朱镕基就任总理的首次"两会"记者招待会上，公众的眼光再次聚焦到这位美女翻译的身上。朱彤，以其过硬的语言功底，淡定从容的气质，敏捷的反应，征服了记者招待会观众，激起公众对国家领导人口译员这一职业的极大好奇心。

在会上，当朱镕基总理谈及自己改革的决心时，说道："但是，不管前面是地雷阵还是万丈深渊，我将勇往直前，义无反顾，鞠躬尽瘁，死而后已。"这句话简短而寓意极深，既有比喻，又运用了许多中文特有的四字排比。口译员在现场要在短时间内理解讲话人的意思，并给出妥当的翻译，挑战度极大。朱彤在现场反应机敏，不拘泥于原文，委婉却忠实到位地传达了讲话人的决心，其翻译成为后来口译中的经典之作，屡屡被提起：

But no matter what is waiting for me in front of me, being land mines or an abyss, I will blaze my trail and I have no hesitation and no misgivings and I will do all my best and devote all myself to the people and the country until the last day of my life.

在朱彤之前，外交部的翻译员似乎总披着神秘的面纱，其工作细节不为外人所详知。朱镕基的这场记者招待会的现场直播，让大家充分领略了现场口译艺术之美。在这之后，几乎每年的"两会"总理记者招待会都是大家津津乐道的翻译典例，成为翻译专业从业人员受训的经典教材。

朱彤这一代翻译与中国的改革开放共同成长，其面对的挑战和机遇不同于外交翻译界前辈。著名作家冰心的女儿、北京外国语大学英语系教授吴青点评朱彤的口译表现时提到，这一代年轻人接受能力强，反应敏捷，口齿清楚，速度匀称，对问题的了解透彻、扎实，有新时代的特点和风貌。朱彤的出色表现，使业外人士得以了解口译之不易，领略口译之美。

### 五、张璐：诗词翻译不"捉急"

温家宝总理的翻译张璐因其可爱发型和清新的外表，被观众及网民亲切地称为"樱桃小丸子""蘑菇头女神"。张璐毕业于外交学院国际法系，现任外交部翻译室英文处副处长，是国家领导人的首席翻译之一。2009 年，温家宝访问英国会见首相布朗，张璐担任现场翻译；同年，张璐随领导人参加哥本哈根气候大会以及 G20 峰会。2010 年，"两会"闭幕后的总理记者会，张璐任温家宝总理翻译。总理睿智博学，旁征博引，诗词古赋，信手拈来，回答文采斐然；张璐机智沉着，妙译不断，一举成名。会后连续几年，张璐都任"两会"记者招待会总理翻译。不论是总理引用《离骚》还是《汉书》，亦或是刘禹锡的《子刘子自传》，张璐都沉着应对。随着近年来中国外交活动日益频繁，张璐的工作越来越繁忙，仅 2015 年一年，她就跟随领导人出访共计 54 次。2016 年，在"两会"李克强总理中外记者会上，张璐的美丽身影再现。外界对张璐的评价是：反应敏捷、举止优雅。

2010 年，在总理记者会上，总理引用《离骚》名句"亦余心之所善兮，虽九死其犹未悔。"张璐现场的翻译为：For the ideal that I hold dear to my heart, I will not regret a thousand times to die. 句式优美，忠实达意。张璐将自己的出色表现归功于平时的积累。她说："我发现总理最喜欢引用刘禹锡、王安石和屈原的诗词。所以，给总理当翻译时，要结合他说话的语境，知道总理在这个时刻引用古诗词是想要传达怎样的一种精神。这一点很重要。"

### 小贴士

#### 口译礼仪

口译工作不同于笔译工作，口译工作者（特别是连续传译工作者）常常会出现在公众的视野中，其个人形象对翻译效果也有重大影响。翻译员的个人形象不在于身高体貌，而在其礼貌风度、个人涵养等。纵观外交部诸多翻译，从老一辈的的唐闻生、章含之、王海荣等到年轻一辈的朱彤、张建敏、张璐、孙宁等无不形象庄重、优雅得体。口译工作者在工作现场，除了要准确出色地完成口头翻译，还要注意一些不成文的礼仪规范。

1. 仪态

口译员应按工作场合要求着装，大多数场合下应着正装。男译员应修整边幅、干净利落，女译员应化淡妆，切忌妆容过盛、喧宾夺主。

译员应站有站姿、坐有坐姿，在翻译现场应避免过于夸张的手势及面部表情，应控制身体，避免晃动。有些译员在紧张的情况下出现耸肩、吐舌头等动作，翻译笑话时，译语未出，自己先笑，这都是不恰当的，应当避免。

2. 举止

译员临场应镇定自若、从容不迫、落落大方、不紧张不拘束。如需清嗓子、咳嗽、打喷嚏等，应该礼貌性地说"Excuse me"表示歉意后再继续翻译。配合发言人的节奏速度，翻译不后滞、不抢言。如遇拍照应主动避让，因为媒体报导或企业存影的焦点在发言者及听众，译员作为工作人员不应抢夺镜头。在翻译现场，特别是正式的重大场合，翻译应寻找合适的站位，利于主宾沟通，不可阻挡妨碍主宾沟通。在谈判翻译、发布会现场、陪同翻译等时，应注意与听众的适度眼神交流，不可全程只埋首翻译。

注意话筒的使用。译员应在翻译开始前调试设备，特别是话筒。在翻译过程中，保持与话筒的适度距离，避免话筒骤然发出巨响或者令人不悦的声效。

译员应当保持不骄不躁，翻译顺利及不顺时都应当沉住气，保持整场翻译沉稳匀速，避免翻译速度忽快忽慢，时而情绪激昂，时而难以为续。

## 本章小结

译员在翻译工作中面临多重挑战，除必不可少的扎实的双语功底外，还需有出色的理解和表达能力、广博的知识面、较强的逻辑思维能力、随机应变的能力，及承受应对翻译现场压力的能力，并且需要在翻译实践中积累经验、锻炼成长，还需持续不断地参加培训进行学习，以确保高水准的表现。现场驾轻就熟、信口拈来的卓然风采背后是数十年如一日的积累和学习。翻译作为一门职业，要求从业人员具备基本的职业道德，承担与薪酬相对应的能力要求及提供相应的服务。在翻译实践中，译员要做到准时到位，按时交稿；有所为，有所不为；要认真负责、诚实正直；要有保密意识。联合国等重大国际组织译员及领导人身边译员都历经层层选拔。从老一辈的冀朝铸、过家鼎、唐闻生，到新一代的朱彤、张璐等，各个时代的杰出译员，以自己的不懈努力及出色表现，搭建起沟通交流的桥梁，成为翻译行业的典范。

翻译文化

拓展阅读

## 狂而不妄真君子
### ——翻译家许渊冲先生

睿智、豁达、自信、可爱，这是九十多岁高龄的许渊冲先生展现给大家的样子。他热爱翻译，著作等身，将毛泽东的"谦虚使人进步，骄傲使人落后"改成"自豪使人进步，自卑使人落后"，说中国人就应该自信，就应该有点狂的精神。有人戏谑许先生王婆卖瓜自卖自夸，许先生自信回应"那也要看我的瓜甜不甜"。而在"北极光"奖授奖仪式上，许渊冲则谦逊地说："这不是我个人的荣誉，是属于全体中国翻译者的。"转而侃侃谈起心爱的翻译。

**"书销中外百余本，诗译英法唯一人"**

96岁高龄的许渊冲先生一生致力于中西文化互译工作，已在国内外出版中、英、法文著作120多部。他在中英法三种文字之间互译的创举及业绩之丰硕令人称道。精通中法英三种语言，能够互译，且有作品出版，全世界独此一位。这也是许先生引以为傲的一点。

1994年，英国企鹅图书公司出版发行许渊冲中译英的《中国不朽诗三百首》，这是该社第一次出版中国译者作品。1999年，他的中译法作品《中国古诗词三百首》在法国出版，这部作品被称为"伟大的中国传统文化样本"。正是因为他的努力，《诗经》《楚辞》《唐诗》《宋词》《西厢记》《牡丹亭》《毛泽东诗词》等一系列中国优秀文学作品被翻译成英文、法文，得以走入西方文化视野，也打破了之前认为外译英作品应由英语为母语的人士译入的主导观点。而中国读者也有幸一读《红与黑》《莎士比亚》，领略西方文学文化之美。钱锺书评价其翻译"戴着音韵和节奏的镣铐跳舞，跳得灵活自如，令人惊奇"。

2014年，许先生获国际翻译家联盟的"北极光"杰出文学翻译奖。该奖被视为翻译界最高荣誉之一，许先生是自1999年该奖设立以来首位获此殊荣的亚洲翻译家。获奖之后，许先生不顾高龄，忘掉2007年因罹患直肠癌"最多只能活7年"的医学判断，立下大志向，要译莎士比亚全集。许先生一直认为重译是提升翻译水平的重要途径，并信心十足地认为其译文将超过朱生豪或梁实秋的版本。许渊冲翻译的《莎士比亚悲剧六种》已在2016年第45届伦敦书展开幕式上由中国国际出版集团、海豚出版社共同推出。该丛书包括莎士比亚四大悲剧及《罗密欧与朱丽叶》《安东尼与克柳芭》。

谈及许先生译著之丰硕，《光明日报》的俞晓群曾举一例。"我动了为许先生出版全集的念头。于是我们商定，先出版《许渊冲文集》，为此申报'国家出版基金'，预计出版20余卷。不久我们申报成功，获得100多万元资助。没想到进入工作后不久，我们就发现，许先生创作文字量巨大，光是译文部分，就已经达到 1000 多万字，构成 27 卷了。"[①]

**"从黑夜偷几个小时"**

所有采访许渊冲先生的人都惊诧于老先生晚年对翻译之热情不减。这位 90 多岁的老人曾经有过那么多的辉煌成就，退休之后却没有搁笔安享晚年，而是依然全情投入翻译工作，依旧精力旺盛，思维清晰。退休 20 多年来老先生每天夜里工作五六个小时，称"steal several hours from the night（从黑夜偷几个小时）"，俏皮幽默之下是一颗对翻译的热忱之心，闻之令人感动。夜幄之下，携着轻盈灵感，在名著中恣意神游，对老先生来说无疑是一种享受。90 岁高龄的他还在全力翻译《莎士比亚全集》。

莎士比亚一生创作剧本 37 部、诗歌 3 部，共 40 部作品。广为人知的作品包括四大悲剧《哈姆雷特》《奥赛罗》《麦克白》《李尔王》及四大喜剧《威尼斯商人》《仲夏夜之梦》《皆大欢喜》《第十二夜》。独力翻译莎士比亚全集，难度可想而知。除去浩瀚的文本，古英语翻译的挑战中，仅如何恰当处理作品中大量的双关语，传神地表达作者之意，对译者来说就是极大的考验。

在中国，有两个莎士比亚全集版本。朱生豪 24 岁开始翻译莎士比亚作品，以惊人毅力克服贫、病、战乱种种困难，至 32 岁病逝前译出莎翁剧本 31 部半，留给后人一套莎士比亚"准"全集。其以"在最大可能范围内保持原作之神韵"为宗旨，译笔流畅、文词华丽。梁实秋从 1931 年至 1968 年，花了整整 38 年才译出莎士比亚全集，成就中国文化史上一盛事，译本采用早期白话体，对于含蓄双关语采用选择性翻译。

于 90 多岁高龄启动这样一个庞大的翻译计划，许先生表示只看眼前。"我就一部接一部译，一直译下去。"每部作品又被化解成了每一章，每一页，每天坚持翻译 1000 字，不译完不睡觉。而目前已出版了译本《莎士比亚悲剧六种》。

任何时候，只要谈起心爱的翻译，耄耋之年的许渊冲都声如洪钟、兴致勃勃，让人不禁感叹，时光仿佛忘记了把他变成老人。

**翻译是不忠实的美人**

许渊冲的翻译自成一格，提出"三美理论"，即译文应具备音美、形美、意美，主张翻译中应"以创补失"，认为翻译是两种语言和文化的竞赛，翻译也是再创作的过程，译文不应过分拘泥于原作，甚至可以超过原作。通过翻译活动，应使双方文化得以交流，相互取长补短。他不同意英国诗人罗伯特·弗罗斯特提出的"诗是在翻译中失掉的东西"，认为译诗不是"有失无得"，而是"有得有失"。

在翻译中他重视译文的美，偏爱美，反对用散体译诗，认为那样会遗失美感。

---

[①] 引自俞晓声：《许渊冲，款步走来的大师》，载《光明日报》，2014 年 10 月 3 日，05 版。

### 翻译文化

他坚持用韵文翻译，要求一首工整的唐诗翻成英文，仍然是一首标准的英文韵体诗。比如，其认为《楚辞》是中国文化的一座高峰，是最强音，而散体翻译却把它变成山峦或大合唱了，只有有韵有调的翻译，才能表现其音美、形美、意美。

许渊冲的翻译理念带着风骨，满怀对中华文化的自信自豪。他说，中英互译很难，是英法互译难度的 10 倍，中国人只能将这个最难的翻译承担下来。他认为中文的优点在于诗性，所以在翻译文学方面，有天然的优势。

译界对于许渊冲的翻译时有争议，有的指出他的翻译风格是"过度"意译风格。尽管争议难有定论，但事实是西方采用中国人翻译的书很少，而许先生译诗在国外出版了不少，有的被选进了大学教材，就这点而言，许老的翻译成就不容辩驳。

许先生好争论，对于自己的翻译理念近乎固执，人称"许大炮"。曾经与多位大师真诚探讨争论翻译之道、进行学术讨论时，他却主张知无不言，言无不尽，丝毫不要隐瞒自己的观点。

有这样一段趣事，有一次，韩石山发表文章《许渊冲的自负》，许先生撰文回击，一时找不到发表的地方，竟打电话给韩石山，说想发表在韩主编的《山西文学》上，韩欣然应允，两人竟成忘年交。

语言学家吕叔湘曾撰文提出，诗歌翻译成诗歌不好，不如译成散文。许渊冲认为，如果把诗歌翻译成散文，就会破坏唐诗原有的风格。后来吕叔湘接受了他的观点，并邀请他重新合编《中诗英译比录》。"原先这本书只收录外国人翻译的中国诗歌，后来把我的译作也收进去。吕先生的学者风范，真是令人敬佩。"

许先生赞同朱光潜"'从心所欲，不逾矩'是一切艺术的成熟境界"的说法，认为其同样适用于翻译。"不逾矩"求真，"从心所欲"求美，合起来便是"在不违反求真的前提下尽量求美"，而很多时候，为了更美，没有什么规律是不可以打破的。[①]

以下几个例子很能体现许老的翻译风格。

译例 1
原文：中华儿女多奇志，不爱红装爱武装。
　　　——毛泽东《西江月·井冈山》

译文：Most Chinese daughters have a desire strong,
　　　to face the powder and not powder the face.

译文分析：
"红装"译为"powder the face"（涂脂抹粉），"武装"译为"face the powder"

---

① 参考江胜信：《许渊冲：译道独行侠》，载《文汇报》，2016 年 6 月 2 日。

（面对硝烟），恰好表现了"红"与"武"的对应和"装"的重复。

译例2
原文：欲穷千里目，更上一层楼。
——王之涣（唐）《登鹳雀楼》

译文：You can enjoy the grand sight,
　　　　by climbing to a greater height.

译文分析：
通过 sight 和 height 的呼应形成对仗美，胜于将"千里"直接翻成 li 或者 miles。若将"楼"翻成 floor 或者 story，则诗意全无。

译例3
原文：无边落木萧萧下，不尽长江滚滚来。
——杜甫（唐）《登高》

译文：The boundless forest sheds its leaves shower by shower,
　　　　the endless river rolls its waves hour by hour.

译文分析：
"无边落木萧萧下"译成"the boundless forest shit its leaves, shower by shower"，既有"shower"的"萧萧"之声，又有三个"s"对应三个"艹"。

【思考题】

1. 很多人认为，无论从事口译还是笔译，只要英语（外语）学得好，就能成为一名出色的译员？你认同这种说法吗？为什么？请结合例子或自己的实践经验谈谈看法。

2. 都说实践出真知，英语里也有"Practice makes perfect"的说法，对于翻译员来说更是如此。因此有人说，翻译员应勇于挑战自我，承接高难度翻译。你认为这种观点对吗？为什么？

【分析题】

1. 担任联合国翻译，政治敏感性非常重要。试分析以下翻译有何不妥之处并尝试提供合适的翻译。

1）中国大陆译为：mainland China

2）中国香港、澳门等地译为：Hongkong，Macao and other countries

3）2015年6、7月份中国股市出现较大幅度的波动，其中"波动"译为：turmoil，plunge

4）（中国的）经济增长放缓译为：economic slowdown

5）台湾问题译为：the Taiwan Problem

2. 国家领导人身边翻译人才辈出。除了文中提及的几位翻译外，还有很多闪光的翻译之星，而且每位翻译都有自己独特的风格。请搜索互联网信息并观看总理记者招待会视频，简单介绍一位出色的外交部翻译，并简析其翻译风格。

3. 有人认为译员是一个4N（即"Nice people to meet，Nice places to visit，Nice food to taste and Nice money to get"）金领职业。你怎么看？